承续与变革

邓文池 ■ 著

张元济与王云五图书事业比较研究

湖南大学出版社

·长沙·

图书在版编目（CIP）数据

承续与变革：张元济与王云五图书事业比较研究 /
邓文池著. --长沙：湖南大学出版社，2024.7
ISBN 978-7-5667-3532-4

Ⅰ.①承… Ⅱ.①邓… Ⅲ.①图书出版-出版事业-
研究-中国 Ⅳ.①G239.2

中国国家版本馆 CIP 数据核字（2024）第 075655 号

承续与变革：张元济与王云五图书事业比较研究
CHENGXU YU BIANGE：ZHANG YUANJI YU WANG YUNWU TUSHU SHIYE BIJIAO YANJIU

著　　者：邓文池
责任编辑：全　健
印　　装：长沙创峰印务有限公司
开　　本：710 mm×1000 mm　1/16　印　　张：16.25　字　　数：242 千字
版　　次：2024 年 7 月第 1 版　　印　　次：2024 年 7 月第 1 次印刷
书　　号：ISBN 978-7-5667-3532-4
定　　价：68.00 元

出 版 人：李文邦
出版发行：湖南大学出版社
社　　址：湖南·长沙·岳麓山　　　邮　　编：410082
电　　话：0731-88822559（营销部），88821594（编辑室），88821006（出版部）
传　　真：0731-88822264（总编室）
网　　址：http://press.hnu.edu.cn
电子邮箱：437291590@qq.com

目录

中国近代图书馆事业与出版事业两个看似分属不同领域的行业因为
"图书"而紧密地联系在一起，共同构成了中国近代图书事业的整体业态。
虽然诸如中华书局、世界书局、开明书店等有重要影响力的出版机构也为
中国近代图书事业贡献良多，但是商务印书馆的地位和影响力更具典型性
和代表性。汪道涵先生在商务印书馆成立一百周年纪念会上就指出："商务
不单是个出版机构，更重要的是个文化机构。因为出版反映了文化的一部
分，同时也反映了文化事业的进程。一个重要的、值得我们回忆的是：商
务印书馆是时代的产物，同时又为时代服务，影响着时代。"①

如果仅把商务印书馆功勋卓著的图书事业归功于两代领军人物张元济
和王云五，这显然也是不恰当的，因为他们的成就离不开商务印书馆同人
的群策群力、协作共进，但是作为主政人的张元济和王云五的思想和理念
无疑代表着商务印书馆的精神内核。张元济和王云五早已是出版史研究的

① 汪道涵. 在上海举行的商务印书馆创立一百周年纪念会上的讲话 [G] //商务印书馆一百
年. 北京：商务印书馆，1998：22.

重点和热点人物，个体的研究成果颇多，但专门对二者的比较研究尚不多见。从已有的研究成果来看，出版史研究重点是对张元济和王云五的出版理念及实践展开探讨，图书馆史方面的研究也只是对二者在图书馆事业方面的贡献略有着墨，将二者的出版事业和图书馆事业结合起来综合考察的"图书事业"仍有待耕耘。张元济、王云五是中国近代出版史研究无法绕开的两位极具影响力的人物，作为 20 世纪上半叶的最大民营出版机构——商务印书馆的两代主政人，他们的商务人生反映了跨时代知识分子在"从政"或"从商"历程中的价值选择与文化守护。本书以两位著名历史人物为切入点，通过对二者图书事业的梳理、比较，力图全面展现清末民国时期图书事业从勃兴、转型直至现代化的过程全貌；并以此为基点，深入剖析跨时代知识分子的职业选择及文化诉求，对研究彼时代知识分子的内心世界和学思历程具有参考价值。

"以史为鉴"是史学研究益于社会的重大功用。张元济和王云五作为 20 世纪极具影响力的知识分子，其做人、处事、求学方面的一些原则和精神值得当代学人学习；作为出版界的商业巨头，他们把早期以印刷为主要业务的商务印书馆打造成中国近代最大的民营出版机构，并对亚洲乃至世界形成一定的影响力，其间的科学管理方法、现代化制度、"图书"传播的多种方式及维度等，也值得当代出版界继续探索、借鉴；作为开创近代图书馆事业的前辈，他们把知识分子对书刊、文化和教育的挚爱通过图书馆事业淋漓尽致地展现出来，还在目录学、文献学、图书馆学、古籍研究方面对图书馆事业做出了巨大贡献，对沟通当今出版机构、图书馆事业以及其他民间社会力量参与公共文化服务体系建设具有现实社会意义。

一、研究范围界定

关于研究时限的界定。本书以张元济进入商务印书馆（1902 年）至王云五离开商务印书馆（1946 年）为主要研究时限。为保证研究的客观性、完整性，文中对张元济和王云五进入商务印书馆之前及相继离开商务印书馆之后的相关事业历程也有部分的回溯和探寻。

关于图书事业的界定。中华文明源远流长，所产生的文字记录亦是异常丰富，并逐渐围绕图书延展出各种治书之学，如图书学、版本学、校雠学、目录学、分类学、文献学、图书保护学、图书出版学、图书装订学、图书馆学等等。但是"图书"一词的定义和内涵随着时代的变化而发生变化，至今仍存争议。广义的"图书"泛指各类型读物，如《辞海》中"图书"的定义是书籍、地图、画册等出版物的总称，现在还包括电子书；现代图书馆的名称多含有"图书馆"三个字，但所藏也并非只有书籍，而是用"图书"指代所有馆藏。狭义的"图书"独指现代意义上的书籍，如《现代汉语词典》中，"图书"就是"图片和书刊，一般指书籍"；《现代汉语规范词典》中"图书"的定义是，"泛指各类书籍、图片、刊物，特指书籍"。本书中的商务印书馆虽也名"印书馆"，实际所涉业务范围远不止书籍，还包括杂志、报纸、唱片、图书馆等等，因此，本书在表述中采用"图书"的广义概念。"图书事业"一词最早源于来新夏先生"鉴于过去书史、目录学史和图书馆史三分天下，各成系统，以致难免有重叠歧出之处"而提出的"三史合一"的设想。① 这个设想大成于 20 世纪八九十年代"中国图书事业史"（包括《中国古代图书事业史》和《中国近代图书事业史》）的完成，其研究内容既包含图书本身的发展历史，也包括与图书有关的各项事业的发展历史。② 然而随着现代学科体系的细分、成熟及完善，当今学术界已鲜有使用"图书事业"这一学术概念来沟通相近学科之间的交叉领域。较为明显地体现在出版史和图书馆史领域。在这两个领域的学术研究中，已产生大量介于二者之间的学术研究成果，如若稍加留意，不

---

① 来新夏，等. 中国近代图书事业史 [M]. 上海：上海人民出版社，2000：前言 1.
② 来新夏. 试论《中国古代图书事业史》的研究对象与划阶段问题 [J]. 学术月刊，1980 (8)：59-64.

难发现出版史和图书馆史学科领域的共同源头——对"图书"的关注，包括书史、书籍流通史、藏书史等的研究，以及曾为热点的图书学、图书出版学、图书发行学等一起构成了"治书之学"的多种学科体系。历史文献学研究专家顾志华教授在指导研究生吴芹芳的硕士论文《张元济图书事业研究》中，将张元济的图书事业主要分为刻书事业、校书事业和藏书事业三部分①，总体上提炼出了张元济的主要事业经历，让我们在研究中深受启发。张元济和王云五是中国近代出版事业的重要人物，也是中国近代图书馆事业的重要推手，二者主持经营的商务印书馆是中国近代最大的商业出版机构，共同创办的东方图书馆曾被誉为"东亚闻名的文化宝库""亚洲第一图书馆"。② 如果要全面比较张元济和王云五，并囊括二者事业经历，笔者认为"图书事业"一词较为合适，既能包含出版事业，也能包含图书馆事业。另，为方便表述，本书遵循"大出版"③ 理念，将图书、期刊等的编校、出版、发行流程统一纳入出版事业的整体框架之中。

关于张元济时代与王云五时代的区分。作为商务印书馆前后相继的两位主政人，学界普遍的共识是将二人各自主持商务印书馆的时间作为两个时代的划分，但是并未指明确切的时间界限。汪家熔先生曾在《忆商务印书馆的陈翰伯时期》中这样解释："商务印书馆同仁对商务的历史有一个按主持人姓名为阶段的分期习惯。一般说一位主持人主持时间稍长，同仁就这样称呼。如夏瑞芳时期、张元济时期、王云五时期。"④ 张元济是 1902 年入馆的，1926 年退休；王云五是 1921 年进馆，1946 年离开商务印书馆的。显然二者在 1921 年与 1926 年之间有五年的交叉时期，我们将这一时期列为

① 吴芹芳. 张元济图书事业研究 [D]. 武汉：华中师范大学，2004：摘要.

② 李婷. 上海抗战遗址：无法忘却的城市记忆 [EB/OL]. (2015-05-29) [2024-04-28]. https：//www. whb. cn/zhuzhan/jiyi/20150529/31114. html.

③ 杨春兰. 编辑学与出版学的关系 [D]. 开封：河南大学，2005：6-10.

④ 汪家熔. 忆商务印书馆的陈翰伯时期 [G] //商务印书馆一百年. 北京：商务印书馆，1998：688.

二者权力的"交接过渡时期"，并未做明显区分，但是按照商务印书馆在该时期所运行的"一出三所"模式，作为核心部门编译所所长的王云五已经拥有较大的权力，因此在很多时候我们将 1921 年王云五的进馆时间，默认为商务印书馆开始进入"王云五时代"的时间。

二、相关研究概况

（一）本书以商务印书馆诞生、发展的历史脉络为主要背景，首先对商务印书馆史及其营运的相关资料进行回溯和梳理

从张志强的《海外中国出版史研究概述》[1] 和李咏梅的《八十年代以来港台和海外学者有关中国出版史研究综述》[2] 两篇论文中大致可以看出，早期海外对中国出版史的研究多集中在印刷史方面，而后逐渐深入到出版管理、出版机构、出版人物等各个方面。著名汉学家钱存训先生是较早关注商务印书馆的。1970 年，他在芝加哥大学指导研究生 Florence Chien 完成的硕士论文 "The Commercial Press and Modern Chinese Publishing：1897—1949"，对商务印书馆的历史及其对中国近代出版业的影响进行了探讨。[3] 1972 年，法国汉学家戴仁先生专门以商务印书馆为题，完成博士论文 "La Commercial Press de Shanghai：1897—1949"（《上海商务印书馆：1897—1949》），该论文还于 1978 年由法国高等汉学研究院出版。文中详细论述了商务印书馆由产生、成长至兴盛、衰落的全过程，在国际上具有极大影响力。[4] 台湾学者久宣所著的《商务印书馆——求新应变的轨迹》论述了商务印书馆的沿革变化、经营情况，以及给予现代企业、现代人的启示，展

---

① 张志强. 海外中国出版史研究概述 [J]. 中国出版，2006（12）：35-38.
② 李咏梅. 八十年代以来港台和海外学者有关中国出版史研究综述 [J]. 编辑之友，1993（5）：59-63.
③ 张志强. 海外中国出版史研究概述 [J]. 中国出版，2006（12）：37.
④ 戴仁. 上海商务印书馆：1897—1949 [M]. 李桐实，译. 北京：商务印书馆，2000.（原作出版于 1978 年）

现了商务印书馆的百年辉煌。① 2000 年，日本学者樽本照雄出版《初期商务印书馆研究》一书，主要阐述了商务印书馆成立之初的馆史及与日本的文化交流，重点研究商务印书馆与日本金港堂资金合作发展的相关事宜。② 王云五在居台晚年也编写了《商务印书馆与新教育年谱》（上、中、下三册）③。书中详细陈述了商务印书馆自建馆到 1949 年间的重大事件和数据资料，也有部分其个人的回忆和评说，是后世研究商务印书馆的重要资料来源，但因王云五特殊的身份背景，书中内容和数据有欠客观。台湾商务印书馆还在商务印书馆百年馆庆时编著出版了《商务印书馆 100 周年/在台 50 周年》④。该书为配合馆庆，主要是搜集馆史资料和同人们的各种回忆片段，记录上亦难免有情感倾向和偏见成分。

大陆地区对商务印书馆史的研究最早集中于对馆史资料的搜集和整理，主要由商务印书馆完成，已经编辑出版了《1897—1987 商务印书馆九十年——我和商务印书馆》⑤、《1897—1992 商务印书馆九十五年——我和商务印书馆》⑥、《商务印书馆一百年》⑦、《商务印书馆馆史资料》⑧ 等资料集。曾长期在商务印书馆任职并负责馆史资料搜集的汪家熔因工作之便，运用大量一手资料对 1949 年以前商务印书馆内部组织关系、营运情况、发展动态等进行了深入研究，编著有《商务印书馆史及其他——汪家熔出版史研

---

① 久宣. 商务印书馆：求新应变的轨迹 [M]. 成都：西南财经大学出版社，2002.

② 张志强. 一个致力中国出版史研究的日本人：樽本照雄和他的晚清小说及商务印书馆史研究 [J]. 编辑学刊，2010（5）：69、70.

③ 王云五. 商务印书馆与新教育年谱 [M]. 台北：台湾商务印书馆，1973.

④ 台湾商务印书馆. 商务印书馆 100 周年/在台 50 周年 [G]. 台北：台湾商务印书馆，1997.

⑤ 商务印书馆. 1897—1987 商务印书馆九十年：我和商务印书馆 [G]. 北京：商务印书馆，1987.

⑥ 商务印书馆. 1897—1992 商务印书馆九十五年：我和商务印书馆 [G]. 北京：商务印书馆，1992.

⑦ 商务印书馆. 商务印书馆一百年 [G]. 北京：商务印书馆，1998.

⑧ 商务印书馆. 商务印书馆馆史资料（共49辑）[G]. 北京：商务印书馆内部资料，1980-1991.

究文集》①，对我们了解商务印书馆的发展历史有重要参考价值。学者吴相的《从印刷作坊到出版重镇》将商务印书馆的诞生、发展置于近代中国时代变革与转型的大环境中，"研究商务印书馆作为一个文化企业，如何在风雨飘摇的现代中国社会站稳脚跟"，并论述了商务印书馆在扶助教育、承扬传统文化、引进西学、开启民智等方面的贡献。② 杨扬著的《商务印书馆：民间出版业的兴衰》主要以商务印书馆发展的时间顺序为脉络，较为精练地概述了商务印书馆的事业兴衰史。③

（二）本书将商务印书馆的诞生、发展同社会变革与文化转型紧密联系在一起，介绍了商务印书馆在 20 世纪前后与社会、与文化、与教育的关系

商务印书馆的创办背景与基督教有着重要关联，赵晓阳的《基督徒与早期华人出版事业——以谢洪赉与商务印书馆早期出版为中心》论述了西学传播和基督徒对早期商务印书馆的编译方向及编译人才的影响。④ 王伟的硕士论文《商务印书馆与中华书局的竞争与合作（1912—1949）》很好地展现了在近代竞争激烈的出版业市场，商务印书馆所处的环境及其应对。⑤ 王建辉的《旧时代商务印书馆与政府关系之考察（1897—1949）》论述了商务印书馆为了谋求生存发展，在清政府、北洋政府、国民政府的挤压夹缝中不得不随时调整与政府的关系，浓缩了中国近代出版业的发展历程。⑥

① 汪家熔. 商务印书馆史及其他：汪家熔出版史研究文集 [G]. 北京：中国书籍出版社，1998.

② 吴相. 从印刷作坊到出版重镇 [M]. 南宁：广西教育出版社，1999.

③ 杨扬. 商务印书馆：民间出版业的兴衰 [M]. 上海：上海教育出版社，2000.

④ 赵晓阳. 基督徒与早期华人出版事业：以谢洪赉与商务印书馆早期出版为中心 [J]. 青海师范大学学报（哲学社会科学版），2009（3）：81-84.

⑤ 王伟. 商务印书馆与中华书局的竞争与合作（1912—1949）[D]. 长春：东北师范大学，2009.

⑥ 王建辉. 旧时代商务印书馆与政府关系之考察（1897—1949）[J]. 出版广角，2001（1）：65-70.

杨扬的《商务印书馆与二十年代新文学中心的南移》和史春风的《商务印书馆与中国近代文化》是研究商务印书馆与近代文化关系的代表之作，他们不仅注意到上海作为新文化中心的近代变迁，还指出商务印书馆在近代文化转型中的作用、价值及影响力。① 在商务印书馆与近代教育的关系研究上，成果尤为丰富，主要有王建辉的《近代出版与近代教育》、贾平安的《商务印书馆与中国近代教育》、肖永寿的《中国早期函授教育的产生和发展——商务印书馆函授教育的历史回顾》等等，主要探讨商务印书馆的新式教科书对近代教育的积极影响和重要意义。②

（三）本书以商务印书馆两代主政人张元济和王云五为主要研究对象，对他们个体研究的整体状况进行了详细梳理

1. 海外张元济、王云五研究

从对商务印书馆馆史、企业营运及相关的研究成果来看，主要的出发点是探讨商务印书馆本身及其对中国出版业和其他领域的影响，对商务人张元济、王云五的论述穿插于文中，少有专门的关注和分析。1978 年，新西兰籍华人叶宋曼英选择 "From Qing Reform to Twentieth-century Publisher：The Life and Times of Zhang Yuanji，1867—1959" 为博士论文题目，对张元济一生的思想和事业进行了系统研究，评价客观且公允，是海外张元济研究的开山之作，代表了海外对张元济的中肯评价。20 世纪 80 年代国内掀起了张元济研究热潮，海外张元济研究却鲜有成果。笔者认为其原因主要是当时关于张元济的研究资料仍在整理之中，还不够丰富，而且海外学者对东方文明多侧重于粗线条的重点和热点研究，特定的细线条的出版人物比

---

① 杨扬. 商务印书馆与二十年代新文学中心的南移 [G] //商务印书馆一百年. 北京：商务印书馆，1998：459-475；史春风. 商务印书馆与中国近代文化 [M]. 北京：北京大学出版社，2006.

② 王建辉. 近代出版与近代教育 [J]. 编辑之友，2001 (6)：59-64；贾平安. 商务印书馆与中国近代教育 [J]. 西南师范大学学报（哲学社会科学版），1990 (2)：64-71；肖永寿. 中国早期函授教育的产生和发展：商务印书馆函授教育的历史回顾 [J]. 四川师范学院学报（高教研究专号），1996 (3)：91-94.

较"小众"，着墨不多。倒是 2003 年，《史林》刊载了一篇奥地利维也纳大学东亚汉学研究所教授皮尔兹的论文《张元济：传统与现代之间》①。从该文所引用的资料来看，全部都是国内 20 世纪 80 年代以来挖掘的成果，其论点也是根据《出版史料》中关于张元济的讨论阐发的，由此可见，海外的张元济研究仍很贫瘠。

在王云五的研究方面，尽管王云五在世时，海内外就已刊行了其部分著述，如《岫庐论教育》《岫庐论国是》《岫庐论学》《岫庐论经济》《岫庐论为人》《岫庐八十自述》《中国政治思想史》《中国教育思想史》《商务印书馆与新教育年谱》等，但是专门、大规模的资料整理和出版主要还是起步于 20 世纪 70 年代中期的台湾学界。其原因主要是王云五迁居台湾之后，为台湾出版事业、教育事业、图书馆事业，甚至民主政治的进程都有过重大贡献，而且王云五还在台湾政治大学培养、指导了三四十名硕士和博士，这些弟子不仅有很厚的学术功底，部分人还受聘于台湾商务印书馆，如王寿南、金耀基、徐有守、周道济等，他们对王云五的生平和经历有一定的了解。1976 年王云五 88 岁寿辰之际，其门下弟子、生平好友纷纷撰文祝贺，最后由杨亮功等共同编著了一部文集——《我所认识的王云五先生》。书中除对王云五大加赞扬外，也记述了不少其生活中的细节，具有一定的参考价值。1979 年，台湾新闻史研究学者朱传誉主编的《王云五传记资料》收集了《联合报》《华美日报》等报纸上发表的有关王云五在台湾从事出版事业的文章，使大家对王云五在台湾的文化贡献有了总体上的认识。王云五逝世后不久，其弟子王寿南主编了《王云五先生哀思录》，其中收录了大量有关回忆和哀悼王云五的文章。为纪念王云五 100 周年诞辰，受王云五之子王学哲和时任台湾商务印书馆总经理朱健民的委托，1987 年王寿南利用王云五留下的资料和在台北地区行政管理机构、台北故宫博物院、台湾政

---

① 皮尔兹. 张元济：传统与现代之间 [J]. 邵建，译. 史林，2003 (6)：99-106.

治大学、台湾商务印书馆等机构查阅的档案资料，以及王云五亲友和弟子们提供的来往信函，完成了《王云五先生年谱初编》的编写。其中详细记载了王云五的全部生平和活动事迹，具有相当高的史料价值。同年，蒋复璁等编的《王云五先生与近代中国》总结了王云五对中国出版事业、教育事业、图书馆事业以及民主政治等方面的贡献，研究较为全面，对王云五的评价也较高。2004 年，王云五弟子徐有守所著的《出版家王云五》涵盖了王云五在大陆和台湾从事的各方面活动。从整体上看，台湾王云五研究的成果作者多为王云五的学生、亲友和同人，作品纪念性成分居多，学术性、公正性、全面性均可能有所欠缺，但如果把这些资料与大陆学者的研究成果结合起来考察，对王云五必然能有更全面、客观的认识。①

2. 大陆地区张元济、王云五研究

史学研究中有种特殊的现象是"当代人不记当代史"。当然，这不是绝对的，总体来看确实不多，有的也只是对基本史实的记录，尤其是对同时代人物的评价更是谨慎，多数要等到人物晚年或逝世之后才陆续出现。张元济、王云五是近代对出版事业、图书馆事业有重大影响力的历史人物，抛开他们各自的编校作品和回忆记录外，对二者的研究主要出现在 20 世纪 80 年代之后，主要原因有以下几点：一是新中国成立之后的一段时间内，国内局势屈从于政治和意识形态的争论，学术研究暂时陷入低潮，且 50 年代末仍健在的张元济、70 年代身处台湾的王云五还没有出现在学术界的视野；二是囿于两个有争议的历史问题——张元济在商务早期与日本企业的合作及王云五在抗战胜利后出任国民党高官——所产生的历史认识和意识形态问题仍在干扰学术界的发声，尤其是王云五在新中国成立之后还偏居在台湾，继续发挥着不小的政治、文化影响力，其"币制改革方案"和着力推行的"科学管理"长期被扣以"资本剥削"的帽子，这也使得学术界

---

① 邓文池. 王云五研究四十年：回顾与述评［J］. 河北科技图范，2017（1）：80-85.

很难对他们作出"正常评议"。直到 80 年代之后，对二者的研究才逐渐回归到客观轨道。综观当前学术界对张元济、王云五的研究，对二者的比较研究不多，只有散见于各种论述中的只言片语。倒是王建辉在著作《文化的商务——王云五专题研究》中，用一个章节的篇幅论述了张元济和王云五的交谊、二者的若干相同点以及他们在抗战胜利后的不同面目和分道扬镳的原因，为本书的撰写提供了可资借鉴的思路。其他的研究主要还是集中在对单个人物的对象性研究之中。①

（1）关于张元济的资料整理与研究著作

资料的搜集和整理是人物研究不可或缺的重要工作。张元济一生留下了大量的诗文、日记、书札等各类著述，是研究其思想和中国近代出版、图书馆、文化教育事业极具价值的参考资料。对张元济资料的搜集和整理主要由张树年（张元济之子）、张人凤（张元济之孙，张树年之子）和商务印书馆进行。商务印书馆 1981 年出版张人凤编《张元济日记》，上海古籍出版社 1987 年出版张树年编《张元济友朋书札》，香港商务印书馆 1992 年出版张树年、张人凤合编《张元济蔡元培来往书信集》，台湾商务印书馆 1995 年出版张人凤编著《张菊生先生年谱》；商务印书馆也自编了《张元济书札》《张元济傅增湘论书尺牍》《张元济诗文》《张元济年谱》《张元济古籍书目序跋汇编》。2007 年商务印书馆与张人凤合作对张元济的诗文、日记、书札、古籍研究等进行增补，并于 2010 年出版《张元济全集》（共 10卷），其中一、二、三卷为书信；四、五卷为诗文，六、七卷为日记；八、九、十卷为古籍研究著作；后面还附了许多研究、参考价值较高的资料。《张元济全集》为当前研究张元济最为全面和重要的资料。

张元济相关资料搜集和整理，尤其是出版之后，日益引起学术界的关注，研究张元济的著作也陆续出现，但以传记类作品居多，学术型和通俗

①　邓文池. 王云五研究四十年：回顾与述评［J］. 河北科技图苑，2017（1）：80-85.

型兼有。如大陆第一部关于张元济的传记为王绍曾著的《近代出版家张元济》①，其后有汪家熔著的《大变动时代的建设者——张元济传》，吴方著的《仁智的山水——张元济传》，董进全、陈梦熊合著的《现代出版楷模张元济》，陈建民著的《智民之梦——张元济传》，柳和城著的《张元济传》，张荣华著的《张元济评传》，张树年著的《我的父亲张元济》，张人凤著的《智民之师——张元济》，李西宁著的《人淡如菊——张元济》，周武著的《张元济：书卷人生》，汪凌著的《张元济——书卷中岁月悠长》，张学继著的《出版巨擘——张元济传》。也有一些纪念和研究张元济的文集，如张元济故乡浙江省海盐县的政协文史资料工作委员会曾于 1990 年和 1992 年编《张元济轶事专辑》（共 2 册），1998 年编《纪念出版家张元济先生诞辰 130 周年文集》，但都是内部资料，流传不多。其后有海盐王英编著的个人研究张元济的专集《一代名人张元济》，海盐县政协文史资料委员会与张元济图书馆编的《出版大家张元济——张元济研究论文集》，张人凤著的《张元济研究文集》，以及海盐张元济研究会和张元济图书馆编的《张元济研究论文集》。② 还有突出张元济对图书馆事业贡献的，如 2014 年上海科学技术文献出版社出版的张人凤编《张元济与中国近现代图书馆事业》。该书主要汇集了张元济在图书馆事业上所做贡献的有关资料，是研究张元济图书馆事业的重要资料来源。

（2）关于张元济的主要论文及观点

如果说有关张元济的研究著作多为资料汇编、传记或文集，那么相关的研究论文则超越了著作的局限，已然深入到值得研究的方方面面。

在编辑出版方面，郑学益对张元济在商务印书馆的经营管理策略进行

---

① 参见新西兰籍华人学者叶宋曼英的博士论文 "From Qing reform to twentieth-century publisher: the life and times of Zhang Yuanji 1867—1959"。其通过答辩时间为 1983 年底，论文英文版由商务印书馆 1985 年 4 月出版，文中的"第一部"以成果出版的时间排序得出。

② 柳和城. 张元济传记与张元济研究"热"［J］. 博览群书，2010（2）：92-96.

了归纳总结，认为"强调出版物的社会效益，反对出版经营者的商人化和出版物的完全商品化"是张元济的出版经营宗旨。① 王蕾对张元济在商务印书馆的出版人才思想进行了研究，指出"慧眼识人、善于用人、致力出人"是张元济用人思想的精髓。② 荣远主要研究了张元济教科书编辑与出版经营思想，认为"适应变化、不断创新；悉心研究、遵循规律；网罗人才、集思广益；兼容并蓄、启迪民智"是张元济的教科书编辑思想，"大出版观统摄全局；资本运作为我所用；出版杂志相得益彰；发行服务灵活多样"是张元济的教科书出版经营思想。③ 此外，孙鲁燕、李艳也对张元济的编辑思想进行了探究。④

在古籍整理方面，王灵善重点研究了张元济校勘、辑印古籍的主要编校方法；⑤ 刘平平主要介绍了张元济在几十年间辑印的几种大型古籍；⑥ 马明霞则主要介绍了张元济搜求、辑印古籍文献的过程。⑦ 对张元济整理出版的代表性古籍《百衲本二十四史》和《宝礼堂宋本书录》的研究，主要围绕"版本价值、校勘价值、作者归属"等争议问题展开。⑧ 潘燕、张会芳的硕士论文基本全面总结了张元济在文献学方面的成就。⑨

① 郑学益. 近代出版家张元济的经营管理思想 [J]. 江淮论坛，1988 (2)：29-35.

② 王蕾. 张元济的出版人才思想 [J]. 编辑学刊，1997 (6)：81-85.

③ 荣远. 张元济教科书编辑与出版经营思想研究 [D]. 开封：河南大学，2005.

④ 孙鲁燕. 为吾国人：张元济编辑思想探微 [J]. 出版发行研究，1992 (4)：22-26；李艳. 张元济的编辑思想 [J]. 出版科学，2002 (1)：64-66.

⑤ 王灵善. 张元济古籍编校出版方法论浅说 [J]. 新闻出版交流，1997 (3)：40-41.

⑥ 刘平平. 略谈张元济在校勘古籍文献上的成就 [J]. 图书馆研究与工作，2007 (3)：58-59.

⑦ 马明霞. 张元济搜求整理校勘辑印古籍文献述略 [J]. 兰台世界，2007 (17)：62-63.

⑧ 杜泽逊. 张元济与《宝礼堂宋本书录》 [J]. 古籍整理研究学刊，1995 (3)：13-16+12；韩文宁. 张元济与《百衲本二十四史》[J]. 江苏图书馆学报，1998 (1)：51-53+38；张人凤. 张元济和《百衲本二十四史》[J]. 编辑学刊，1993 (2)：80-85；陈广胜.《宝礼堂宋本书录》作者考 [J]. 河南大学学报 (社会科学版)，2003 (2)：151-153；柳和城. 张元济著《丛书百部提要》考 [J]. 出版史料，2008 (1)：121-127；柳和城. 张元济著作权辨正：也考《宝礼堂宋本书录》作者 [J]. 博览群书，2008 (3)：111-113.

⑨ 潘燕. 张元济文献学成就研究 [D]. 保定：河北大学，2008；张会芳. 论张元济的文献整理成就 [D]. 郑州：郑州大学，2011.

在图书馆事业方面，学术界对张元济与图书馆事业的关注主要集中在张元济参与创建的涵芬楼和东方图书馆上。汪家熔详细研究了涵芬楼和东方图书馆的创建过程，并分析指出了张元济在参与创建过程中发挥的作用。① 蒋玲玲对张元济创办涵芬楼到东方图书馆建成的过程进行了回溯，指出张元济对中国近代图书馆事业做出了巨大贡献。② 戴慧英简述了藏书家张元济耗费心力创办涵芬楼，并将其发展成颇具规模的现代公共图书馆——东方图书馆的过程。③ 事实上，张元济很早就有收藏书籍的习惯和兴趣，其本身也出身于藏书世家。韩文宁通过研究指出，张元济最早曾创办通艺学堂图书馆，随后还参与创办了涵芬楼、东方图书馆以及合众图书馆，为我国近代图书馆事业的发展做出了卓越的贡献。④ 潘清文研究了张元济的藏书思想，认为诗书世家的影响为张元济成为中国近代图书馆事业的开拓者和倡导者奠定了思想基础。⑤ 张喜梅主要研究了张元济对地方志的收藏和保存所做的贡献，分析了张元济"求之坊肆、丐之藏家，近走两京、远驰域外"的求书四法。⑥ 刘应梅对张元济的地方文献收集整理工作进行了研究，并对张元济在家乡文献方面所做的贡献给予了评述。⑦ 此外，赵玲还对张元济的图书馆学思想及实践进行了研究。

在政治倾向方面，翰林出身的张元济之所以投身图书事业，无疑与维新运动的失败有关。贾平安通过分析张元济在维新时期上书光绪帝的奏折，认为"张元济在维新时期初步形成在政治制度、经济、教育及人事改革方

---

① 汪家熔. 涵芬楼与东方图书馆 [J]. 图书馆学通讯, 1981 (1)：82-85.
② 蒋玲玲. 从涵芬楼到东方图书馆：张元济与中国近代图书馆事业 [J]. 浙江档案, 2003 (6)：38-39.
③ 戴慧英. 藏书家张元济与涵芬楼 [J]. 甘肃社会科学, 2006 (3)：253-255.
④ 韩文宁. 张元济对中国近代图书馆事业的贡献 [J]. 图书与情报, 1998 (2)：73-76.
⑤ 樊清文. 张元济与中国近代图书馆 [J]. 图书馆工作与研究, 2008 (8)：31-32.
⑥ 张喜梅. 张元济与地方志藏书 [J]. 中国地方志, 2007 (6)：55-57.
⑦ 刘应梅. 张元济与地方文献的收集整理和出版 [J]. 文献, 2005 (2)：265-275.

面的思想，这对他以后从事文化教育出版事业产生了较大影响"①。赵春祥
则通过奏折考察张元济早期的民主思想，分析了其民主思想的产生、特色
及裂变，直至转变成"宣传西学，启迪民智"的过程。② 戊戌变法失败后，
尽管张元济被逐出政治舞台，但他仍以自己的方式参与社会活动。在清末
立宪运动中，张元济通过与政府要员的关系以及自己在社会各领域的影响
力，以各种方式要求清政府立宪以挽救国运。③ 新政时，在江浙两省的反对
借款筑路运动中，张元济甚至将"生死之事亦遂度外置，维时事事均作查
抄拿问之准备"④，以浙江方面的代表身份赴北京与清政府谈判，在"拒外
债、保商办"的浙路风潮中充当了急流勇士，在浙路商办实践中亦功不可
没。⑤ 虽然最后的结果与他所期望的相距甚远，但也体现了他忧国忧民的爱
国情怀和不忘国事的知识分子本色。

在教育方面，昌明教育是张元济一生的夙愿和始终践行的追求。早在
维新运动时，他就向光绪皇帝建言"办学堂，育人才"，并在翰林院时创办
了通艺学堂。贾平安对张元济创办的通艺学堂进行了研究，考察了学堂办
学的宗旨、模式、特色及学生出路等，还指出了张元济在开展教育方面的
特殊贡献⑥，及其教育救国思想⑦。邹振环对维新时期张元济的人才思想进
行了分析，认为"张元济是温和的改良派，他试图通过教育改革来培养人
才，以此逐步推动其他方面的改革，最终实现国家的富强，是典型的人才

　　①　贾平安. 张元济维新思想述评 [J]. 学术月刊，1986（2）：73-76+72.
　　②　赵春祥. 张元济早期民主思想及其裂变：读《上光绪奏折》管窥蠡测 [J]. 上海大学学报
（社会科学版），1988（4）：67.
　　③　承载，王恩重. 张元济和清末立宪运动 [J]. 浙江大学学报（社会科学版），1996（4）：
26-33.
　　④　张树年. 张元济年谱 [M]. 北京：商务印书馆，1991：75.
　　⑤　王逍. 张元济与浙路商办 [J]. 学术论坛，2001（2）：102-104.
　　⑥　贾平安. 张元济与通艺学堂 [J]. 历史教学，1984（8）：16-18.
　　⑦　贾平安. 张元济创办的通艺学堂及其教育救国思想 [J]. 西南师范大学学报（人文社会科
学版），1986（2）：17-22.

救国论"①。维新运动失败后，张元济选择与教育相关的南洋公学，继续自己的教育之志。投身商务印书馆后，他仍认为"吾辈当以扶助教育为己任"，以"昌明教育生平愿，故向书林努力来"为第一大志愿，认为"盖出版之事可以提携多数国民，似比教育少数英才为尤要"②。仲玉英对张元济在商务印书馆之后的编辑出版活动进行了研究，认为进入商务印书馆之后，张元济的教育思想从"英才教育"转变为"国民教育"。③ 此外，肖永寿、陈淑容、张石红对张元济开展的函授教育进行了考察，④ 刘文荣、张树年还对张元济关心家乡教育的相关事迹进行了记述。⑤

在个人生活及社会交往方面，与众多学者继续关注张元济的事业历程及思想的视角不同，吕晓东把对张元济研究的触角深入到"编余生活"，认为"编余生活同样是成就一个编辑出版家不可或缺的部分，更是后辈取之不尽的精神财富和宝藏"，且张元济的"编外生活更精彩，更动人"。⑥ 张国功也跳出"书卷之外"，寻找更加真实、全面的张元济。⑦ 其中，于公于私的个人交往进入到学者们的视野。商务印书馆是一个大集体，作为主政人的张元济必然会与商务同人们有所接触。早期的商务印书馆管理层和员工对张元济是较为支持的，还尊称其为"菊老"，但随着商务印书馆的发展，矛盾逐渐凸显。仝冠军认为张元济与其他管理者的经营管理理念的分歧，

---

① 邹振环. 维新运动时期张元济人才教育思想的一个分析 [G] //海盐县政协文史资料委员会，张元济图书馆. 出版大家张元济：张元济研究论文集. 上海：学林出版社，2006：405.

② 汪家熔. 大变动时代的建设者：张元济传 [M]. 成都：四川人民出版社，1985：54.

③ 仲玉英. 立足出版 昌明教育：张元济的教育思想与活动 [J]. 浙江教育学院学报，2007（2）：34-39.

④ 肖永寿，陈淑容. 二十世纪中国早期函授教育的创始者：张元济 [J]. 船山学刊，2004（3）：139-142；张石红. 张元济与中国近代函授教育 [J]. 文史杂志，1997（1）：38-39.

⑤ 参见海盐县政协文史资料委员会. 海盐文史资料：第十辑 [G]. 海盐：海盐县政协文史资料委员会编印，1987；海盐县政协文史资料委员会. 张元济轶事专辑之一 [G]. 海盐：海盐县政协文史资料委员会编印，1990.

⑥ 吕晓东. 张元济的编余生活 [J]. 新闻出版交流，2001（5）：20.

⑦ 张国功. 书卷之外的张元济 [J]. 编辑学刊，2013（1）：66-70.

及与以高凤池为代表的教会派的矛盾，是张元济两次辞职的重要原因。① 在王云五进入商务印书馆之后，张、王二人精诚合作，开创了商务印书馆事业的新局面，但后期又出现新的矛盾。郭太风以抗战胜利后二人的往来函电为主要线索，严密分析、论证二者关系破裂的原因和经过，指出："在如何规复商务事业，尤其在人事安排上，两人发生了矛盾，最后因选择不同的政治道路而分道扬镳。"② 作为从翰林到出版家的跨时代知识分子，张元济与众多知识分子及业界同人有着密切交往。其中，蔡元培是与张元济经历最为相似，关系又较为密切的朋友。高平叔通过对二人书信的分析及其他史料的佐证，叙述了二者长达半个世纪的友情，并指出他们在中国近代文化教育事业上的合作及贡献。③ 陈原通过比较二人在传播西学层面上的理念，分析指出，张元济和蔡元培一样，"是清末民初传播'西学'的枢纽人物"④。王素洁认为，张、蔡二人为了实现教育救国的共同追求和理想，殚精竭虑、呕心沥血地奋斗了一生，他们之所以能取得如此辉煌的成就，除浓厚的爱国情结外，友谊的力量也是不可低估的。⑤ 此外，还有些学者对张元济与胡适、严复、傅斯年、罗家伦等进行了比较研究，力图全面展现彼时代知识分子的内心世界和精神方向。⑥

（3）关于王云五的资料整理与研究著作

如前所述，对王云五的资料整理主要由台湾学者发起。在大陆，直至

① 仝冠军. 张元济辞职风波始末 [J]. 出版史料，2009（4）：68-74.

② 郭太风. 抗战后王云五与张元济往来函电述评 [J]. 档案与史学，2003（2）：39.

③ 高平叔. 蔡元培与张元济 [J]. 民国档案，1985（1）：72-84.

④ 陈原. 张元济与蔡元培：在传播"西学"的层面上 [G] //海盐县政协文史资料委员会，张元济图书馆. 出版大家张元济：张元济研究论文集. 上海：学林出版社，2006：725.

⑤ 王素洁. 张元济和蔡元培的交谊与其教育救国之路 [J]. 东岳论丛，1999（3）：82-84.

⑥ 柳和城. 两代学人，一对挚友：张元济与胡适的交往 [J]. 安徽师范大学学报（哲学社会科学版），1989（1）：103-111；谢慧. 传统精神缔造忘年知音：从胡适与张元济的交谊看近代新旧学人的契合 [J]. 学术月刊，2008（7）：140-148；张荣华. 中国近代文化史上的严复与张元济 [J]. 复旦学报（社会科学版），1993（3）：76-82；周武. 张元济傅斯年往来书信的发现与研究 [J]. 档案与史学，1999（2）：69-75.

1997 年才由学林出版社出版王云五的《旧学新探——王云五论学文选》，这是大陆自王云五赴台之后出版的第一部王云五著作，标志着大陆王云五研究进入新阶段。1999 年，上海书店出版社出版了大陆第一部王云五传记——郭太风的《王云五评传》。该书通过对王云五生平事迹的梳理，基本勾画出一个立体、真实的王云五形象，作者还在此基础上相对客观地评论王云五的其人其事，是当时王云五研究的新突破。2000 年，商务印书馆出版王建辉的《文化的商务——王云五专题研究》，该书以王云五在大陆商务印书馆从事出版活动为主要线索，对其经营管理方法和思想进行了重点考察和客观评价，充分肯定了王云五在商务印书馆二十五年所做的功绩，是世纪之交王云五研究的力作。此后，大陆出版社陆续整理出版王云五的著作和关于王云五的研究著作，如《我怎样读书：王云五对青年谈求学与生活》《文化奇人——王云五》《岫庐八十自述（节录本）》《王云五文集》《王云五与商务印书馆》《王云五全集》等等。这些弥足珍贵的资料，尤其是王云五自述、文集和全集的出版为王云五研究提供了更加翔实、丰富的佐证，也使得王云五的形象更加真实、丰满。①

（4）关于王云五的主要论文及观点

改革开放之后，大陆学术界逐渐回归到正常轨道，王云五研究也慢慢回到学者们的视野。与王云五的资料整理与研究著作出版情况不同，研究王云五的论文出现较早，如朱蔚伯的《王云五与商务印书馆》②、唐锦泉的《回忆王云五在商务的二十五年》③、吴迪的《王云五：半生年华献"商务"》④ 等，这些出现于 20 世纪 80、90 年代的论文主要是对王云五出版活

---

① 邓文池. 王云五研究四十年：回顾与述评 [J]. 河北科技图苑，2017 (1)：80-85.

② 朱蔚伯. 王云五与商务印书馆 [G] //中国人民政治协商会议全国委员会，文史资料研究委员会. 文化史料丛刊：第 8 辑. 北京：文史资料出版社，1984：204-224.

③ 唐锦泉. 回忆王云五在商务的二十五年 [G] //1897—1987 商务印书馆九十年：我和商务印书馆. 北京：商务印书馆，1987：253-264.

④ 吴迪. 王云五：半生年华献"商务" [J]. 编辑学刊，1998 (5)：35-38.

动的回忆和总结。随着王云五的资料整理和研究著作的出版，以及台湾学者对王云五研究的深入和交流，大陆对王云五的研究触角开始伸向他在出版、图书馆、政治、经济、教育等领域的各个方面。

　　在编辑出版方面，王云五在 20 世纪的上海商务印书馆工作了二十五年（1921—1946），先后担任过商务印书馆编译所所长、总经理等职，曾数次挽救商务印书馆于危难之际，领导商务印书馆走向近代的辉煌时期，确实为近代中国的文化、出版事业做出了贡献。退出台湾政坛后的王云五又回到台湾商务印书馆工作十余年，为台湾出版事业奉献余生。且不论功绩如何，就此兢兢业业的工作态度和对出版事业的感情，也足以让人心生敬佩和感动。学术界对王云五的出版经营管理实践和思想及其对出版事业的贡献是着墨最多的方面。贺平涛通过对王云五的出版和经营管理理念的研究，认为他对出版事业的贡献巨大，需要就事论事地重新认识和评价。[①] 高生记主要论述了王云五在出版理论与实践方面的成就，认为王云五为中国出版事业做出了重要贡献，堪称我国出版大家。[②] 邓咏秋探讨了王云五作为出版家的素质，重点论述了王云五在做学问、为人处世以及个人性格等方面的独特之处。[③] 庄金还详细介绍了王云五在台湾商务印书馆的经历，认为王云五为提升台湾文化氛围和推动两岸文化交流做出了努力。[④] 对于王云五的科学管理之法，郭太风客观评价了王云五在商务印书馆推行科学管理法的功过是非。[⑤] 孙汉生认为王云五的科学管理思想中存在着人本管理的成分，值

　　① 贺平涛. 王云五：一个需要重新认识的出版家 [D]. 苏州：苏州大学，2003.

　　② 高生记. 王云五的出版理论与实践 [J]. 山西师大学报（社会科学版），2002（2）：143-147.

　　③ 邓咏秋. 王云五的出版家素质 [J]. 出版科学，2003（3）：54-55.

　　④ 庄金. 王云五与台湾商务印书馆（1964—1979 年）[D]. 上海：东华大学，2007.

　　⑤ 郭太风. 王云五在商务印书馆推行科学管理的功过是非 [J]. 东华大学学报（社会科学版），2001（1）：15-19.

得深入探讨。① 丁孝智从工商管理的角度分析了王云五的管理思想中"注重实效"的重要特点。② 此外，惠萍还对王云五与《万有文库》出版的相关事迹进行了研究，③ 刘洪权对王云五与商务印书馆的古籍出版情况进行了剖析。④

在图书馆事业方面，王云五对图书馆事业的贡献曾长期被学者们忽略，"非但建国后编写的几部重要的图书馆学史著作绝少提到他，就连其旧著《丛书集成》、《万有文库》扉页上的主编者王云五的名字往往都被抹去"⑤。事实上，正如王云五自己所说，他与图书馆渊源很深："我在学校的时期很短；我在图书馆的时期却很长。我不是职业的图书馆馆员；但我大半生消磨于图书馆的时间恐怕比一般职业的图书馆馆员尤多；一个职业的图书馆馆员至多与一二十所图书馆发生过关系，而与我有关系的图书馆至少有几千所。"⑥ 其参与创办并担任馆长的东方图书馆曾被誉为"东亚闻名的文化宝库""亚洲第一图书馆"，退居台湾后的王云五还曾创办云五图书馆，由此可见王云五与图书馆的关系极为密切，而这方面直到近二十年才为学者们所关注。徐祖友研究了王云五发明的四角号码检字法（章锡琛、叶圣陶、陈原等认为四角号码检字法是高梦旦所发明），认为该法极大地提高了图书分类的效率及科学性。⑦ 全根先对王云五的图书分类实践进行了分析，认为王云五的图书分类方法是对旧法的创新。⑧ 朱渊清、纪晓平、王凤华等人认

---

① 孙汉生. 从科学管理到人本管理：读《出版家王云五》札记 [J]. 中国编辑，2005（6）：83-84.

② 丁孝智. 王云五的工商管理思想 [J]. 华夏文化，2000（4）：62.

③ 惠萍. 王云五与《万有文库》[J]. 开封教育学院学报，2005（4）：32-33；惠萍. 王云五《万有文库》策划简论 [J]. 河南图书馆学刊，2006（5）：124-129+139；惠萍.《万有文库》的营销策略 [J]. 河南大学学报（社会科学版），2008（2）：184-188.

④ 刘洪权. 王云五与商务印书馆的古籍出版 [J]. 出版科学，2004（2）：51-59.

⑤ 刘应芳. 王云五：中国现代图书馆的奠基人 [J]. 图书与情报，2005（2）：89.

⑥ 王云五. 旧学新探：王云五论学文选 [G]. 上海：学林出版社，1997：26.

⑦ 徐祖友. 王云五与四角号码检字法 [J]. 辞书研究，1990（6）：128-134.

⑧ 全根先. 王云五的图书分类实践与创新 [J]. 新世纪图书馆，2007（2）：22-24.

为王云五开创了"新目录学"，并对其"新目录学"的有关成就进行了阐述。① 李辉详细论述了王云五创办东方图书馆的过程及贡献。② 张喜梅认为王云五的图书馆实践对中国近代图书馆事业贡献良多。③ 林象平、莫伟鸣、何琼、张雪峰等也都撰文褒扬王云五对图书馆事业所做的贡献。④ 刘应芳还总结了王云五对新目录学实践、公共图书馆建设工程和图书馆人才的培训等方面的贡献，认为王云五是中国现代图书馆事业的奠基人。⑤

在从政方面，王云五的从政经历主要分两个阶段，前段是在进入商务印书馆以前曾担任南京临时大总统府秘书，临时政府北迁后，在教育部专门教育司任科长、佥事、主任秘书、司长等职，还曾任全国煤油矿事宜处编译股主任、苏粤赣三省禁烟特派员等职。⑥ 后段是王云五在抗战全面爆发后投身政界，连任四届国民参政会参政员、政协代表；抗战胜利后，离开商务印书馆担任国民党政府经济部部长、行政院副院长、财政部部长等职；去台湾后，先后担任台湾地区行政管理机构的设计委员、台湾当局领导人办公室的政策顾问、台湾人力资源管理机构负责人和台湾行政管理机构负责人等职。金炳亮对王云五后段的从政经历进行了全面描述，直指其从政的"错位"。⑦ 郭太风主要研究了王云五在在台湾的行政改革，指出其改革虽阻力重重，但对台湾政局仍有一定的影响。⑧ 何智玲对王云五弃商从

① 朱渊清. 王云五的新目录学及其实践 [J]. 上海师范大学学报（哲学社会科学版），1997（3）：110-116；纪晓平，王凤华. 王云五及其"新目录学" [J]. 图书馆学研究，2004（9）：94-95+90.

② 李辉. 王云五与东方图书馆 [J]. 图书馆工作与研究，1999（5）：43-46.

③ 张喜梅. 王云五和近代图书馆 [J]. 太原师范专科学校学报，1999（2）：82-84.

④ 林象平. 王云五与中国图书馆事业 [J]. 津图学刊，1998（3）：147-154；莫伟鸣，何琼. 王云五与图书馆 [J]. 图书馆，2003（3）：91-92；张雪峰. 王云五的图书馆实践及其贡献 [J]. 图书馆理论与实践，2004（6）：封二+封三.

⑤ 刘应芳. 王云五：中国现代图书馆的奠基人 [J]. 图书与情报，2005（2）：89-92.

⑥ 王学哲. 岫庐八十自述：节录本 [M]. 上海：上海人民出版社，2007：封二.

⑦ 金炳亮. 王云五错位从政 [J]. 同舟共进，2006（5）：25-28.

⑧ 郭太风. 王云五与台湾的行政改革 [J]. 世纪，2004（1）：46-47.

政的思想渊源进行了探讨，认为中国传统文化中的"学而优则仕"思想和其前段的从政经历，是王云五后来弃商从政的思想根源。① 鲍丹禾也对王云五的从政之路进行了梳理和评论。②

在经济方面，学者们对王云五在经济领域的探讨主要是关于其"币制改革"的论述及评价。何扬鸣对王云五币制改革的过程进行了论述，对其币制改革的评论基本持否定态度。③ 郭太风认为王云五是金圆券风潮中的一个关键人物，客观分析了王云五实施币制改革中的真实处境，最后也认为币制改革是王云五一生中的"败笔"。④ 巴图对1948年国民党币制改革的内情作了分析，认为王云五进行的币制改革初衷很难实现，最后"成就"了蒋介石。⑤ 张皓也对王云五的币制改革进行了分析，他通过对比当时社会经济状况和国民党的财政状况，指出币制改革失败是必然的结果，但是他认为币制改革失败的根本原因是国民党的军事迅速失败，不能把改革失败的原因归结在金圆券方案本身和王云五身上。⑥

在教育方面，王云五一生很多时间都在直接或间接地与教育打交道，他对20世纪中国的教育也产生过或多或少的影响。李辉通过对张元济与王云五的商务印书馆出版事业的探讨，分析王云五在出版事业中的"普及教育"思想及实践，并进一步阐明其教育情怀。⑦ 张根华阐述了王云五对图书馆社会教育的认识及其对推动近现代图书馆社会教育的主要贡献，并分析

---

① 何智玲. 王云五弃商从政的思想渊源 [J]. 湘潮，2007（12）：73-74.

② 鲍丹禾. 王云五的从政之路 [J]. 读书文摘，2014（7）：59-62.

③ 何扬鸣. 试述王云五与金圆券的关系 [J]. 浙江学刊，1994（4）：104-107.

④ 郭太风. 王云五：金圆券风潮中的一个关键人物（上、下）[J]. 档案与史学，1999（4-5）：51-59，46-54.

⑤ 巴图. 1948年国民党币制改革的内情 [J]. 百年潮，2000（2）：62-67.

⑥ 张皓. 王云五与国民党政府金圆券币制改革 [J]. 史学月刊，2008（3）：66-74.

⑦ 李辉. 从张元济到王云五：以教育为己任：商务印书馆早期出版选题普及教育内涵初探 [J]. 中国出版，1998（9）：51-53.

了王云五图书馆社会教育思想产生的内在原因。① 肖朗、张秀坤以王云五的《商务印书馆与新教育年谱》为切入点，从教育学的视角考察了中国近代出版与教育的互动，并结合时代背景和内在机理探讨了近代教育出版家的主体意识。② 张秀坤还专门发文系统论述了王云五的教育普及思想。③ 陈燕青的硕士论文对王云五教育思想及实践进行了系统总结，并分析了其教育思想及实践的渊源。④

在与同时代学人的关系方面，王云五在商务印书馆的成就离不开商务人的群策群力，他也需要与出版界同人保持良好的关系，还需要同众多政治、文化界的人有着不错的交往。将王云五推进商务大门的胡适是学者们关注较多的。郭太风探讨了王云五与胡适的师生情谊，认为王云五不仅做过胡适的老师，还是胡适的挚友。他俩在年轻时相互将对方救出困境，改变了对方卑微的地位，促成对方成名成家，并终生保持友情。⑤ 罗尔纲⑥、苏育生⑦也简要叙述了王云五与胡适的师生之情。王云五与张元济的交往也是学者们关注的重点。在商务印书馆引进王云五之后，张元济、王云五二人精诚合作，开创了商务印书馆事业的新局面，但后期二人又出现新的矛盾。王建辉在著作《文化的商务——王云五专题研究》中，用一个章节的篇幅论述了张元济和王云五的交谊、二者的若干相同点以及他们在抗战胜利后的不同面目和分道扬镳的原因。⑧ 此外还有学者研究了王云五与蔡元

① 张根华. 王云五与近现代图书馆的社会教育 [J]. 科技情报开发与经济, 2009 (34): 41-43.

② 肖朗, 张秀坤. 王云五与近代教育出版家的主体意识: 以《商务印书馆与新教育年谱》为考察中心 [J]. 浙江大学学报 (人文社会科学版), 2011 (4): 77-89.

③ 张秀坤. 王云五的教育普及思想及实践初探 [G] //贺国庆. 教育史研究: 观念、视野与方法: 中国教育学会教育史分会第十一届学术年会论文集. 保定: 河北大学出版社, 2009: 316-322.

④ 陈燕青. 王云五教育思想及实践探究 [D]. 上海: 华东师范大学, 2015.

⑤ 郭太风. 王云五与胡适的师生之谊 [J]. 民国春秋, 2001 (2): 4-8.

⑥ 罗尔纲. 胡适与王云五 [J]. 读书文摘, 2007 (4): 52.

⑦ 苏育生. 胡适与王云五 [J]. 名人传记 (上半月), 2010 (4): 68-72.

⑧ 王建辉. 文化的商务: 王云五专题研究 [M]. 北京: 商务印书馆, 2000: 171-218.

培、与教育界以及与中共的交往。①

三、研究要旨

综观海内外张元济、王云五研究的成果可以发现，对二者的研究已经在出版史、图书馆史、教育史、经济史、文化史等领域取得长足发展，也推动各领域在相关问题的研究上走向深入和开阔。但回顾这些年的研究历程和成就我们注意到，有三个方面的问题仍值得思考。一是张元济、王云五投身图书事业并取得成功的原因。与他们同时代且具有类似经历的知识分子众多，为什么他们会有如此选择而不是其他？有类似选择的知识分子们鲜有比他们成功的，原因何在？有哪些因素在影响着他们的选择？这些问题是吸引我们深入研究的首要方面。二是张元济、王云五在图书事业经营管理中所扮演角色的社会意义。他们既是出版机构的经营管理者，也是知识的生产者、加工者、销售者、传播者，还是联系政府、政客，作者、读者，知识分子、普通民众的"中介人"。这就意味着他们与不同社会层面的各种群体有着千丝万缕的社会关系，虽然厉害程度各不相同，但是足以影响一段时期内的社会文化潮流。尤其值得注意的是围绕他们所形成的作者编辑群体和图书影响力所吸引的读者群体，这两个群体的互动、耦合造成的大量知识的加速传播和碰撞，是激动社会潮流的重要因子，亦是推动社会进程的重要力量源泉。三是图书的内涵和外延及其所营造的文化影响力所引发的思考。如说图书的"藏"代表着文化的传承和积淀，那么图书的"用"则代表着文化的传播和吸收。从这个角度讲，张元济、王云五对图书藏用并举的思路和时间节点暗合了中国近代图书馆事业从藏书楼向开放式公共图书馆转型的社会进程。尤其是当图书作为知识被真正传播和利

---

① 李辉. 王云五与蔡元培的交往 [J]. 文史月刊, 2005 (8): 35-38; 肖朗, 张秀坤. 民国教育界与出版界的互动及其影响: 以王云五的人际交游为考察中心 [J]. 教育学报, 2011 (3): 120-128; 郭太风. 王云五与中共的几度交往 [J]. 世纪, 2000 (3): 24-26.

用开来以后，对社会民众启蒙、培育、塑造的文化功能会被无限放大，进而解构掉原有相对固定的精英话语权体系，建构起大量试图参与社会公共事务的新群体，并发出新的声音。至于是否构成"社会公共领域"的形成要素还值得进一步探索。

带着这样的思考，研究逐渐深入展开。本书以张元济和王云五为研究对象，比较他们的图书事业，离不开事业发生的基点——商务印书馆，因此第一章还是考察了商务印书馆的发展历程。由于对商务印书馆史研究的成果颇多，文中并没有过多赘述馆史的内容，而是重点分析 20 世纪前后中国图书事业出现新风向的时代背景和商务印书馆诞生及发展的现实土壤，并指出，上海特殊的人文地理环境和现代性，孕育了商务印书馆独有的生存和发展条件，亦为张元济、王云五式的跨时代知识分子提供了发挥其才华的事业舞台。

第二章和第三章是对张元济、王云五图书事业重点内容的比较。主要包括两个方面：一是关于图书出版经营与管理上的比较，重点探讨张元济、王云五在商务印书馆的组织结构、管理营运、出版战略、出版方向上所呈现出的多面探索；二是关于图书校藏理论与实践上的比较。张元济和王云五不仅是出版人，还是图书馆人，甚至是图书馆学专家。本书从他们与图书馆的渊源、对图书馆实务的助力、对图书馆学理论的建设以及与图书馆界交往等几个方面论述了他们作为图书馆人、图书馆学家对图书事业的多样化贡献。

第四章主要梳理了张元济、王云五两代商务印书馆主政人之间的交谊与分歧。张元济与王云五作为商务印书馆前后相接的两代主政人，二者相识、相知到相离的过程，既反映了他们在图书事业上的前后承续关系，也呈现了他们事业变革的拐点所在。

第五章是对围绕张元济、王云五所构建的社交网络进行分析比较。从商务印书馆内部的人际关系着手，探讨张元济、王云五在建立与作者关系网络中所扮演的角色及处理关系的方式，同时也注意到他们在生产、传播知识的过程中，对读者和图书市场的迎合与塑造，进一步探讨他们在文化承续与变革中所起的影响与作用。

第六章是对张元济、王云五图书事业观的比较。通过对张元济、王云五的出版、图书馆事业进行比较，可发现某些特殊的思想或理念在指挥着他们不断深入各自的身份角色。这些思想或理念并没有密切逻辑关系和系统性，文中把这些没有密切逻辑关系和系统性的思想或理念统称为"图书事业观"，包括对教育普及的差异认识，对中西文化的不同认知，对商品与文化的区别理解，对从商与从政的逆向把握，等等，并以此来阐释张元济、王云五投身图书事业的初衷、立场和旨意。

第七章是总结及反思。主要论述以张元济、王云五为代表的近代知识分子的文化追求，以及围绕图书所营造的文化空间。经过对全书内容的梳理总结，认为围绕图书形成的作者、读者及文化氛围逐渐演变成一种"文化空间"，它与现实存在的"物化空间"构成中国近代社会公共空间的共同命运体，一起成为社会转型与发展的重要推手。最后从张元济、王云五的事业经历获取经验：优秀主政人——事业发展的核心与灵魂；契合市场、激动潮流——引领事业发展的关键；科学管理、创新经营——助力事业发展的推手；平衡义利、精准定位——提升事业发展的途径。

第一章

转型的时代　曲折的命运

——张元济与王云五社会经历背景探源

　　张元济与王云五是近代中国图书事业领域的两位巨人。前者是引导商务印书馆立足出版、涉足图书馆事业的开疆拓土之臣，后者是带领商务印书馆长足发展、奔向辉煌的中兴良将。他们的成功并非偶然，而是有着深刻的社会背景和历史渊源。

第一节　20 世纪前后中国图书事业发展的新风向

　　20 世纪前后，大清帝国的统治秩序已经在西方列强近半个世纪的炮火摧残下风雨飘摇，濒临崩溃，资本主义世界成熟的工业体系和先进的科学文明早已伴随着坚船利炮渗透到中国社会的各个方面。从"器物"层次上升到"制度"层次的改良运动和挽救民族危亡，争取国家独立、民主、富强的政治革命不仅惊醒了沉睡已久的文明古国，更加剧了 20 世纪前后中西文化的冲突与融合，新式印刷术的传入、新型出版机构的出现、出版行业的市场化、图书馆的诞生等因素加快了中国图书事业近代化的进程。

一、文化交流视阈下的西学东渐

"西学东渐"之所以为学界广泛使用，无外乎是它更贴切地反映出近代西方文化在中国传播的过程。在近代之前，古老的中华大地有着几千年的封建文化传统，更有着完整坚固的文化伦理体系，如果仅凭几次战争或短期的文化输入，是很难破开中国文化的肌体而深入骨髓的。事实上，从词源角度追寻"西学东渐"的本义就可以发现，西方文化渗入中国的过程是非常缓慢的，正是如此涓涓细流般的文化渗透，慢慢改变了中国人根深蒂固的传统思想，而其中最简单、最有效的文化传播中介，便是"图书"。

西方文化以宗教的形式进入中国最早大约在唐朝。据《大秦景教流入中国碑颂》记载，在公元635年（唐贞观九年），基督教的分支景教（聂斯托里派）由波斯传入中国，传播二百余年后，于公元845年在唐武宗毁灭佛教的同时被废止。[①] 元朝时期，横跨欧亚的统治使流行于西亚的景教再次在中国境内恢复，同时，罗马天主教也被引入中国。元朝将这些基督教派统称为"也里可温教"，并允许在中国境内开设教堂。该教派最终随着元朝的灭亡而消亡。16世纪，随着新航路的开辟，西方的天主教再次向中国渗透，曾有葡萄牙多明我会士，西班牙奥斯定会士、耶稣会士、方济各会士先后到中国沿海进行传教，后来皆因语言不通、不了解当地的风俗民情，同时又遭到中国地方政府的反对而告失败。[②] 1578年，意大利耶稣会士范礼安在考察澳门后，建议选派有才干的会士来华传教。随后意大利耶稣会士罗明坚和利玛窦分别于1579和1582年被选派来华从事传教活动。他们不仅

---

① 高振田. 康熙帝与西洋传教士 [J]. 历史档案，1986（1）：87.

② 裴化行. 天主教十六世纪在华传教志 [M]. 萧濬华，译. 上海：商务印书馆，1936：179-183；罗光. 天主教在华传教史集 [G]. 台北：征祥出版社，1967：10.

带来了大量宗教类书籍，也带来了许多西方自然科学类书籍。与此前的传教活动屡屡受挫相反，他们主动学习中国语言及风俗人情，还对基督教进行适度改造以迎合中国人，并在与明朝士大夫的交往中发现，中国统治阶层对西方的数学、天文、历法等自然科学知识更感兴趣，进而会对其传教布道更为有利。① 于是乎，西方的欧几里得《几何原本》、世界地理学著作《万国舆图》等在中国传播开来。此后的汤若望、南怀仁、白晋、孙璋等传教士也是通过类似的方法获得了明清政府的青睐，《泰西水法》《奇器图说》《崇祯历书》《古今交食考》《浑天仪说》《西洋测日历》《远镜说》《测食说》《西洋新法历书》等成为西学东渐的早期成果。②

　　值得注意的是，此时的西方学说仅仅满足了个别统治者或部分士大夫的猎奇心和兴趣。如康熙皇帝在即位之初便命南怀仁、闵明我、徐日昇等传教士轮流进宫讲学，他还派人大量收集有关西方天文、地理、科技、医药、军事等方面的书籍，康熙本人的西学知识也是相当渊博的。③ 但这些"西学"终归只在少数士大夫阶层中流传，而且大部分还深藏宫禁，并没有广泛普及和流传开来。此阶段的西学东渐由于后来罗马教廷对来华传教政策的改变和清朝的禁教而中断，但较小规模的西学传入并没有完全中止，这为晚清时期西学的大规模传入留下了缺口和引子。④

　　晚清时期西学的大规模传入也不是如疾风骤雨般突然而至，毕竟文化输入不同于战争侵入，而且此时的西学东渐也超出了宗教传播的范畴，开始伴随工业革命后资本主义世界扩张的洪流，形成席卷全球的文明碰撞与融合。如果说此前的西学还停留在深宫和少数士大夫阶层，那么晚清时期的西学则更多地融入民众，更广范围地被接受甚至被演绎，成为 20 世纪前

---

① 高振田. 康熙帝与西洋传教士 [J]. 历史档案，1986 (1)：87-88.
② 张立程. 西学东渐与晚清新式学堂教师群体研究 [D]. 北京：中国人民大学，2006：21.
③ 张立程. 西学东渐与晚清新式学堂教师群体研究 [D]. 北京：中国人民大学，2006：23.
④ 熊月之. 西学东渐与晚清社会 [M]. 上海：上海人民出版社，1994：绪论.

后社会各界讨论的焦点和热点。其中起主要中介传播作用的无疑还是"图书"，准确地说是"新式图书"（书籍、报刊等）。

晚清西学东渐的进程主要分为四个历史阶段：①

第一阶段为 1807—1842 年，主要是基督教新教传教士再次奉派东来，在东南亚一带及中国澳门、广州等地传教并传播西学。1807 年，基督教新教伦敦会传教士马礼逊来华，重新开启了中西文化交流的大门。马礼逊通过翻译编写中文通俗读物、设立翻译印刷机构、出版书籍报刊、创办学校等在当地发展教徒和传播西学。此后，米怜、麦都思、杨威廉、粦为仁等传教士相继来华，也翻译出版了大量有关中西方文化风俗的书籍。这一阶段，西方传教士共出版中文书籍和刊物 138 种，属于介绍世界历史、地理、政治、经济方面的有 32 种，比较重要的有《美理哥合省国志略》《察世俗每月统记传》《东西洋考每月统记传》《贸易通志》等；创办的学校英华书院和马礼逊学堂以中、英文双语教学，开设的课程也中、英文兼备，还在学校创设了图书馆，为中国培养了不少有识之士。②

第二阶段为 1843—1860 年，西学传播主要在中国东南沿海及通商口岸进行，如香港、广州、福州、厦门、宁波、上海等。这一阶段，西方传教士的传播基地逐渐推进至晚清统治的中心地区，西学的影响更大、辐射范围更广、层次更深，还创办了专门的西书出版机构——墨海书馆和华花圣经书房。其中，创办于上海的墨海书馆是当时较为重要的出版印刷机构，在 1844—1860 年的十七年间，墨海书馆共出版书刊 171 种，其中属于宗教类书籍的有 138 种，属于数学、物理、天文、地理、历史等科学类书刊的有 33 种。③ 可见西方传教士的主要目的还是传教并配合殖民扩张进行文化思想渗透。值得注意的是，中国部分有识之士开始"睁眼看世界"。他们主动关

---

① 熊月之. 晚清西学东渐史概论 [J]. 上海社会科学院学术季刊, 1995 (1)：154-163.
② 熊月之. 西学东渐与晚清社会 [M]. 上海：上海人民出版社, 1994：123-124.
③ 熊月之. 西学东渐与晚清社会 [M]. 上海：上海人民出版社, 1994：188.

注西方学说，并以自己对西方和西学的观察及经历著书立说，企图向愚昧、闭塞的国人介绍西方国家，唤起他们的觉醒，如林则徐、魏源、徐继畬、郭嵩焘等。虽然这部分有识之士的数量不多，其言行和著述一时也未得到理解和重视，但他们主动学习西方的行为和意识使他们成为晚清中西文化交流的使者，西学传播也不再局限于传教士带有宗教色彩和政治目的的逼迫性输入，知识分子阶层开始在中西文化交流的舞台中发挥越来越重要的作用。

第三阶段为 1861—1898 年，西学传播伴随着众多不平等条约深入到中国腹地，西学大规模输入中国。第二次鸦片战争结束后，迫于对外交涉和强国御侮的需要，晚清政府设立了总理衙门并开办京师同文馆、上海广方言馆、广州同文馆等培养通晓外国语言的翻译人才。各地也在地方实力派的主持和推动下开始实施"洋务运动"，引进西方先进科学技术，大力发展军事、民用工业，积极翻译出版西方自然科学书籍，创办新式报刊，如《万国公报》《申报》等，开启了西学东渐的新阶段。据统计，19 世纪的后四十年间，中国共翻译出版西书 555 种，其中哲学、历史、法学、文学、教育等哲学社会科学类书籍 123 种；算学、力学、电学、化学、光学等自然科学类书籍 162 种；工艺、矿务、船政等应用科学类书籍 225 种；游记、杂著、议论等其他书籍 45 种。① 这一阶段，西学传播的主体由此前的西方传教士转变为逐渐觉醒的中国知识分子，西学传播的机构也由教会学校、教会出版印刷机构转向中国官方的洋务学堂、翻译出版机构，西学的影响也逐渐从知识分子精英阶层扩大到社会基层。

第四阶段为 1899—1911 年，中国爱国人士、知识分子积极主动从日本取经，留学风潮涌现，注重哲学社会科学类知识的引进和吸收，革命思潮萌发。甲午战争的惨败昭示着器物层次的学习走向末途。戊戌政变发生之

---

① 熊月之. 晚清西学东渐史概论 [J]. 上海社会科学院学术季刊，1995（1）：157.

后，中国知识分子在悲愤、羞愧中忍辱负重，反思洋务运动、维新变法的得失成败，开始把对西学的学习深入到制度、思想、文化层面。他们组织学会、创办报刊、翻译西学、负笈东渡……试图通过制度层面的变革和思想文化层面的改造改变中国的积贫积弱局面，实现中华民族的自由、民主、富强。这一阶段，西学的传播主体已经转变为中国爱国志士和知识分子群体，西学的引入境域也从原来的欧美国家转为日本，翻译而来的西书数量更是此前所无法比拟的。尤其是引进的社会科学类书籍的比重加大，超过了此前阶段对自然科学、应用科学类书籍的引进数量。据统计，1900—1911年间，中国译介而来的西书至少有 1599 种，占晚清百年译书总数的69.8%，① 约为此前九十年中国译书总数的两倍。与此同时，各种已出现的新式刊物上介绍的西学数量更是无法统计。在此大规模的译书浪潮下，中国各地的新式出版机构如雨后春笋般不断冒出，如商务印书馆、文明书局、广智书局等。另外，维新时期所倡导的"振兴教育、培育人才、开通民智"理念逐渐深入民心，创办公共藏书楼及图书馆的热情高涨，以开放藏书、启迪民智、培育人才为目的的中国图书馆事业也进入新的发展时期。据《中国近现代图书馆事业大事记》对 1901—1911 年间正在筹办和已经开办的各类图书馆的统计，共有国家图书馆 1 所、省级图书馆 17 所、市县级图书馆 4 所，公共藏书楼 5 所、阅览室 2 所，学校图书馆 9 所，专门图书馆 3所，封建藏书楼在此阶段基本完成向公共图书馆的过渡演变。②

从西学在中国古代的零星传入到晚清时期的大规模输入，可以直观地看到有关西学书刊在数量上的急剧上升，这种数量上的变化在清末更是内化成多种社会、文化力量，进而改变了中国近代乃至现代的社会进程。从图书事业的角度看，首先，西学的引入在书刊形态、书刊内容、出版技术

① 熊月之. 晚清西学东渐史概论 [J]. 上海社会科学院学术季刊，1995 (1)：158.
② 邹华享，施金炎. 中国近现代图书馆事业大事记 [M]. 长沙：湖南人民出版社，1988：7-18.

上打破了中国传统"经史子集"的书目体系和陈旧的刊刻工艺；其次，书刊种类的变化改变了中国传统的藏书体系及图书分类原则，也为书刊出版的市场化打下了基础；最后，书刊中的文本内容有助于近代学科体系的建立和完善，也加快了科学知识的传播，更多有价值的书刊为民众所需求，这对出版事业、图书馆事业而言，无疑是发展的极大助力和动力。

二、由新式印刷技术引发的出版业转型

中国出版业的近代化与同时期其他行业的近代化一样，充满着各种复杂因素和合力因子。但是，中国出版业近代化的开启有着明显的时代标志和变革基础，即新式印刷术的传入。

活字印刷术是中国古代四大发明之一，它与造纸术一起筑起中国古代出版业的物质基础。活字印刷术在中国古代的西传为世界文明做出了巨大贡献，正是被西传的中国印刷术在西方应用和革新后，成为晚清中西文化交流与传播的助力器，进而开启了中国出版业的近代化进程。西方新式印刷术的传入与 19 世纪初西方传教士来华的时间和过程大致相同，且传入的印刷术形式主要有三种，即依据印刷版面构造的不同而形成的凸版、平版、凹版印刷术。中国传统印刷术或退出历史舞台如泥活字印刷术，或退居次要地位如雕版印刷术、套版印刷术，机械化的印刷术在 20 世纪前后取代了手工操作，成为中国印刷术的主流。① "新式图书以近代印刷技术为物质手段，把近代出版奠基于新的机器生产力的基础之上，将近代出版拉入到机器文明的时代。"②

如前文所述，19 世纪初，中断两百多年的中西交流伴随西方工业革命的完成和基督教会的扩张再次连接起来，西方传教士也再度来华。起初，因清政府禁止传教士在华传教，西方传教士多在南洋一带活动。他们一边

---

① 匡导球. 二十世纪中国出版技术变迁研究 [D]. 南京：南京农业大学，2009：38.
② 王建辉. 出版与中国近代文明 [J]. 华中理工大学学报（社会科学版），1999（3）：98.

学习中文，一边开展传教活动，还编印宗教宣传物，为进入中国做准备。①
1807 年，伦敦会教士马礼逊最先来到中国。他曾在中国广东秘密雇佣匠人
刻制中文字模，后因地方当局禁止，刻丁惧祸便将已刻字模焚毁。1815 年，
马礼逊将收得的教徒澳门东印度公司印刷所工人蔡高、广州印刷店雕刻工
人梁发等人带至马六甲筹建英华书院及印刷所。该印刷所初期主要采用雕
版印刷，后来慢慢铸造中文活字，在几十年里雕刻了不少活字。至 1842 年，
共译成中文书籍 43 种。1816 年伦敦会派遣麦都思到爪哇筹建印刷所，后来
麦都思决定把印刷所建在巴达维亚。该印刷所主要采用石印技术印刷中文
书刊，在 1832—1842 年的十年间，共印刷中文书刊 30 余种。而铅印技术自
15 世纪古登堡发明后，不断完善和创新，已在英文印刷领域达到相当的高
度，但是运用在中文印刷方面还一直处于摸索状态。直到 1859 年，美国传
教士姜别利在宁波创制出电镀中文字模，才奠定了近代中文铅字印刷的
基础。

新式印刷术的传入和应用首先带来的是更加方便快捷的印刷机械，毕
竟利用机器印刷代替手工劳动是西方印刷术的基本特点。前身为巴达维亚
印刷所的墨海书馆是中国第一家采用机器设备的出版机构。据伯熙所撰
《老上海》记载，墨海书馆 1843 年在上海成立时，"除大小英文铅字七号
外，并刻有中文铅字两号——等于头号、四号大小，排印教会宣传品之用。
印刷机器系铁制印书车床，长一丈数尺，广三尺，旁置有齿重轮二，以两
人司理印事，用一牛旋转机轴。其书或为活字，或为泥胎临烧成之铅板。
墨汁、胶棍大致与今式相同"②。时人孙次公《洋泾浜杂诗》中也记录了大
致情形："车翻墨海转轮圆，百种奇编宇内传；忙杀老牛浑未解，不耕不陇
耕书田。"③ 以牛力拉动机器印刷表明了区别于传统出版业的新兴生产力及

---

① 来新夏，等. 中国近代图书事业史 [M]. 上海：上海人民出版社，2000：25.
② 来新夏，等. 中国近代图书事业史 [M]. 上海：上海人民出版社，2000：30.
③ 来新夏，等. 中国近代图书事业史 [M]. 上海：上海人民出版社，2000：30.

生产关系。随着洋务运动的推动和资本主义工业的发展，更多如照相石印技术、单滚筒印刷机、平台双轮转机、双滚筒印刷机及与之配套的楷体、仿宋、仿古铅字，还有珂罗版、胶版、影写版等新式印刷机械和技术的广泛使用，都有力推动了中国出版业的技术近代化。①

新印刷机械和技术的应用必然需要与之适应的印刷原料——洋纸。中国传统线装书用纸多为单面印刷，且纸张脆薄，不易保存，相比较之下，洋纸在质量方面更具优长，还更符合新式书刊双面印刷的要求。1903 年以前，洋纸输入的数量或价值无可稽考，有学者仅据《六十五年来中国国际贸易统计》之数据发现，1903 年洋纸输入中国的价值已为 2684437 海关两，这一数值到 1911 年就上升为 5605755，九年间增加了一倍以上。② 其间略可窥探晚清出版业的大致情形。就这样，洋纸与新式印刷机器及技术一起打开了中国近代的出版市场。

市场需求无疑是出版业得以发展壮大的前提。鸦片战争以来的社会运动及变革不仅在视觉和心理上打破了国人对西方的传统认知，更在思想上迫使越来越多的人开始关注和吸收西学新知。正是这种需求让晚清以来出版的新式书刊有了更广阔的市场，新兴民营出版企业也得以成长壮大。翻译出版、报刊出版、教科书出版及小说出版构成 20 世纪前后最为主要的新书刊出版门类。

翻译出版是西学传入的最直接有效途径，最早由西方传教士们开展，后多转到中国政府和民间商业出版机构手中。此前已略为探讨过翻译出版的盛况，在此就不再过多赘述。新式报刊出版也是西学传入的又一重要途径。中国是世界上最早出现报刊的国家，早在中国唐代就有了"邸报"，此后的各朝代亦有朝报、京报等，但此类官方刊物多刊载经朝廷准许才发布

---

① 匡导球. 二十世纪中国出版技术变迁研究 [D]. 南京：南京农业大学，2009：37-38.
② 李泽彰. 三十五年来中国之出版业（1897—1931 年）[G] //程焕文. 中国图书论集. 北京：商务印书馆，1994：394.

的官方文件，实际上多是统治阶层的"传声器"，无法代表普通民众的意志和舆论，与近代报刊的性质和功效大不相同。中国近代的报刊出版最先也是由外国传教士发起，如第一份海外中文版近代化刊物《察世俗每月统记传》、中国境内第一份葡萄牙文报纸《蜜蜂华报》、中国境内第一份英文报纸《广州纪录报》、中国境内第一份中文近代化报刊《东西洋考每月统记传》等。① 此种状况在鸦片战争之后更甚，外国传教士把办报活动由华南沿海扩展到华中、华东和华北。据统计，在19世纪40—90年代，西方传教士在中国创办了近170种中外文报刊，约占同期我国报刊总数的95%。② 当然，在此期间，中国人也开始尝试创办属于自己的报刊。如1858年由伍廷芳于香港创办的《香港中外新报》即为中国人自己创办的第一份近代化报纸，此后由中国人创办的中文报刊如雨后春笋般陆续产生，诸如《循环日报》《中外纪闻》《强学报》《时务报》《国闻报》等，这些在洋务、维新期间创办的报纸多成为一时的舆论机关和言论导向，对当时社会时局的分析及介绍、科学知识的传播与普及、社会思潮的反映及导向产生过非常重要的作用和影响，及至清末之后，革命派和革命思潮的涌现都离不开报刊的舆论作用。

在教科书出版方面，由于封建统治阶层的控制和科举制度的推波助澜，旧式的教科读物在晚清时期仍占据主要地位，但西方传教士创办的教会学校已开始编制各种适应中西学的新式教科书。1876年举行的传教士大会，决议组织学堂教科书委员会编辑出版教科书。学堂教科书委员会所编辑的教科书有算学、欧美历史、地理、宗教、伦理等科，以供教会学堂所用，间以赠予各地教区之私塾。③ 自此，教科书之名见于中国。庚子（1900）之

---

① 宋原放，李白坚. 中国出版史［M］. 北京：中国书籍出版社，1991：220-221.
② 宋原放，李白坚. 中国出版史［M］. 北京：中国书籍出版社，1991：222.
③ 费正清，刘广京. 剑桥中国晚清史（1800—1911年）：上卷［M］. 北京：中国社会科学出版社，1985：620-622.

后，清政府变更学制，特别是废科举兴学堂，带来庞大的教科书市场，许多民营出版机构应运而生，开始编辑出版适应时代需求的新式教科书。诸如文明书局、商务印书馆、中华书局等 20 世纪前后著名民营出版机构都是以教科书出版发家的。到 1906 年，清政府学部第一次审定初等小学教科书暂用书目，共计 102 种，其中民营出版机构出版的教科书就有 85 种，占教科书总数的 83.3%。教科书的需求与当时新创办的学堂数量也是成正比的。据统计，1907—1909 年间，各省高等小学堂、中等小学堂和初等小学堂的数量分别由 1955 所、1954 所、2039 所增加到 29199 所、35420 所、44749 所。① 学堂数量的急剧增长，无疑为以教科书出版为主的民营出版机构带来了巨大的消费市场。

在小说出版方面，晚清之前小说即为旧式图书品种之一，但长期处于边缘地位，受重视程度不高。1902 年，梁启超在自己创办的《新小说》杂志上发表《论小说与群治之关系》一文，认为："欲新一国之民，不可不先新一国之小说……何以故？小说有不可思议之力支配人道故。"最后他得出结论："故今日欲改良群治，必自小说界革命始；欲新民，必自新小说始。"② 由此揭开"小说界革命"序幕，小说出版也翻开新的历史篇章。至于近代小说出版的确切数目，暂无精确统计。有学者提供了大致情况：①阿英的《晚清戏曲小说目》（1975 年增补本）收创作小说 478 种、翻译小说 629 种，合计 1107 种；②江苏省社会科学院明清小说研究中心等编《中国通俗小说总目提要》收近代小说（创作）662 种；③王继权等编《中国近代小说目录》收近代小说（创作）6400 余种；④樽本照雄编《新编增补清末民初小说目录》收创作小说 7466 种、翻译小说 2545 种，合计 10011

---

① 张立程. 西学东渐与晚清新式学堂教师群体研究 [D]. 北京：中国人民大学，2006：41.
② 梁启超. 论小说与群治之关系 [G] //郭绍虞. 中国历代文论选：第 4 册. 上海：上海古籍出版社，2001：207.

种。① 另据陈大康的《中国近代小说编年》统计，1840—1911 年间，出版通俗小说 1653 种、文言小说 99 种、翻译小说 1003 种，共计 2755 种，其中1903—1911 年就出版 2377 种，占出版总数的 86.3%。② 此种盛况也造就了许多出版小说的书局和书社。在清末新政期间，以"小说社"命名的书局在 32 家以上，以"小说"命名的刊物也在 20 种以上。③ 小说出版的兴盛反映出中国近代思想的启蒙和知识传播已从精英、知识分子阶层向基层普通民众转变，由此培养的"新国民"是图书市场进一步拓展的重要消费群体。

出版职业化是出版业近代化的又一重要标志。这种职业化表现在，不仅专门从事编辑出版的人员诞生，从事著译工作的作者群体也在逐渐壮大。古代拥有刊刻工人或学徒的旧式工艺作坊已经在机器的轰鸣和新学的肆虐中没落，知识分子阶层从最初的参与出版逐渐开始专门从事出版事业，尤其是晚清学制的改革和科举制度的终结，彻底改变了传统知识分子的社会命运，他们所拥有的知识不再是晋升之阶而是谋生手段。当然，出版业之所以为知识分子所接受，也有其独特的原因。一是传统"治国齐家平天下"思想继续影响知识分子对于政治的"钟爱"，他们企图通过出版产生的舆论效应参与政治，实现社会理想；二是知识分子对新学新知的天然好感促使他们接受自己所擅长的与文字打交道的工作；三是能在科举路绝、前途未卜的混乱时局中谋得相对可观的收入以维持生计；四是中国知识分子一直都承担着文化传承和知识传播的历史使命和责任。这四点原因将在后文对张元济、王云五经历的论述中得到证明和进一步的阐释。

此外，其他的社会环境也是出版业近代化的重要因素。诸如清朝的"文字狱"在晚清已鲜见成效，政局的溃败导致政府对文化领域的控制松动；相对的言论自由也在境外或租界的庇护下更加开放；维新运动和清末

---

① 郭延礼. 重新认识中国近代小说 [J]. 厦门教育学院学报，2004（3）：35.
② 陈大康. 中国近代小说编年 [M]. 上海：华东师大出版社，2002：前言 1.
③ 黄林. 晚清新政时期出版业研究 [D]. 长沙：湖南师范大学，2004：47、49.

新政时期对文化教育事业有益的政策多被保留；西方的版权观念和经营管理方式也进一步被国人接受和尝试；多次改革带来人才培养、社会眼界、交通条件、消费水平等的改变：这一切构成了出版业近代化的合力因子，在 20 世纪前后共同推动了出版业的近代化进程。

三、"舶来"理念下的藏书楼近代化

中国古代对图书的关注和收藏由来已久。《史记·老子韩非列传》记，老子者，"周守藏室之史也"。司马贞《索引》注："藏室史，周藏书室之史也。"这应该是"藏书"一词的最早出处。①"藏书"，实际上就是中国古代文献收藏的总称。"藏书楼"，顾名思义就是收藏、保存文献的地方。中国古代以室、阁、殿、馆、院、楼、观等为形式的藏书楼曾保存了历朝历代大量珍贵的天文、地理、历史、历法、制度等各类图书典籍，为保存中国传统文化遗产做出过巨大贡献，还形成了四类颇具特色的藏书体系：官府藏书、私家藏书、寺院藏书和书院藏书。沈祖荣曾这样评价："我国现代图书馆，是接受固有图书馆遗留产业的机关。对数千年来的文献的收藏、保护、汇集、处理、传布、应用等一切遗规旧范，都曾在历史上起到一定的作用，应予以有分析有批判地继承。对于金匮、石室、秘阁以及藏书楼等机构，都曾在历史上起到保护文献的作用，应有公正的评价。对历史上的通儒大师、校书郎、艺文志作者、经籍志作者以及目录学家等等，对研究、传布、讲授历史文献是有贡献的，应予尊重。"②但是，关于"藏书楼与图书馆的关系问题"一直为学界所争议。

部分学者的观点是，中国古代藏书楼无法孕育出近代图书馆。他们认

①　李希泌，张椒华. 中国古代藏书与近代图书馆史料：春秋至五四前后［G］. 北京：中华书局，1982：1.

②　沈祖荣. 我国图书馆事业之改进［G］//丁道凡. 中国图书馆界先驱沈祖荣先生文集. 杭州：杭州大学出版社，1991：183.

为，古代藏书楼和近代图书馆的性质完全不同，前者以封闭、收藏为主，后者以开放、利用为主，二者没有必然的联系。另一部分学者的观点是，近代图书馆的诞生是古代藏书楼发展的历史必然。他们认为，古代藏书楼与近代图书馆、现代图书馆（数字图书馆）都是同一事物的不同发展阶段，它们一脉相承且承担不同阶段的历史使命，只是概念上不同而已。还有一部分学者认为，近代藏书楼是参照西方图书馆而创设，与此后以"图书馆"命名的近代图书馆并无二致，近代图书馆事业应该始于近代藏书楼。

此三种观点争论的焦点无外乎是对图书馆性质和功能的把握，即对"开放、利用"的认识。在中国古代封建的农业社会中，小农经济占主导地位，生产力水平比较低下，衣食住行等基本生存问题贯穿古代民众的生活始终，多数人无暇他顾。另外，图书出版本就非常有限，而且受制于经济基础和社会环境，图书的售卖和流通更是处处受限，这使得图书的使用范围极为狭窄，藏书多为官府和士大夫阶层所专用，造成了藏书被封闭甚至私有的局面。但并非所有情形均是如此。中国古代社会大多以宗法伦理来维系和处理社会关系，宗族血缘、地域同乡以及邻里之间都有一定的接触和交谊，官府和一些有条件的宗族或个人也会在一定程度上开放藏书供需要之人借阅。马艳霞在《古代私人藏书楼的开放实践、思想与影响》一文中就列举了六处"致用开放"的私人藏书楼。① 此后绍兴的古越藏书楼等均明确了藏书开放的理念。郑观应也曾云："乾隆时，特开四库，建文宗、文汇、文澜三阁，准海内稽古之士就近观览，淹通博洽，蔚为有用之才。"② 这都说明古代藏书楼也在某种程度上或范围内有条件地开放过。那么是否可以这样设想：如果鸦片战争没有爆发，明清时期资本主义萌芽并继续发展壮大，商品经济带来的技术革新和物质基础不仅能加快图书出版事业的

---

① 马艳霞. 古代私人藏书楼的开放实践、思想与影响 [J]. 大学图书馆学报，2011 (6)：114.
② 郑观应. 藏书 [G] //李希泌，张椒华. 中国古代藏书与近代图书馆史料：春秋至五四前后. 北京：中华书局，1982：85.

发展，也能提高普通民众的认识和购买水平，藏书不再局限于部分个人和官府，藏书的使用也会在一定程度上得到开放，自然也可诞生出近代意义上的图书馆，只不过该过程将非常漫长和艰辛。

当然，历史不容假设，中国近代图书馆制度和模式是从西方"舶来"的，这是事实，但这并不意味着中国古代没有类似的机构。古代藏书楼向近代图书馆的转变大致经过了四个阶段：一是明清时期对旧式藏书楼的反思与批判；二是早期西方图书馆观念的引入；三是维新时期开放式藏书楼的实践尝试；四是清末公共图书馆的诞生。

中国传统藏书的特性大致可以概括为"重藏轻用"或"藏而不用"，正如刘国钧先生的断言，"古代藏书之特性可一言以蔽之曰藏"①。但这种封闭性的藏书状况在明末清初逐渐松动，一些明智之士开始反思藏书的功用，大胆抨击藏书楼的封建弊端，并提出"藏书公开""藏书开放"的观念和主张。最早明确主张藏书开放的是明末清初的曹溶。他深感旧式藏书楼的弊端，在所著《流通古书约》中直接抨击"以独得为可矜，以公诸世为失策"的狭隘藏书观，指出，藏书家们的职责不仅在于保存，更重要的是在于促进图书的流通和使用，以使"古人竭一生辛力"所著之书，不致因秘藏而湮灭。曹溶还提出了古书流通的两种方法：一是"有无相易""精工缮写"；二是"出未经刊布者，寿之枣梨"。② 也就是利用传抄和出版两种方法，让古书得到更广泛的使用和传播。继曹溶之后，清代两位交往甚密的藏书家丁雄飞、黄虞稷，为互通有无，增加各自的收藏，订下互借图书的《古欢社约》③。其思想大致与曹溶的《流通古书约》一脉相承。更具代表性的清

---

① 刘国钧. 近代图书馆之性质及功用［G］//刘国钧图书馆学论文选集. 北京：书目文献出版社，1983：1.

② 曹溶. 流通古书约［G］//李希泌，张椒华. 中国古代藏书与近代图书馆史料：春秋至五四前后. 北京：中华书局，1982：31.

③ 丁雄飞. 古欢社约［G］//李希泌，张椒华. 中国古代藏书与近代图书馆史料：春秋至五四前后. 北京：中华书局，1982：45.

代藏书家周永年鉴于古往今来的书籍多因天灾人祸而失散，欲效仿佛藏、道藏而建立儒藏。他认为，"盖天下之物，未有私之而可以长据，公之而不能久存者"，故提出"天下万世共读之"的主张。他还身体力行，创建"籍书园"，公开全部私藏，拟定《儒藏条约三则》，吸引寒门之子前来借阅。①如此之思想及开放藏书实践实为当时一创举，虽然未能获得更多回应和共鸣，但起码说明藏书楼的藏书利用问题已经被关注，如何进行改进或改良只是时间问题，这也为民众对新式藏书观念的接受和西方图书馆观念的传入打下了基础。

早期西方图书馆观念的引入最早可以追溯到明末清初时期。西方科学知识与传教士的"福音"相互混杂进入中国，西方图书馆观念也随之流入中国。意大利传教士艾儒略在其中文译著《职方外纪》卷二记述的欧逻巴（欧洲）各国地理概况中最早向中国介绍了欧洲的图书馆情况。②《职方外纪》一书完成于1623年，所载内容大抵是17世纪初期之前的欧洲图书馆概况，并不是真正意义上的近代欧洲图书馆事业，但艾儒略毕竟是第一个向中国介绍西方图书馆的人。另外，西方传教士在中国传教的同时也设立了一些教堂和教会学校，他们在这些教堂和教会学校中也附设了类似图书馆的藏书处，如后世称为南堂、北堂、东堂、西堂的图书馆，但这些"图书馆"在当时尚无确切名称（无据可查），且彼时的教会藏书还处于中世纪欧洲修道院式的藏书模式——珍视书籍、注重保守、谨慎借阅，目前尚难判断他们对中国近代图书馆的发展是否具有直接或间接的作用，但这些藏书活动无疑对西学的翻译及传播起到了重要推动作用。进入19世纪以后，西方传教士再次东来，他们在南洋地区和中国沿海传教并传播西学，在没有

---

① 周永年. 儒藏说 [G] //李希泌，张椒华. 中国古代藏书与近代图书馆史料：春秋至五四前后. 北京：中华书局，1982：47-49.

② 艾儒略. 职外方纪：卷二 [M] //斌椿. 乘槎笔记：外一种. 谷及世，校点. 长沙：湖南人民出版社，1981：4.

不平等条约的保护下，传教士的文化交流活动影响有限，其图书馆传播的观念与此前的情形类似，直到鸦片战争之后，有关西方图书馆的著述才由传教士传入内地。如英国传教士马礼逊父子合著的《外国史略》、美国传教士裨理哲撰的《地球说略》、美国人高理文著的《美理哥志略》、美国人戴德江著的《地理志略》、英国人慕维廉著的《地球全志》等著述中都提到了西方图书馆的情况，有的记述还非常详细。① 此时，中国的有识之士也早已注意到西方文明的存在，并逐渐认识到西方的图书馆事业是拯救民生、启迪民智的途径。他们通过翻译书报、实地考察等方式介绍西方图书馆，呼吁倡导创办新式图书馆。如林则徐、魏源、徐继畬、冯桂芬、王韬、郭嵩焘、曾纪泽、薛福成、郑观应等人在其著作、游记或日记中都有对西方图书馆的记述，他们还对西方图书馆对外开放的明智之举大加赞赏。这一时期，中国的开明人士对西方图书馆的考察和介绍多源自亲眼所见或实地体会，对西方图书馆的认识和了解远超过道听途说和书籍中所载，尤其是近代西方图书馆开放、平等的服务理念及运营模式让人惊叹，图书馆在社会发展中的作用也为国人所重视。中国近代图书馆观念开始逐渐萌发。

　　19世纪中晚期，尤其是甲午战争之后，中华民族遭遇亡国灭种的空前危机，以康有为、梁启超为首的维新人士提出变法的主张，试图救亡图存、自强雪耻。他们为变法所推行的新政之一就是"振兴教育、培育人才、开通民智"，而振兴教育就是要改科举、开学堂、办报纸、译书籍、定学会、设公共藏书楼。郑观应在《盛世危言》中就说过，"泰西各国教育人才之道计有三事：曰学校、曰新闻报馆、曰书籍馆"。此处的"书籍馆"应为西方图书馆之意。他还建议政府"宜饬各直省督、抚于各厅、州、县分设书院，购中外有用之书，藏贮其中，派员专管。无论寒儒博士，领凭入院，即可

① 来新夏，等. 中国近代图书事业史［M］. 上海：上海人民出版社，2000：37-38.

遍读群书"①。可以看出该建议中的"书院"兼备"藏""用"功能，但是名称仍沿袭中国传统，而非"图书馆"。倒是梁启超有更明确的表述。梁启超在《时务报》创刊号上提出："泰西教育人才之道，计有三事：曰学校，曰新闻馆，曰书籍馆。"所言与郑观应基本无异，但是他在《时务报》第十三期上刊登汪康年的《论中国求富强宜筹易行之法》，称："今日振兴之策，首在育人才。育人才，则必新学术，新学术，则必改科举，设学堂，立学会，建藏书楼……"不难发现，原来郑观应、梁启超印象中的西方"书籍馆"在中国可借鉴为"书院""藏书楼"，当然是经过改良的、既藏书又开放的藏书楼形式。此时可以看出，西方图书馆观念在近代的传播和发酵首先带来的不是创建近代意义上的图书馆，而是对比中国旧式藏书楼和西方图书馆的差别，理性分析和批判旧式藏书楼的不足和弊端，进而改良、创建西式的中国藏书楼——公共的、开放式藏书楼，其目的在于开放藏书，发挥新式藏书楼在培育人才、开通民智方面的社会功能，从而推动政治上的变革。由此可见，此阶段创设的新式藏书楼与封建藏书楼的名称并无二致，但在性质和模式上已有很大区别，倒是与20世纪初诞生的真正意义上的近代图书馆有更多相似及相通之处，其过渡性质表露无遗。新式藏书楼在近代被赋予更多功用和责任。在维新派的倡导和努力下，各地纷纷成立学堂、报馆、学会和藏书楼，并广搜新学、西学书籍，供会员借阅、使用。一些开明之士也逐渐开放私藏，将私人藏书向社会公众开放，如籍书园、共读楼等。维新派和社会上的有识之士创建新式藏书楼的舆论和实践，为近代图书馆的诞生做好了充足准备。

19世纪末20世纪初，中国图书馆事业进入全面实施阶段。中国近代第一座以中文"图书馆"命名的民办图书馆就是由张元济在1897年创办的通

---

① 郑观应. 藏书［G］//李希泌，张椒华. 中国古代藏书与近代图书馆史料：春秋至五四前后. 北京：中华书局，1982：87.

艺学堂图书馆。该图书馆是向社会公众开放的，其制定的《通艺学堂图书馆章程》和《阅报处章程》，是目前发现的最早的具有开创性的图书馆管理制度，在办馆宗旨、藏书建设、图书分类、人员配备、借阅办法、图书赔偿、借阅册数、借阅时间以及图书捐赠等方面都有详细规定。① 通艺学堂图书馆虽属民办，但获得了晚清政府的许可。它没有藏书楼的基础，因而不是藏书楼演变而来的，说明民间已跳出对藏书楼认识的局限性，图书馆理念初步成型。创办一年多后，该图书馆因维新变法的失败而夭折，但是却为国人自办图书馆留下了宝贵的理论和实践经验。中国官方首次使用"图书馆"名称见于 1904 年清政府颁布的《奏定大学堂章程》，其中规定全国大学堂的藏书机构统称"图书馆"，主管人为图书馆经理官。实际上，当时清政府已创办中国最先进的大学堂——京师大学堂，并建立了京师大学堂藏书楼，但当时的做法是"于楼额仍沿用'藏书楼'之名，而于章程则标为'图书馆'"②，充分说明了藏书楼向图书馆演变的近代化过程。京师大学堂藏书楼是一所以"藏书楼"命名，但与历代官方藏书性质迥异的新型开放式图书馆，基本上是仿照西方图书馆的模式创建和发展起来的，是中国近代图书馆的旗帜和楷模。其影响不限于院校图书馆，对公共图书馆的创建亦有重要借鉴作用。1904 年清政府颁布的《奏定大学堂章程》中明文规定："大学堂当置附属图书馆一所，广罗中外古今各种图书，以资考证。"③ 这实际上就是把京师大学堂及其藏书楼的办学、办馆经验和模式在全国范围内推广。此后各省纷纷设立图书馆，如湖南图书馆兼教育博物馆（1904 年）、湖北图书馆（1904 年）、福建图书馆（1911 年）等。1905 年底，清政府设立学部，主管全国教育事业及图书馆事业，确立了从中央到

---

① 张人凤. 张元济与中国近现代图书馆事业 [M]. 上海：上海科学技术文献出版社，2014：339.

② 张树华，张久珍. 20 世纪以来中国的图书馆事业 [M]. 北京：北京大学出版社，2008：16.

③ 奏定大学堂章程 [G] //舒新城. 中国近代教育史资料：中册. 2 版. 北京：人民教育出版社，1981：618.

地方图书馆的管理机构和官员的管理体制。1909 年，学部拟定了《京师图书馆及各省图书馆通行章程》，进一步规范了各省图书馆的管理及制度，至此近代图书馆的事业体系基本形成，意味着藏书楼也顺利完成了向图书馆的嬗变。

第二节　特殊环境影响下的新机构和新人

出现于 19 世纪末、崛起于 20 世纪初的商务印书馆是中国近现代文化史上较为特别的历史现象，甚至在某种程度上改变了中国社会文化发展的轨迹。香港学者梁元生认为："1897 年商务印书馆在上海成立和开业，标志着近代中国出版史及文化史的一个新里程。从此商务印书馆走进中国近代史，并且起着转换文化及改变历史的作用，生产新知识、培养新国民和促使新社会的诞生。"[1] 曾长期任职商务印书馆的叶圣陶说："近代后起的各家重要出版机构，如中华书局、世界书局、大东书局、开明书局等的创办人，大都是从商务出来，无论在经营方针、编辑出版、发行，均深受商务的影响。"[2] 至 20 世纪 30 年代，商务印书馆的发展达到辉煌的顶峰，它不仅成为民国时期中国最重要的出版机构，更成为当时世界三大出版社之一。[3] 可见商务印书馆的出现和崛起并不是孤立且突兀的历史现象，而是有其生存发展的时代土壤和历史逻辑。有学者认为："在研究近现代中国出版业时，我们必定首先会想到商务印书馆，这不仅因为商务印书馆开创了中国近现代出版业，更主要的是，商务印书馆的历史命运，是与整个中国近现代文

---

① 梁元生. 序李家驹《商务印书馆与近代知识文化的传播》[M] //李家驹. 商务印书馆与近代知识文化的传播. 北京：商务印书馆，2005：1.

② 李家驹. 商务印书馆与近代知识文化的传播 [M]. 北京：商务印书馆，2005：28.

③ 王建辉. 文化的商务：王云五专题研究 [M]. 北京：商务印书馆，2000：93.

化问题的探讨结合在一起的。诞生于 1897 年的商务印书馆其本身就是近代中国文化发展的产物。如果不是近现代中西文化的交往，如果不是 1895 年甲午战争失败对广大中国士人形成巨大的思想冲击，如果不是戊戌变法失败，一大批士人流落民间，就不会有商务印书馆，也就不会有中国的近现代出版业。同样，如果不是商务印书馆中的一批文化人有意识地扶持和推动当时的各种文化思潮，有意识地出版各种思想文化出版物，中国的近现代文化探索，无疑也要逊色得多。"①

一、都市上海的人文地理环境

上海是近代中国最早开放的通商口岸之一，并被迅速卷入到世界资本主义的经济体系之中。此后上海的政治是中外合治，社会是华洋杂处，经济是蓬勃发展，文化是中西碰撞交流，上海成为晚清以来最耀眼的现代化都市，也为文化事业提供了多元化的发展养分。正是都市上海特殊的人文地理环境和现代性，孕育了商务印书馆独有的生存和发展条件，亦为张元济、王云五式的跨时代知识分子提供了发挥其才华的事业舞台。

上海地处中国南北海岸的中心点、长江和黄浦江的入海汇合处，是中国最大的水陆运输枢纽和航运贸易往来的大动脉。它北界长江，东濒东海，南临杭州湾，西接江苏和浙江两省，属亚热带季风性气候，港口终年不冻，四季均可通航，便利其成为近代著名的对外贸易大港。上海学者孙逊认为，春秋战国时代的吴越文化是上海文化的始源，秦以后在吴越文化基础上诞生的江南文化则是上海文化的近源。②

古代上海地处吴越之间，属于吴越文化的一部分。通常认为，吴越地区的先民比较强悍，是"蛮夷"；吴、越在地域上互为近邻，在族属上又同属古越族即"百越"族群，一为句吴，一为于越。他们"同气共俗""同俗

① 杨扬. 商务印书馆：民间出版业的兴衰 [M]. 上海：上海教育出版社，2000：2-3.
② 孙逊. 上海文化：近代中国都市文化的先行者 [N]. 文汇报，2013-06-17（15）.

并土"，有着许多相同或相近的文化特征，因而在中国早期区域文化版图上常常以"吴越文化"并称。① 据史学界讨论，中国古代历史上的两次人口迁移逐渐改变了江南地区的文化传统。第一次是公元 316 年西晋灭亡，东晋王朝定都建康（今南京），大量北方士族大家迁至江南。如《晋书·王导传》云："洛京倾覆，中州士女避乱江左者十六七。"第二次是公元 1127 年宋王朝南渡及其在江南确立统治地位。隋唐时期国家经济重心南移加速，到南宋时期已基本成型，此后一直到明清两代，经济的繁荣、城市的兴盛，为江南文化的发展奠定了坚实的物质基础。值得一提的是，张元济家族的始祖张九成正是随宋王朝南渡，最后才定居浙江钱塘的。孙逊先生认为，第一次南迁"带来了中原文化的洗礼，把北方士族好清谈、喜文学的风气带到了江南地区"；第二次南迁"更把从宋王朝开始的尚文传统植入江南，加之宋以后江南地区经济的繁荣、城市的兴盛和社会的安定，为尚文传统扎根于江南提供了适合的土壤和温床"②。那么两次南迁到底给江南的文化事业带来了哪些显性影响呢？美国学者艾尔曼在研究清中叶的考据学派时指出，江南地区自唐中叶以来已成为中国学术事业的重心，宋元明时期的很多重要学术、文化、思想运动均由南方人首开风气。③ 发达的地缘条件，不单制造有利的营商环境，更令江南逐步发展为学术文化的交流网络。商贾云集，赞助与支持不同形式的学术活动，学派、书院、藏书楼林立，闻名于时，招徕与回寄大批文人学者。文人学者透过个人与地域的联系、师承关系，又形成特殊的学术团体。由商人后代和文人学者组成的一种新的社

---

① 孙逊. 上海文化的前世今生［EB/OL］.（2013-11-20）［2024-04-18］. http：//theory. people. Gom. Gn/n/2013/1120/G40531-23603620. html.

② 孙逊. 上海文化的前世今生［EB/OL］.（2013-11-20）［2024-04-18］. http：//theory. people. Gom. Gn/n/2013/1120/G40531-23603620. html.

③ 艾尔曼. 从理学到朴学：中华帝国晚期思想与社会变化面面观［M］. 赵刚，译. 南京：江苏人民出版社，1995：7-9.

会群体，以从事学术研究和整理文献谋生，形成考据学派。① 黄宝忠博士更是举例说明，明清时期，刻书中心主要集中于福建建阳和南京、苏州、杭州、北京、徽州地区，除两京官藏外，浙江、江苏、福建是私人藏书集中的地区。② 上海地处江南文化圈，其文化在彼时必然和江南文化保持有相当的一致性。但值得注意的是，逐渐在明清时期形成的江南文化氛围，因太平天国运动而在一时间毁灭殆尽。得益于当时上海特殊的社会环境，江南地区大批的文人商贾涌进上海租界，使江南学术文化的影响力移植到上海，上海逐步取代苏州、杭州而成为江南文化的重心。

上海在近代开埠后，受江南学术传统滋养的上海文化不得不与西方文化发生碰撞融合。就人口因素而言，上海在开埠后的 1852 年有 54 万多人，到清末 1910 年就有 128 万多人，其中"华界"约 67 万人，公共租界约 50 万人，法租界 11 万多人。③ 人口激增、华洋杂处、中外公管使近代上海的社会文化变得极为复杂。相比大多数近代化的中国城市，上海更为明显的文化标签便是"西化"。这一特点不仅表现在西方人口的数量上，更表现在西方文化的引进和吸收，以及思维方式、价值观、生活习惯、社会风俗等方面。有几组数据可以论证上海西化现象：开埠后的半个多世纪里，上海的图书出版主要是翻译西书。据统计，1843—1898 年间，中国共出版西书561 种，上海出版 434 种，占总数的 77.4%；④ 据戈公振先生统计，1894—1911 年间，上海有日报 32 种，占当时中国日报总数的 20% 左右，杂志有 46 种，占当时中国杂志总数的 50% 以上。⑤ 这些西化现象能进一步证明新式文

① 艾尔曼. 从理学到朴学：中华帝国晚期思想与社会变化面面观 [M]. 赵刚，译. 南京：江苏人民出版社，1995：176.

② 黄宝忠. 近代中国民营出版业研究：以商务印书馆和中华书局为考察对象 [D]. 杭州：浙江大学，2007：17.

③ 邹依仁. 旧上海人口变迁的研究 [M]. 上海：上海人民出版社，1980：90.

④ 张仲礼. 近代上海城市研究 [M]. 上海：上海人民出版社，1990：923.

⑤ 戈公振. 中国报学史 [M]. 北京：生活·读书·新知三联书店，1955：113-118.

化事业机构如中西式学校、出版翻译机构、报刊社及各类学会在上海的聚集。而这些新式机构的产生和发展必将吸引大批知识分子的参与。据学者熊月之研究，晚清上海崛起了一批新型文化人群体，他们有比较新的知识结构，主要是有比较好的西学素养；有比较相近的价值观念，不再把传统的重义轻利视为不可动摇的准则；有比较相近的人生观，不再把读书做官视为实现人生价值的唯一取向，而往往凭借新的知识，服务于新的报馆、书局、学校、图书馆、博物馆等文化机构，从而实现自己的人生价值。① 作者还估算出，戊戌维新时期，上海新型文化人约 1200 名，到 1903 年增加到 3000 人，1909 年增加到 4000 人。②

中西文化在近代上海急剧的碰撞与融合更加凸显了上海这个特殊地域环境的复杂人文情愫。传统的江南学术氛围在上海的移植和西方资本主义文化在上海的流布，让传统文人和新型文人都在竭尽所能地试图引领或主导上海文化的近代化走向，他们在传统与现代之间共同赋予了上海这座东方新城"别样"的文化养分和人文情怀。尽管在此后相当长的时间内，这些文人之间冲突和论战不断，但是他们以文化事业为基点，既生产文化，又需求文化，从而推动了近现代新式文化事业的产生与发展。正如本节所要论证的，图书事业在上海的勃兴，张元济、王云五在商务印书馆的成功，都不是偶然现象，离开上海独特的人文地理环境和文化氛围，结局可能大不相同。

二、走向历史前台的商务印书馆

学术界对商务印书馆的诞生和发展已经有较多的研究，本书无须过多赘述，但为了保持行文的逻辑性和完整性，在此仍简要回顾一下商务印书馆的诞生历程，为后文张元济、王云五的出场作简单铺陈。

---

① 熊月之. 略论晚清上海新型文化人的产生与汇聚 [J]. 近代史研究，1997 (4)：257.
② 熊月之. 略论晚清上海新型文化人的产生与汇聚 [J]. 近代史研究，1997 (4)：257-258.

商务印书馆原本是 1897 年在上海开业的一家小型印刷厂。它有着与其他众多近代民营企业一样极为平凡的背景，但又有着些许不同的社会渊源。最早的七位投资人鲍咸恩、鲍咸昌、夏瑞芳、张桂华、高凤池、沈伯芬、郁厚坤均是基督徒，这意味着早期商务印书馆在创办之初就更倾向于"新知西学"，其思想理念也会相对开放和包容。除沈伯芬是天主教徒外，其他六人均是新教长老会教友；除郁厚坤外，鲍咸恩、鲍咸昌、夏瑞芳、张桂华、高凤池五人均是教会学校清心书院同学；鲍咸恩、鲍咸昌是亲兄弟，夏瑞芳、张桂华是鲍氏兄弟的妹夫，郁厚坤是鲍咸昌夫人的兄弟。如此关系，可见商务印书馆最初还是典型的家族式企业，后来商务印书馆内部出现诸多矛盾和经历多次改革也与此有很大的关系。①

商务印书馆的四位创办人鲍咸恩、鲍咸昌、夏瑞芳、高凤池均有从事印刷工作的经验：鲍咸昌毕业后在美华书馆当英文排字工人；高凤池在美华书馆任经理；鲍咸恩和夏瑞芳在英文捷报馆排字。因不满西人歧视，夏瑞芳和鲍咸恩联系其他几位投资人一起创立了商务印书馆。最初投资资本仅 3750 元，但是据蒋维乔回忆，夏瑞芳亲赴日本考察，有所得，归而效仿之，"于是印刷之术，焕然一新，营业亦日盛"②。刚创办且资本不多的小印刷厂，竟然到日本去选购印刷机器，可见投资人在设备投资方面不遗余力，这间接成为张元济后来与商务印书馆结缘并始终注意印刷技术的改良及革新的缘起。

如前所述，商务印书馆的投资，除沈伯芬是纯粹投资性质外，其余六人在信仰、宗派、血缘方面都较为一致。他们中间夏瑞芳最小，但是办事最为能干，因此担任商务印书馆的经理。作为初期商务印书馆的核心人物，

---

① 汪家熔. 商务印书馆创业诸君 [G] //商务印书馆史及其他：汪家熔出版史研究文集. 北京：中国书籍出版社，1998：7.

② 蒋维乔. 夏君瑞芳事略 [G] //1897—1987 商务印书馆九十年：我和商务印书馆. 北京：商务印书馆，1987：4.

夏瑞芳的性格必然成为后期商务印书馆成长发展的重要因素。曾经因业务往来而与夏瑞芳有过交往且后来投身过商务印刷馆的包天笑说，夏瑞芳认为委托印件是个"没有自己产品"的行业，想自己办出版："极思自己出版几种书，但不知何种书可印，何种书不可印。不过他很虚心，人家委托他们所印的书，他常来问我是何种性质？可销行于何种人方面？当然他是为他的营业着想，要扩展着他的生意眼，忠实于他的事业。"① 也有人说夏瑞芳贪财，曾经买进过数百种粗制滥造的"新学"译稿，后来销量不好导致亏本，从而想自己办出版。② 客观上讲，商人以赢利为目的无可厚非，夏瑞芳后来在"股票风潮"中投资失败正是缘于迫切逐利的心理，但是在"业务繁忙时，他也能卷起袖子，脱去长衫，向字架上工作的"③，因此不能忽略夏瑞芳在经营上的用心和他在"破财"投资及吸引人才方面的决心。如果夏瑞芳没有及时洞察到出版业务的可投资性和在招纳张元济时的慷慨"破财"，也没有后来张元济的投身商务印书馆。另外，夏瑞芳还有较好的交际能力和协调能力。早期投资之后，最先投资入股商务的便是夏瑞芳在业务往来中熟识的南洋公学译书院主事张元济和上海经营纱厂的老板印有模。他们不但是商务的投资股东，还参与商务的经营，最终成为影响商务印书馆发展的重要人物。商务印书馆内部"教会派"和"书生派"之间的矛盾在夏瑞芳在世时尚能调和，夏瑞芳遇刺后两方的冲突即刻显现。④ 后来包天笑客观评价："夏瑞芳虽然不算是一位文化人，而创办文化事业，可是他的头脑灵敏、性情恳挚，能识人，能用人，实为一不可多得的人材。后来商务印书馆为全中国书业的巨擘，却非无因而致此。"⑤

---

① 包天笑. 钏影楼回忆录 [M]. 香港：大华出版社，1971：236-237.

② 贾平安. 记商务印书馆创始人夏瑞芳 [G] //1897—1992 商务印书馆九十五年：我和商务印书馆. 北京：商务印书馆，1992：545.

③ 包天笑. 钏影楼回忆录 [M]. 香港：大华出版社，1971：236.

④ 章锡琛. 漫谈商务印书馆 [G] //1897—1987 商务印书馆九十年：我和商务印书馆. 北京：商务印书馆，1987：109.

⑤ 包天笑. 钏影楼回忆录 [M]. 香港：大华出版社，1971：237.

从商务印书馆早期的创业史可以得知，创立初期的商务印书馆只是一家拥有十来个工人，七八部印刷机的小型印刷厂，以接印报馆、教会传单为主要业务，赢利必然是这个早期自行创业的小印刷厂的目的，但是出于竞争压力，夏瑞芳不得不考虑更多的出路。1898年，商务印书馆搬迁至北京路顺庆里口，厂房、机器均有扩大和增加，并出版了《华英初阶》《华英进阶》两本书；第二年又出了《华英字典》，开始了早期出版之路。① 1900年，商务印书馆接下了日本人经营不善的"修文书馆"，技术和设备得以改善，还从该局出盘的机械零件中整理出《通鉴辑览》的铅版，短期内获利甚多。② 这些早期文化书籍的出版为商务印书馆积累了部分资本，也为商务印书馆奠定了一定的出版地位，从此走上文化出版的历史舞台。

三、张元济与王云五进入商务印书馆

早期商务印书馆的诞生是以夏瑞芳为代表的家族式企业艰苦创业的成果，中国近代的很多企业大都有类似经历。如果仅限于此，商务印书馆很可能如大多数家族式企业一样走向没落。事实上，商务印书馆后来的成就是有目共睹的，其主要原因是家族式企业向近现代企业的成功转型，其中的关键是张元济、王云五两位主政人和大批知识分子的加入。

张元济在投身商务之前，因受戊戌政变的牵连失去官职，后在南洋公学负责译书院的工作，这样性质的工作必然会有一些印件业务需要与印刷企业产生交集。当时上海的印刷业情况是比较糟糕的，曾经任职商务的杜亚泉在《记鲍咸昌先生》一文中说，张元济、蔡元培诸先生"及其他维新同志，皆以编译书报为开发中国急务，而海上各印刷业皆滥恶相沿，无可

---

① 高翰卿. 本馆创业史［G］//1897—1992 商务印书馆九十五年：我和商务印书馆. 北京：商务印书馆，1992：4-5；长洲. 商务印书馆的早期股东［G］//1897—1992 商务印书馆九十五年：我和商务印书馆. 北京：商务印书馆，1992：642-646.

② 李家驹. 商务印书馆与近代知识文化的传播［M］. 北京：商务印书馆，2005：43-44.

与谋者，于是咸踵于商务印书馆"①。杜亚泉这里讲的"咸踵于商务印书馆"主要是说商务印书馆的印刷质量较好，吸引了更多的维新同志。张元济不仅自己是维新同志，还与不少维新同志有着频繁的联系，对与工作内容密切相关的印刷业自然会有所关注。译书院出版严复翻译的《原富》（1901年）就是由商务印书馆印刷的。但是有业务往来并不能促使有翰林身份、南洋公学译书院主事职位的张元济投身一个印刷质量尚可的小印刷厂。至于此前提到的夏瑞芳"破财"（每月薪水 350 元）力邀张元济加入，应该属于不可信的传言。严复在 1901 年 6 月 11 日（农历四月二十五日）给张元济的书信中说："此时外间欲办报馆、译局者甚多……而昨得公来书，亦云拟于上海集巨股为此。"② 说明张元济已有离开译书院从事出版业的打算，这与聪明能干、想办编译所进军出版业的夏瑞芳不谋而合。1901 年，张元济受夏瑞芳邀请入股商务印书馆。1902 年底，张元济辞去译书院的职务进入商务，于 1903 年担任商务印书馆编译所的所长一职，开始了长达数十年的商务生涯。

张元济的加入，改变了商务印书馆的家族式资本构成，脱离了早期以委托印刷业务及零星翻译出版为主的经营模式，扭转并确立了商务印书馆的发展方向。主要表现在：第一，商务经营由一元变多元。主体业务由印刷转为出版，并旁及其他与教育相关的事业，如兴办学校、创立图书馆等。第二，确立以扶助文化教育为己任的出版和经营宗旨，致力传播中西知识文化。第三，改革管理制度；重视用人策略，吸纳不同出身背景的人才入馆效力。第四，以其知识分子及熟悉官场的优势，为商务印书馆成功地建构起紧密的文化学术界关系，汇集各方知识分子与商务印书馆合作。③ 他的

---

① 杜亚泉. 记鲍咸昌先生 [G] //1897—1987 商务印书馆九十年：我和商务印书馆. 北京：商务印书馆，1987：9-11.

② 马勇，徐超. 严复书信集 [G]. 福州：福建教育出版社，2022：61.

③ 李家驹. 商务印书馆与近代知识文化的传播 [M]. 北京：商务印书馆，2005：45-46.

加入，为商务印书馆注入了浓厚的人文色彩和精神底蕴，从而让旧式印刷作坊跃升为近代中国重要的文化阵地，形成商务印书馆独有的文化品牌和企业灵魂，以至于后来张元济不再担任一线领导职务（1920 年辞去经理职，出任监理；1926 年担任董事会主席），仍对商务印书馆的各项决策有着重要的影响力。

　　与张元济不同，王云五加入商务印书馆是当时民国文化界风头正健人物胡适推荐的。王云五一生主要靠自学成才，并且精通英文。在加入商务印书馆之前，王云五曾在中国公学担任英文教员，教过胡适、朱经农、杨杏佛等学生，也出任过一些职位不高的政府公职，翻译过外国著作，办过报，主编过书籍等。① 应该说，在获胡适推荐之前，王云五还只是一个名不见经传、擅长外语的新式知识分子，商务印书馆最初同意他入馆，很大程度上是对胡适的信服和认可。但是经过近四个月的试用期，第二年（1922）就能接替高梦旦出任编译所所长，可见王云五在出版管理及经营方面确有过人之处。他很好地抓住了商务印书馆这个平台，开始了与商务印书馆共进退的二十五年（其间辞职过半年）事业历程，直至 1946 年辞职。

　　王云五的加入，有力地推动了商务印书馆的现代化进程。在他的主持下，商务印书馆在 20 世纪 30 年代走向事业的辉煌。即使后来历经日本侵华战火，商务印书馆也在王云五的带领和努力下逐渐复兴，充分体现了王云五其人对商务印书馆起到的影响和作用。如果说张元济是带领商务印书馆走向"文化出版"的领路人，王云五便是将文化出版"商业化"的职业经理人。他在经营管理上的贡献主要表现在：第一，配合时代需要，适时调整出版方针，以大型丛书和大学教科书开辟商务出版新领地；第二，改革商务印书馆组织结构，努力推行"科学管理计划"，加快商务印书馆的企业化；第三，推动新知识体系的学科分类和出版职业化。当然，其中牵涉的

---

① 王学哲. 岫庐八十自述：节录本［M］. 上海：上海人民出版社，2007：封二.

是是非非以及他后期的"错位"从政等给其经营管理上的功绩蒙上了层层阴影，但是这些不碍于我们在后文中对他的认识和从另一种角度探索其投身图书事业的目的及动机。

张元济和王云五分属不同时代、不同类型的知识分子，他们在商务印书馆的相遇代表着知识分子自近代以来的职业化取向，同时也体现出商务印书馆这个特殊组织的两面性——"文化性"和"商业性"。正是张元济和王云五两代主政人的共同努力，使得商务印书馆作为图书事业中的重要载体，迎合、激动着民国文化潮流，顺着满足时代需求、推动社会进步的正确道路，快速前行。

第三节　早年教育和家庭社会环境的异同

张元济出生于 1867 年，王云五生于 1888 年，按照一般的计代方法，他们几乎相隔整整一代人，而且二者进入商务印书馆的时间也大约相隔二十年。在一定社会条件和环境下，社会个体的成才与成功取决于多方面的因素，但早年教育和家庭社会环境的熏陶是较为关键的因素，会造就二者投身图书事业不同的综合条件。

一、家庭环境的比照

中国封建社会时期的耕读传统长期为普通民众所沿袭，通过对"四书五经"的研读进而追逐功名是中国古代家庭教育和培养后世成才的首选模式，这个过程中，家庭环境对个人的影响尤为深远。就张元济与王云五而言，前者出身书香门第，后者虽世代务农但成长于商人家庭，二者家庭环境的区别较大，必然会对他们的性格和理念产生影响。

张元济字筱斋，号菊生，1867 年 10 月 25 日出生于广州，但他的籍贯却是浙江海盐。海盐张氏是书香门第，据海盐张元济图书馆藏的《张氏族谱》记载，张氏始迁祖张留孙（张元济二十世祖）系宋崇国公张九成之后。张九成原籍河南开封，金兵南下时南渡定居于浙江钱塘，宋绍兴年间中进士，历任著作郎、宗正少卿、礼部侍郎，为官"正色立朝，敦尚气节"，为南宋名臣。后因对金主战，为秦桧所贬，直至秦桧死后，才复归并授温州知州。张九成幼时师从宋代著名理学家杨时，曾创建海宁第一所书院——张文忠公书院，讲授经史，著有《横浦集》（二十卷）、《四库总目》、《孟子传》等，其学派还被称为"横浦学派"。明洪武初，始迁祖张留孙带领其支系儿孙自钱塘迁至海盐，繁衍生息数百年。十九世祖张秀三，明洪武癸酉（1393）诏访贤才，有司以公荐，不受。十八世祖张显，明洪武壬戌（1382）征为学士，不受。十六世祖张礼，明宣德、天顺诏聘处士，俱不受。十世祖张奇龄，诰赠中宪大夫湖南上荆南道，曾立家训："吾宗张氏，世业耕读，愿吾子孙，善守勿替……"九世祖张惟赤，授户部山东司主事，为官直言敢谏。八世祖张睊，授内阁中书，后选考刑部福建司主事，告老返乡后，以书为友，乐善好施，乡人敬仰。[①] 海盐张氏家族自明万历二十一年（1593）至清光绪二十一年（1895）的三百多年间，共受皇上敕命 14 道、诰命 13 道，各世之仕禄甚为隆显。家谱中还记载，凡张元济的前辈，有著作者约四十人，十世祖以下，著书、刊书者亦有少数。如：十世祖张奇龄著有《铁庵集》《存笥集》等；九世祖张惟赤著有《人告编》（三集）、《退思轩诗集》；八世祖张睊著有《名家诗钞》等；七世本生祖张芳湄著有《筼谷诗选》；六世祖张宗松著有《扪腹斋诗钞》；等等。[②]

纵观张氏家族的历史，不难发现为官者不多，历任官职较高的也不多，印象最为深刻的是世代皆以读书、著述、藏书、刻书等事业为己任，谓之书香门第是比较贴切的。尤其在藏书、刻书达到极盛时期的清雍正、乾隆

---

① 宋兵. 海盐《张氏族谱》考述 [J]. 图书馆研究与工作，2011（2）：76.
② 张树年. 张元济年谱 [M]. 北京：商务印书馆，1991：2-3.

两朝，海盐张氏的涉园，亦以藏书、刻书、读书著称的一邑之胜，名播江浙。

涉园为张元济九世祖张惟赤所创。康熙四年（1665），张惟赤被裁缺回籍后，拓其父张奇龄（人称"大白先生"）读书处"大白居"为园，置竹木水石亭台楼榭于其中，渐成一邑之胜。在康熙、雍正、乾隆、嘉庆、道光等数朝中，各方名士大夫均慕名前来，寻幽览胜，宴饮题咏。清雍正、乾隆两朝，张氏家族更是以藏书、刻书著称。张元济的六世祖张宗松（号青在）热衷于著书、刊书，且精于图书版本鉴别，是清朝著名的藏书家。涉园藏书自大白公始，书香传继，至青在公时臻于极盛。据记载，仅青在公清绮斋藏书即达 1559 部，不下 1 万册。乾嘉之际，江浙不少名流学者如吴骞、鲍廷博、黄丕烈等，均叩访过张氏涉园，借书雠校，此后涉园的影响和规模虽不及此前之盛，但仍保持了藏书、刊书传统。道光二十三年（1843）前后，张氏家道中落，藏书散佚殆尽。①

由此可知，至张元济祖父辈、父辈时，家境已然衰败，但是家风古训仍然对张氏子孙的教育和培养有着深刻的影响。张元济之父张森玉，二十一岁便随亲戚离开海盐至广东潮州谋生，后捐得一个小官职，定居广州；娶妻江苏武进谢氏，亦是江南大族。未曾中举的张森玉希望自己的后代通过科举获取功名，从而光宗耀祖。通过两件事大抵可以看到张森玉对张元济的期盼。其一是张父曾取来广东乡试第一名陈伯陶的试卷为少年张元济讲解，激励张元济发奋读书，考取功名。张元济当时很受触动："余私自揣，他日余亦必为此娱吾亲。"其二是张父常以先祖们为官和藏书、著述的业绩教导张元济。说到九世祖螺浮公（张惟赤）的直言敢谏，并有《人告编》流传于世，张父告诫张元济："你长大后，一定要找来细读。"② 显然，科举之路依然是这个没落世家的追求，除了弥补父辈的缺憾外，恢复祖辈

---

① 张树年. 张元济年谱 [M]. 北京：商务印书馆，1991：2.
② 柳和城. 张元济传 [M]. 南京：南京大学出版社，1996：4.

的荣光也是张氏家族培养后世的使命。

与张元济相比，王云五的家庭环境就相对简单一些。目前所能找到的可信资料大多源自王云五的自述及其弟子的著述。王云五原籍广东省香山县，故里在香山县四字都的泮沙村，距县城约 47 里。其远祖由河南迁至福建，至宋代自闽南迁往广州府东莞县香山镇。宋高宗绍兴二十二年（1152），香山镇连同邻近数县滨海地区建置为香山县。县治石岐，为王氏家族移粤一世祖所居之地，至七世祖始迁东乡四字都之泮沙村。① 据王云五回忆，其父母和本族父老皆能操闽南语，足证来自闽南。② 王氏家族世代务农，没有社会地位，也就没有详细记录家族情况的族谱。王父破例于童年时随长亲至上海习商业。在上海，王父经商，勉能赡家，王母亦出身寒门，俭约成性。王云五出生在 1888 年的上海。因为难以应付较高的生活费用，在他三岁时，母亲带他和兄弟姐妹回到原籍广东香山县四字都的泮沙村。至七岁时，王父的境况略有好转，全家又返回上海。可见王云五的家境较为一般，家中兄弟姐妹众多，王氏父母唯有日夜操劳才能勉强度日，对后世的培养难以亲持。这样的家庭环境对王云五科举之路的选择很难造成一些特殊影响。

二、早年教育的区别

张元济的童年和少年生活并没有留下太多的记载。七岁时，张元济在广州进入私塾读书，从私塾先生那里接受传统知识教育，为科举考试做准备。尽管当时广州已成为通商口岸，外国的传教士也在南洋一带创办新式学堂，清政府还于 1872 年派出了第一批留美学童，但是大多数国人对新事物的接触和了解仍然非常有限，传统的生活习性和职业志趣根深蒂固，很难突破既有的选择范围。张元济十四岁时，因其父去海南赴任，考虑到当

① 王寿南. 王云五先生年谱初稿：第一册 [M]. 台北：台湾商务印书馆，1987：33.
② 王学哲. 岫庐八十自述：节录本 [M]. 上海：上海人民出版社，2007：2.

时海南恶劣的环境和尚待开化的民风，以及张元济兄弟长大后须回原籍参加科举应试等（其他原因待考），母亲谢氏带张元济回到老家浙江海盐。回到早已物是人非的故乡之后，张元济常常和从兄弟们到向往许久的涉园中探访。此时的涉园也早已不是昔日模样，残垣断壁，满园蓬蒿，池塞水淤，只有园中的参天大树仿佛还能证明往昔的繁盛。张元济在园中墙畔的苔藓中找到一块带文字的石碑，上刻有清初浙江巡抚范承模辛亥（1671）游涉园所作的诗。诗很长，主要是盛赞原来涉园中的景观和建造者螺浮公的胜举。张元济在字里行间仿佛看到了涉园当年的奇景和螺浮公的凛然正气。为了教育年轻的张元济，母亲谢氏专门找来《涉园题咏》，让张元济摹写。《涉园题咏》是张氏先祖中历代名人题咏涉园的诗文汇编，谢氏的用心无外乎是希望通过摹写，加深张元济对先祖藏书、刻书盛业的认识和了解，进而激发其对祖先事业的敬仰、向往之情，引领少年张元济走上光复祖业的传统道路。① 张元济也没有忘记父亲曾经的告诫，还专门找来螺浮公的《入告编》诵读。通过对螺浮公为官之道的学习，他渐渐懂得"致君泽民"之道，大致明白了父亲让他仔细研读的原因。可以说张氏父母对张元济的教育基本上都是围绕科举仕途进行，在教育上可以说是不遗余力，哪怕是张父在张元济回海盐的第二年就病故海南任所，张母仍是竭尽所能供孩子们上学。②

张元济读书非常刻苦。他最早和长兄师从当地有名的廪生查济忠先生。查老师学问很好，文章写得豪气奔放，如有"濯足万里，振衣千仞"之概，诗也作得很有特色，著有《寄庑楼诗》。在老师的培养和自己的努力下，十七岁的张元济在1884年春天考取县试第一名。同年，张元济与长兄一起赴嘉兴参加府试，又双双中得秀才。为了儿辈们的学业，张母不惜重金聘请回乡丁忧的海盐名士朱福诜先生来家教读。张元济除了继续攻读传统旧学

---

① 柳和城. 张元济传 [M]. 南京：南京大学出版社，1996：7.
② 张树年. 张元济年谱 [M]. 北京：商务印书馆，1991：7-8.

外，还多方搜求乡邑先贤们的著作，对彭孙遹、彭孙贻兄弟的诗文尤研读备至。同时，他还各方求师访友，切磋学问，学业由此大进。1889 年，二十二岁的张元济赴省城杭州参加乡试，中得第十名举人。同科有汪康年、蔡元培、吴士鉴、徐珂、汪大燮、王甲荣、钱绍桢等当世名流，他们此后都成为张元济的朋友，有的还对张元济的一生产生过重大影响，如后文将提到的蔡元培。1892 年张元济得中二甲第二十四名进士，同科的有汤寿潜、蔡元培、叶德辉等。接着经过朝考，张元济被授为翰林院庶常馆庶吉士。至此，张元济的科举生涯走到终点，成为具翰林身份的传统知识分子。

张元济自小受传统家庭教育的熏陶，潜意识中已经把书籍与家族使命及个人志趣联系在一起。王云五没有张元济那种书香世家的光环和负担，对书籍的认识和感情主要来自后天的选择，相对而言，感情自然也要淡薄一些。

王云五六岁时由已上私塾的大哥教他读《三字经》《千字文》，开始识字。七岁正式接受启蒙，进入私塾读书。因体弱多病和就读的私塾距家较远，多在家由他的大哥教授。虽然王云五的大哥是一位典型的旧式读书人，但是对弟弟还是比较疼爱，管教没有很严厉，连旧学基本功书法练习都"并不勉强"，一任他自由涂鸦，"只是偶然加以指导和矫正"①。真正由家庭教育转入私塾读书时，王云五已经十岁。但是进入私塾后，王云五并没有展现出对传统教育模式的热情和兴趣，其间还因义和团运动回广东避了大半年。再回到上海后，刚刚对新私塾老师的教育方法有所接受的王云五，又在父母的干预下中断了传统教育。家庭的商业习性和迷信风水之说（王云五大哥考上生员后不久病亡）让王氏父母对传统的科举之路丧失希望，他们把十四岁的王云五送往同乡开设的五金店当学徒，还令王云五夜间去英文学校学英文，明显是想将他带上商业之路。好在王云五在英文学习上

---

① 王学哲. 岫庐八十自述：节录本 [M]. 上海：上海人民出版社，2007：8.

展现出较高的天赋，不仅学习成绩优异，后来还当上了所在英文学校的教生（类似助教）。王云五靠自学读过许多英文名著，比如《国富论》《社会学原理》《物种源始》《人类理解论》《自由论》《社约论》《法国革命史》《大英百科全书》等等，① 并且通过对英文和西学的学习，意识到自己的国学功底不够，又重新对中国文史产生兴趣。读书的兴趣大增，也造就了他学识博杂、涉猎广泛的知识结构。后来，他说自己"爱书成癖几有过屠门而大嚼之势"，并把"读书和做工"看作是平生最快乐的两件事。② 这些条件为他以后从事出版事业打下了前提基础。从王云五的学习生涯可以看出，其本身有一定的国学基础，但是在英文学习方面成绩更突出，接受正式学校教育的机会极少，主要是通过自学成才，与受传统教育出身并获取科举功名的张元济相比，教育背景有着较大差异。

还有一点值得回味的是，王云五曾这样回忆他的童年生活与个人性格的关系："我适于是年出生，可谓与忧患并来，加以个人少时体弱多病，家境又不很佳，稍长出而出世，亦时遭逆境。假使不是我习于处逆境，尚能艰苦挣扎，则不仅忧能伤人，影响健康；及今八十之年，尚顽健不让中年者，与其谓得自先天，毋宁说由于后天。所谓吃得苦中苦，固不敢以人上人自期，至少可藉自强不息，而保持积极与愉快，结果便是坚强的体魄所由产生。"③ 这段话可以这样理解，王云五因为家庭条件不佳、个人体弱多病以及参加工作后一直不顺等原因，经常在痛苦艰难中挣扎，正是这种不利的逆境，造就他吃得苦中苦，更能自强不息并保持积极愉快心态的优秀个人品质。这种品质对他后来面对出版业困境所展现的应对策略以及商务印书馆在遭受战火之后迅速崛起有很大正面影响。

---

① 王云五. 岫庐八十自述 [M]. 台北：台湾商务印书馆，1967：31.
② 王寿南. 王云五先生年谱初稿：第一册 [M]. 台北：台湾商务印书馆，1987：304.
③ 王学哲. 岫庐八十自述：节录本 [M]. 上海：上海人民出版社，2007：2.

三、早期社会经历的差异

张元济和王云五的家庭环境和教育背景使得两人在进入商务印书馆之前有着有异有同的社会经历。张元济通过科举入仕，被授翰林院庶常馆庶吉士，通过在翰林院的学习、打磨，后被任命为刑部贵州司主事，官六品。然而此时，中国正被甲午战争失败的阴霾笼罩，不少有识之士都在探索强国御侮之道，维新运动的暗潮也在逐层涌动。年轻的张元济也是关心时局、忧心国家的有志之士，他不仅参加陶然亭集会，议论国政，还参与组建进步组织"健社"。他们"约为有用之学，盖以自强不息交相勉，冀稍挽夫苟且畏缩之风"①，希望通过对西学，尤其是英文、算术的学习研究西方更深层次的发展经验。这一时期张元济也开始学习英文。② 后来因为前来附学的人数增多，他们在原来健社的基础上设立西学堂，后改名为通艺学堂。通艺学堂的创办成为张元济教育救国的起点。张元济一面学习英文、办理学堂事务，一面报考总理衙门，出任章京，渴望参与外交事务，为国家尊严和民族命运贡献自己的绵薄之力。然而想在腐朽没落的晚清政府做出一番事业，着实是非常困难，张元济饱受刁难、排挤。一直等待机会的张元济终于在戊戌变法期间获得光绪帝召见，他提出了一些中肯的意见。哪怕到了变法后期，失败的结局基本已定的时候，张元济还上陈了《痛陈本病统筹全局以救危亡折》。最终结果是：变法失败，张元济因参与其中，被"革职永不叙用"。

仕途的终结对于传统知识分子来说，无疑是毁灭性的打击，但是通过在官场的历练，张元济更清楚地认识到，依靠政府而进行自上而下的自救改良是不可能实现的。就同时代知识分子而言，他们所能仰仗的唯有自己的智力和学识，张元济也是如此。所以，当盛宣怀建议他去南洋公学筹备

①　张元济. 张元济全集：第5卷 诗文 [G]. 北京：商务印书馆，2008：443-444.
②　张元济. 张元济全集：第5卷 诗文 [G]. 北京：商务印书馆，2008：2.

译书院时，他欣然前往，其目的不仅是谋得一份职业，更是对译书院所要承担任务的认可。译书院主要是翻译西书。张元济深谙国学，熟悉英文，办过通艺学堂，对研究、传播西学是有兴趣的。在汪康年等筹备《时务报》的时候，他就曾建议尽可能多译西书，并把译书看作"鼓动人心""培植人材"的重要手段。但是，张元济在译书院的时间也不久，他在 1949 年的回忆里说："当时南洋公学的监督是美国人福开森，我和他意见不合，只干了几个月就辞职了。"① 实际，"意见不合"只是部分原因，主要是张元济此时已另有打算。另外，该时期的张元济还集合同志创办过《外交报》，也就是说，张元济仕途结束后，主要从事的是译书、办报事宜。

王云五在进入商务印书馆之前经历也是相当丰富。他在夜校学习英文时就开始兼职英文教学，后来在益智书室、中国公学专事英文教学，平时也自学一些西方课程。辛亥革命之后，受孙中山赏识，担任临时大总统府的秘书——这是他参与政事的初始。后来，王云五相继在北洋政府担任诸如教育部专门教育司科长、佥月事、主任秘书、司长等职，还曾任全国煤油矿事宜处编译股主任、苏粤赣三省禁烟特派员等职。职位都不高，应该说仕途不温不火，但是王云五一直没中断过自学研究，不时为《民主日报》撰文，也在国民大学兼任英文教授。在进入商务印书馆之前，王云五还在一家小规模的书局——公民书局编译过公民丛书。②

从张元济和王云五的社会经历来看，他们都在仕途上努力过，不同的是张元济以翰林为起点，参与过影响政局变化的维新运动，在政治、文化界有一定的关系和影响力，而王云五是以其自学的才识应聘入中国公学教习英文以及任职国民大学法科英文教授，最直接的影响是有了教育救国的社会身份和教授了胡适、朱经农等在新文化运动中有重要影响力的人物。这是他们在人际网络关系上为后来的出版经营活动留下的便利。张元济的

---

① 张元济. 张元济全集：第 5 卷 诗文 [G]. 北京：商务印书馆，2008：235.

② 王学哲. 岫庐八十自述：节录本 [M]. 上海：上海人民出版社，2007：36-51.

早期仕途是比较顺利的，只是受牵连而仕途受阻；王云五是经过多次磨砺后获得赏识而踏入仕途的，但一直没有起色，还历尽坎坷，对他后来"错位从政"的经历有较深影响。张元济被革职后主要从事译书、办报工作；王云五也从未间断过读书自学，不仅在煤油矿事宜处译书，还在公民书局编译公民丛书。从某种意义上说，他们都在与图书发生着关系，为后来进入商务印书馆打下了基础。

小　结

20世纪前后不仅是中国图书事业大变动的时代，也是整个中国社会大变动的时代。但是这个时间段的时代变动不是源于某一个点或某一方面的变化，而是在长期的内外因素的交互和沉淀中渐渐产生的。因此，在阐述本章节的时候，我们不得不把历史脉络延伸至更远，这样至少能让人更清楚地了解和认识到，图书在历史进程中所扮演的角色和存在的价值。

存续千年的中西文化交流中，代表知识的图书是无国界的，它在不同国家、不同地区、不同民族间流转，逐渐让人们认识到世界范围内充满神奇的科学知识。正如中国古代四大发明中的造纸、印刷术以及火药技术，它们从亚洲的东头经过陆地和海洋传到欧洲的西头，再通过图书、枪炮等回归到19世纪的中国。如果说枪炮是改变中国近代政治、军事局面的利器，那么通过传教士进入中国的图书以及图书中所书写的科学知识，则是改变中国近代思想文化、民族素质的"原罪"。

西方图书在19世纪的中国传播，其目的无疑与打破中国传统思想、开放中国市场、征服东方精神世界有关。但是西方知识在中国传播需要中文翻译和出版，于是中文译书和新式印刷术流入中国，西方先进的科学知识也逐渐被认识和接受，新的学科体系和出版技术推动着中国传统的刊书、藏书事业走向近代化。一方面，新式印刷术和书刊把中国出版业带入世界文明的轨道，而图书市场化和知识科学化将中国出版业推向象征时代文明和社会进步的尖端，书籍和知识传播成为改变中国思想文化和国民素质的重要途径。这其中，除了早期传教士和其他西方人士在客观上所起的作用外，更多的是中国知识分子和有识之士勇于投身出版业，并不断开拓创新，为 20 世纪中国出版事业打开了崭新而又辉煌的局面。另一方面，新的学科体系及知识改变了中国传统图书收藏分级分类的方法，藏书的范围更广、种类更多，新兴的图书馆理念也不断打破藏书楼式的传统模式，直至真正实现藏书为民所用的转变。这其中也离不开中国知识分子和有识之士对图书馆事业的执着追求。就这样，围绕图书所形成的两大事业——出版事业和图书馆事业（统称图书事业），共同承担起了历史和时代赋予的使命——传承文化经典、传播科学知识、提升国民素质。张元济和王云五正是上文中提及的既从事出版又涉足图书馆领域的中国知识分子，他们在商务印书馆的大平台上共同为 20 世纪中国的图书事业做出了不可磨灭的贡献。

第二章

承前启后　继往开来

——张元济与王云五在图书出版经营与
管理上的比较

张元济与王云五所在的商务印书馆是中国近代出版业的典型代表，既有着中国传统出版业的部分特征，又有着与时代变化趋同的现代性特征。中国传统出版业同其他行业组织一样存在独资经营和合伙经营两种形式，但其发展历程并非是按照西方企业从独资、合伙到股份制模式演变的，而是三种路径相互交织，并立而行。"既然是三种路径一起走，那么近代中国企业制度的多重性就同一般演化过程中的多重性不一样。一方面是低层次的企业形式普遍存在，另一方面相对于经济发展水平而言，企业制度又呈现出早熟性。在工商业比较发达的上海，这一特点更为突出。"① 就中国传统出版业而言，主要是以独资为主，兼有合伙经营的特点，如同早期商务

---

① 沈祖炜. 近代中国企业：制度和发展 [M]. 上海：上海人民出版社，2014：7.

印书馆的存在那般；但在工商业比较发达的上海，近代企业组织形态的股份制模式带来更具创新性和生命力的内在驱动，极大地促进了商务印书馆的近代化转型。转型内容包含了"技术的新手段、经营的新方式、出版物的新内容、出版观的新调整、出版职业的新确立、出版体制的新变迁、出版布局的新转移、出版文化的新递演"①等。本章主要从张元济与王云五对商务印书馆组织结构的调整入手，探索他们在管理运营、出版策略、出版方向上的承前启后关系，并比较其中的差别之处，以窥探中国近代出版业产生和发展的历史轨迹及向近代化转型的经验。

第一节　关于商务印书馆组织结构的调整

商务印书馆从诞生成长至壮大，其组织结构一直是商务人关注和改革的重点。通常而言，现代企业组织主要由股东大会、董事会、监事会、总经理和相关职能部门组成，其主要功能和目的是实现企业的赢利和增值。张元济主政下的商务印书馆正处在从传统合伙制模式向现代股份公司制模式转变的探索过程中，对组织结构及其运转机制的调整幅度较大；而王云五主政下的商务印书馆基本确立了现代股份制公司的大致框架，对组织结构及其运转机制的调整更多是基于公司体制的框架进行，调整幅度相对平缓。整体而言，都是对商务印书馆组织结构和运转机制的优化和升级。

一、从旧式作坊经营到现代公司制度

商务印书馆从 1897 年成立开始，经历了初创、发展、鼎盛和衰落四个时期。其组织形态亦从旧式家庭式作坊逐步演变为初具现代公司制度雏形。

---

① 吴永贵. 中国出版史：下册·近现代卷［M］. 长沙：湖南大学出版社，2008：25.

尤其是 1905 年股份有限公司成立后，商务印书馆制定了公司章程，明确了公司的产权归属及股权流转机制，其组织形式开始具有现代公司制度的部分特点。①

据胡愈之回忆，商务印书馆"所以叫'商务'，是因为主要印商业用品如名片、广告、簿记、帐册等；其所以叫'印书馆'，是因为当时中国没有'印刷厂'的名称，当时中国人都叫'印书馆'"②。可以说，商务印书馆在创立之初只是依靠着与教会、同乡和洋行的关系，经营着一些小买卖，其股东与后来参与经营管理的人员基本上没有区别。出资方本身就是经营管理者，并没有以雇佣的方式引进外来员工，夏瑞芳为总经理，主要负责发行、校对、资金及其他日常事务，鲍氏兄弟主要负责印刷业务，基本上属于旧家庭作坊式的经营方式。

张元济和印有模入股之后，商务印书馆逐渐开始摆脱旧家庭作坊式的经营，不仅开始吸收外来力量，也雇用了外来员工，但是主要权力还是集中在原有家族及张元济、印有模等人手中。夏瑞芳仍然掌握着商务印书馆的运作和主要资本，印刷业务上还是依靠鲍氏兄弟，编译所由张元济负责，主要股东与经营者之间依旧没有分离，其内部关系还是依靠相互的信任和情感来维系。③ 当然，这样的方式对于当时的商务印书馆来说还是比较有利的，不仅能够吸取众合伙人的特长和经验，还能把公司控制在一定管理框架之内，较大程度地降低了人力成本，暂时满足了当时的发展需求。

"经济基础决定上层建筑"的规律同样适用于商务印书馆的组织结构变化，最为明显的是日本方面资本入股商务印书馆。1903 年，日本印刷公司

①　何国梅. 商务印书馆的现代企业制度研究（1897—1949）［D］. 武汉：华中师范大学，2011.

②　胡愈之. 回忆商务印书馆［G］//1897—1992 商务印书馆九十五年：我和商务印书馆. 北京：商务印书馆，1992：113.

③　范军，何国梅. 商务印书馆企业制度研究（1897—1949）［M］. 武汉：华中师范大学出版社，2014：72.

金港堂方面因牵扯进日本教科书贿赂案，打算在中国投资以转移投资人在日本国内的压力。经过考察协商，最后决定与商务印书馆合作，成立有限公司，并设立了董事、监察职位，股东也由原来的 9 位增加到 24 位。但刚开始合作的两年，商务印书馆并没有实行规范的股份制，直到 1905 年，商务印书馆根据清朝商律注册成立股份有限公司，才开始了真正意义上的股份制。1909 年正式设立商务印书馆的最高决策机关——董事局。从中日合资后产生董事，到 1909 年正式设立董事局这五年多时间内，商务印书馆仅仅开过五次董事会议，而股东会议却开过九次，可见当时公司内的权责还没有明确。[①] 直到董事局成立之后，董事会才相对定期召开。由此形成商务印书馆组织结构：股东大会选举产生代表股东利益的董事组成董事局；董事局（后改为董事会）以任命总经理、经理的方式产生负责公司日常工作的行政机关，其本身不直接参与公司的日常运作；"任何股东，不论股权多少，都可随时查阅董事会记录。但是任何股东，不论其股权多少，都无权不通过股东大会干涉业务"[②]；同时，股东大会选出监察人对公司业务执行和财政状况进行监督，从而实现商务印书馆决策权、执行权、监督权的三权分立。（如图 2-1）这样的公司治理结构有助于对公司权力的配置和制衡，符合现代企业"在三权分开、相互制衡的原则下所做出的公司机构设置及其相互关系和运行方式的制度安排"[③]。而由组织结构变化产生的公司所有权与经营权分离是商务印书馆从旧作坊式小印刷厂成长为现代成分浓厚的大型图书企业的关键。

---

① 范军，何国梅. 商务印书馆企业制度研究（1897—1949）［M］. 武汉：华中师范大学出版社，2014：72-73.

② 汪家熔. 商务印书馆史及其他：汪家熔出版史研究文集［G］. 北京：中国书籍出版社，1998：39.

③ 牛国良. 现代企业制度［M］. 北京：北京大学出版社，2002：103.

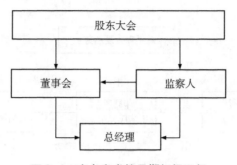

图 2-1 商务印书馆早期组织运行

二、从"一处三所"到总经理负责制

王云五主政后，并未对商务印书馆已经形成的公司制度做出改变，更多是按照既定的公司运作模式开展经营管理，基本上延续了张元济时代建立的公司制度体系。相较张元济时代对商务印书馆组织框架的宏观改造，王云五对商务印书馆组织结构的调整更多体现在微观层面，主要体现在董事会（长）与总经理之间的权力分配及内部组织结构的调整上。

如前所述，商务印书馆创办初期的股东与后来参与经营管理的人员基本上没有区别，夏瑞芳为总经理，主要负责发行、校对、资金及其他日常事务，鲍氏兄弟主要负责印刷业务，基本上属于旧家庭作坊式的经营方式。张元济和印有模入股之后，商务印书馆开始摆脱旧有模式，分设编译所、印刷所、发行所三所（如图 2-2），分别由张元济、鲍咸昌和高凤池任所长（发行所初由夏瑞芳管理，后来业务发展，股东高凤池辞美华书馆经理职，来馆负责发行所），夏瑞芳任总经理。虽然这样变化后看似与此前的模式有所不同，但实际上改变仍然不多，以夏瑞芳为首的"教会派"依旧掌握着商务印书馆的主要经营管理权。他们对张元济负责的编译所事务不干涉，是出于对张元济综合能力的信任和依赖。"三所"结构的产生是对旧有模式的突破，但由于是不同派别的人主持，意见经常不一致。

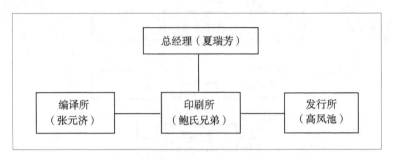

图2-2　商务印书馆"三所"并立

1914年，原来经常要居中协调"三所"问题及矛盾的夏瑞芳遇刺身亡，张元济与教会派的矛盾凸现。① 夏瑞芳遇刺后，商务印书馆紧急任命印有模为总经理，但是不到两年的时间，印有模病故，高凤池接任总经理。这时张元济到底扮演的是什么角色呢？我们知道夏瑞芳请张元济入馆是为了推动商务印书馆改革发展的，张元济作为主要股东一直以编译所所长的职务参与全馆事务处理，颇受夏瑞芳倚重，其扮演的角色相当于"二把手"。② 为何张元济在夏瑞芳遇刺后没有接任总经理职务呢？事实上，当时的商务印书馆董事会一致推选张元济出任总经理，但是他拒绝了。主要是因为总经理的职务要与政府打交道，而他早已打定主意"名不入公门"，才改推印有模。高凤池任总经理的情况也是如此。高凤池两次要求辞去总经理，请张元济出任，也都被婉拒了。③ 作为退步，张元济同意出任经理职务，与高凤池搭档，高凤池才答应。这样，张元济才能将更多精力用在商务印书馆的事业发展上。后来，为了加强管理，打破"三所"各自为政的局面，1915年，商务印书馆在陈叔通的建议下成立了总务处，用以协调和监督"三所"的业务。总务处为执行事务的最高机关，一切事务由总经理、经理

---

① 陈叔通. 回忆商务印书馆［G］//1897—1987 商务印书馆九十年：我和商务印书馆. 北京：商务印书馆，1992：136-138.

② 汪家熔. 张元济［M］. 上海：上海辞书出版社，2012：193.

③ 张树年. 张元济年谱［M］. 北京：商务印书馆，1991：125、134.

执行，建立了由总经理、经理和"三所"所长出席的总务处定期会议制度，集体讨论决定公司大事，协商制订每年的工作计划，协调所与所之间的冲突和摩擦。会议商讨事宜以"三所"意见一致才算通过，否则便下次开会再行商量。① 在"一处三所"的总框架下，下设众多的部、科、股、组及附属公司等各级机构，每一机构都制定严格的部门章程并聘任部门负责人负责部门的日常运作，从而理顺了商务的行政管理体制，实现了集中领导、分层管理的模式。②（见图 2-3）

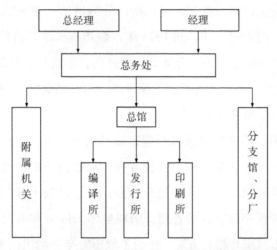

图 2-3　商务印书馆"一处三所"整体框架

王云五对商务印书馆组织结构的调整是分几个步骤完成的。1921 年 9 月，王云五经由他在中国公学的学生胡适推荐进入商务印书馆。起初，他跟随当时编译所的所长高梦旦在编译所里见习，熟悉各项业务，分析存在的问题。大约两个月后，王云五根据自己的体会，结合胡适对商务印书馆的考察结果，提出了一份《改进编译所意见书》，获得了张元济、高梦旦以

---

① 陈叔通. 回忆商务印书馆 [G] //1897—1987 商务印书馆九十年：我和商务印书馆. 北京：商务印书馆，1992：137.

② 何国梅. 商务印书馆的现代企业制度研究（1897—1949）[D]. 武汉：华中师范大学，2011.

及其他商务董事的认同。1922 年初，王云五正式就任编译所所长之后，开始着手编译所的改革。

他首先"就编译所原设各部酌予调整，俾更合于学术分科性质"，在编译所设总编译处，按照新科学的学科门类下设国文、英文、史地、哲学、教育、法制经济、数学、博物生理、物理化学、杂纂、事务、出版 12 部；组建英汉字典委员会、英汉实用字典委员会、国文字典委员会和百科全书委员会；每种杂志安排在一个杂志部。① 与此同时，王云五"极力罗致国内专家学者，分别主持新设各部，或任所内外编辑"②，新进人员多为学界精英或有留学经历的青年人才。到 1924 年，编译所从改革前的 160 人增加到 240 多人，其中 196 人是 1921 年 4 月后引进的，也就是说有 2/3 以上的老编辑被裁汰。③ 此外，王云五还扩充了编译所原附设的英文函授科，改为函授学社，另增设算学科和商业专科。④

1930 年 2 月，商务印书馆总经理鲍咸昌因病去世，董事会经过考察讨论，决定由王云五出任总经理。王云五答应出任商务的总经理，但提出了两个条件：一是取消现行的总务处合议制，改总经理独任制；二是接任总经理后，出国考察并研究科学管理，为期半年。1930 年 3 月 7 日，王云五从上海乘比亚士总统号轮船出发，开始了他历时半年的出国考察。⑤ 他先后抵达日本、美国、英国、法国、瑞士、德国、比利时、荷兰、意大利等国，"参观公司工厂四十余，咨询专家五十余，通信接洽三十余处，访问团体与研究所约二十，加入研究所三，列席研究会议四次，在图书馆研究十余日，

---

① 王学哲. 岫庐八十自述：节录本 [M]. 上海：上海人民出版社，2007：56.
② 王学哲. 岫庐八十自述：节录本 [M]. 上海：上海人民出版社，2007：56.
③ 汪家熔. 商务印书馆史及其他：汪家熔出版史研究文集 [G]. 北京：中国书籍出版社，1998：91；章锡琛. 漫谈商务印书馆 [G] //1897—1987 商务印书馆九十年：我和商务印书馆. 北京：商务印书馆，1987：120；唐锦泉. 回忆王云五在商务的二十五年 [G] //1897—1987 商务印书馆九十年：我和商务印书馆. 北京：商务印书馆，1987：256. 数据略有不同，但不影响整体结果。
④ 王学哲. 岫庐八十自述：节录本 [M]. 上海：上海人民出版社，2007：57.
⑤ 王学哲. 岫庐八十自述：节录本 [M]. 上海：上海人民出版社，2007：78、79.

阅书三四百册，搜罗刊物千余种，草成笔记约四十万言"①。他重点考察了这些国家的劳资问题与科学管理方法，认为商务印书馆"对于同人之待遇，虽尚有可增进，然在世界各国中实居上乘，而管理方法实居下下。因只知待遇，不知管理，结果必至待遇不能持久，爱之适以害之"，并提出，"救济之道，舍从速采行科学管理方法，别无他途"。②

考察回国后，王云五于 9 月 11 日向商务印书馆董事会提交了一份三万余字的"科学管理计划"，获得通过。主要内容涉及：预算；成本会计；统计；工厂布置、各种工作力量、厂内运送、原料供给、栈房、底板储存和机器应用；工作分类、职工总调查和工种内容；动作研究、节省疲劳；工作标准时间、售货测定、脑工计量、事务员考成标准、件工标准测定、月工标准测定及加薪奖励办法；标准化与简单化、售货店员考成、零售手续改良、分馆及代理处适当供给、发展通信营业；改良组织、确定责任和训练管理人员；迅速解决劳资问题；改善书籍内容和印刷技术等十二个方面。③ 9 月中旬，王云五向商务印书馆各级宣布将实行科学管理计划。10月，为了推行"科学管理计划"，王云五对商务印书馆进行了机构改革，撤销编译所及其下属各部，代之以编译评议会、总编译部、编译各组、各种编译委员会、各杂志社和事务部等六个部门；成立商务印书馆研究所，王云五自兼所长，主要负责研究商务印书馆本身的改革和发展问题。同时，聘朱懋澄为协理兼副所长，留学人才孔士谔、王士倬、关锡琳、周自安、林朗培、殷明禄、赵锡禹、赖彦予等八人为研究员，专门研究商务改革的各个方面细则。④（见图 2-4）12 月 18 日，王云五召集编译所各级代表，宣布改组编译所计划。

---

① 王学哲. 岫庐八十自述：节录本 [M]. 上海：上海人民出版社，2007：88.
② 王学哲. 岫庐八十自述：节录本 [M]. 上海：上海人民出版社，2007：88.
③ 王学哲. 岫庐八十自述：节录本 [M]. 上海：上海人民出版社，2007：88-94.
④ 王建辉. 文化的商务：王云五专题研究 [M]. 北京：商务印书馆，2000：89.

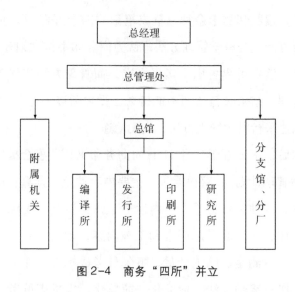

图 2-4　商务"四所"并立

1931 年 1 月 10 日，王云五宣布其亲定的《编译所编译工作报酬标准试行章程》自本日起试行。据商务旧人回忆："那章程原文很长，其要点在审查编译人员资格；分别编译工作等级和作品品质高下，规定报酬；置备账册，登记每人每日工作；编译所除所长领导外，一切要经过新设的编译评议会评议审查，报告总经理决定。"①

但是在商务印书馆的职工看来，王云五的这套章程显然是要把编译所的大权操控在他个人之手，以便随意处置，是"欲推翻成规，独创酷例"②。其过分强调量化编辑工作，一味追求速率而忽视了脑力劳动的特性，将脑力劳动者与普通员工等同视之，改变了自夏瑞芳、张元济以来商务印书馆对编译所人员一贯的尊重，从而激起了编译所乃至全馆职工的强烈反对，继而引发全馆职工对他的抗议活动。1 月 15 日，编译所全体职工大会通过决议，要求王云五辞职。双方均不让步，事件愈演愈烈，最终不得不由上

①　卢天白. 我在商务印书馆四年见闻 [G] //中华文史资料文库：第 16 辑. 北京：中国文史出版社，1996：523.

②　张静庐. 中国现代出版史料：丁编 [G]. 北京：中华书局，1959：433.

海市政府社会局出面调停。调停的结果是王云五自动撤回原案，"科学管理计划"的推行宣告失败。① 但是，王云五并没有放弃继续推行科学管理的计划，而是打算以退为进，"于不动声色之下，实施对事物与对财务之科学管理，期以若干时日对此二者获致相当效果，再进而恢复对人方面之实施"②。这样的想法在随后的实际工作中缓慢地推行着。

1932 年"一·二八"事变后，商务印书馆损失惨重，董事会决定由王云五负责复业大计。这为王云五再度推行"科学管理计划"提供了契机。他首先解雇了全体职工共 3700 多人，至 8 月 1 日复业之际仅返聘 1309 名原总厂职工，被永久解雇者达 2400 余人。这虽与商务印书馆复业后规模缩小、资金有限有关，但也是王云五人事改革的重要一环。返聘人员大多是经过筛选的业务水平较高者，又剔除了诸多反对和阻碍"科学管理计划"的主要力量，为王云五全面实施科学管理提供了便利。接着，王云五对商务内部的组织机构进行了大刀阔斧的改革，设立总管理处总管公司行政，自任总经理，统揽一切事务。总管理处下设生产部、营业部、供应部、主计部、审核部、秘书处和人事委员会等七个部门，原来 300 多人的编译所被取消，取而代之的是隶属于生产部的编审委员会（只有十几人），职能也由编译转变为编审。③ 至此，曾经的"一处三所"模式彻底瓦解，总经理独任制确立。

第二节　关于商务印书馆管理营运的革新

本节所讨论的管理营运主要体现在资本、技术及营销三个方面。资本

① 章锡琛. 漫谈商务印书馆 [G] //1897—1987 商务印书馆九十年：我和商务印书馆. 北京：商务印书馆，1987：120.
② 王学哲. 岫庐八十自述：节录本 [M]. 上海：上海人民出版社，2007：95.
③ 王建辉. 文化的商务：王云五专题研究 [M]. 北京：商务印书馆，2000：89.

和技术是企业赖以生存的根本保证。有效的资本运营能为企业发展提供持续的资金支持，实现企业投资增值或保值的目的；适时的技术革新能为企业发展注入活力和动力，保证企业的生产效率及产品质量；出版营销是实现出版价值的终端环节。商务印书馆从创办初期的合伙制发展到后来的股份制有限公司，其在资本积累、运营以及增值方面都进行了一些开创性的探索，在技术革新方面也领先于同行业，这是商务印书馆辉煌于民国出版业的重要因素。张元济、王云五在商务印书馆的资本积累、技术革新及营销策略方面都有各自的经验，其中既有继承发扬，亦有发展改进。

一、从原始资本积累到清理债权债务

商务印书馆创办初期的资本主要是"教会派"的私人资金积累而来，共 3750 元。张元济和印有模加入后，才有了第一次增资，为商务印书馆的发展注入了资本动力。从现有资料来看，在 1904 年，商务印书馆与日本金港堂方面合资时，商务的原有资产折合为 5 万元，而在张元济、印有模加入商务印书馆（1901 年夏）后，商务印书馆原资本 3750 元经过计算，升值为 26250 元。张、印二人的投资为 23750 元，合为股本 5 万元，分为三股权益，也就是说 1901—1903 三年间，商务印书馆没有任何的资本筹措和资本升值。①

1904 年与日本金港堂方面合营后，商务印书馆资本共计 20 万元，中日两方各占一半。也就是说，中方又另招募 5 万元才凑足 10 万元股金。在与日本金港堂合作的十年间（至 1914 年 1 月），商务印书馆的资本获得极大的发展，可以算是商务历史上发展的黄金时期。虽然中日双方的资本相当，但是据商务印书馆创业人之一的高凤池说："但所订条件并不是很平等的，我们方面有两个主要条件：一是经理及董事都是中国人，只举日人一人为

---

① 汪家熔. 张元济 [M]. 上海：上海辞书出版社，2012：83-85.

监察人。二是聘用的日人随时可以辞退。"① 汪家熔也通过研究认为，中日当时的合作是"主权在我的合资"②。中日合资后的前两年，商务印书馆并没有实行规范的股份制，直到注册成立"商务印书馆股份有限公司"（1905年12月）后，才开始实行真正意义上的股份制，并以股份的形式管理公司的资本。在补充日本方面的资金、技术及经验后，商务印书馆的规模不断壮大，出版效率有了很大的提高，资本增值加快，利润也很丰厚，信誉度得到广泛的认可，在出版界和社会上的影响力和知名度有了极大提升。除了向老股东和重要职员分配部分增资权外，商务印书馆还吸收社会存款和职工储蓄来增加资本，并以"多留少分"、减少盈余红利提取、盈余资本金转作增值本金的方式尽可能积累更多资本。至1913年商务印书馆共有股本150万元，清退日股后增为200万元，③ 1920年增为250万元。④ 1922年4月30日，商务印书馆召开股东常务会，董事会提议增加股本至500万元。经过较长时间讨论，决议通过。在不到两年的时间内，商务印书馆的资本就翻了一番，其发展势头可见一斑。在股本增至500万元时，王云五才刚进入商务印书馆不久，且主要负责编译所事务，股本的增加事宜应该与他没有什么关联。

1932年1月28日，日本突袭上海，商务印书馆位于闸北的总馆总厂连同东方图书馆都付之一炬。1月31日，商务印书馆董事会召开紧急会议，商讨善后办法。有幸于王云五早前对财务实行科学管理，商务印书馆所存现款可以动用者在200万元以上，但是，负债方面，除同人存款90万元左

---

① 高翰卿. 本馆创业史［G］//1897—1992商务印书馆九十五年：我和商务印书馆. 北京：商务印书馆，1992：8.

② 汪家熔. 商务印书馆史及其他：汪家熔出版史研究文集［G］. 北京：中国书籍出版社，1998：21-31.

③ 贾平安. 记商务印书馆创始人夏瑞芳［G］//1897—1992商务印书馆九十五年：我和商务印书馆. 北京：商务印书馆，1992：543.

④ 本馆四十年大事记（1936）［G］//1897—1992商务印书馆九十五年：我和商务印书馆. 北京：商务印书馆，1992：688.

右外，进货亟待支付之款约 80 万元，定书存款 100 多万元，其他负债 200 多万元。① 由于劫难之后，商务印书馆的总馆总厂被毁，存货 90% 也遭荼毒，而在上海工作的职工有 3000 余人，如不抓紧善后复业，不仅债务无法交代，数月之内存款也将罄尽，直至破产。② 因此，王云五决计将现有大部分存款用于偿还同人存款，保留其中一小部分以及未遭损毁之各地分馆营业收入，以应复兴之需要。同时，以策划复兴之决定，博取其他债权的延期索偿。从 1932 年 9 月 4 日及 11 月 6 日商务印书馆召开的股东会临时会中可知，"公司股份总额银元五百万元，因民国二十一年国难之损失，减为三百万元分作五万股"③。也就是说，1922—1931 十年间，商务印书馆的股本一直是 500 万元，没有增加也没有减少。这期间，王云五已逐渐开始掌握商务印书馆的管理工作，资本积累的问题与当时商务印书馆的发展息息相关，也与王云五的发展计划及策略有关。好在王云五在国难之后，竭尽努力，至 1934 年，股本恢复为 350 万元；1937 年，股本恢复至 500 万元。④

二、从加快技术革新到提升设备利用率

商务印书馆在创业之初的设备、技术极为简陋，仅租用了几间民房，购置了摇架 3 部、脚踏架 3 部、自来墨手扳架 1 部及少量中西文铅字，勉强应付印刷业务。后来因业务扩大后，搬迁至北京路，增租了九幢房屋，增购了浇字机和部分新式印刷设备，还可以卖铅字。但是，好景不长，北京路印刷厂在 1902 年 7 月发生火灾，机器设备毁于一旦。所幸新购机器保有火险，又利用赔偿金在福建路、海宁路购建新的印刷厂。

张元济入馆后，非常重视新式机器设备的购置和新式印刷技术的引进。

---

① 王学哲. 岫庐八十自述：节录本 [M]. 上海：上海人民出版社，2007：99.
② 王学哲. 岫庐八十自述：节录本 [M]. 上海：上海人民出版社，2007：99.
③ 汪耀华. 民国书业经营规章 [M]. 上海：上海书店出版社，2006：44.
④ 王学哲. 岫庐八十自述：节录本 [M]. 上海：上海人民出版社，2007：111-112.

在与金港堂方面合资后，不仅有日本技师及时来华指导技术，商务印书馆也派员赴日本学习最新的印刷技术。高凤池回忆："自从与日人合股后，于印刷技术方面，确得到不少的帮助。关于照相落石、图版雕刻（铜版雕刻、黄杨木雕等）、五色彩印，日本都有技师派来传授。从此凡以前本馆所没有的，现在都有了。而且五彩石印，还是当时国内所无。诸位现在常常看见的月份牌，印得非常鲜艳精美，就是五彩石印，在中国要推我们是第一家制印。还有三色版是可以省功夫，在国内也可算是本馆的贡献。我已说过本馆和日人合资，原是一种权宜之计，一方面想利用外人学术传授印刷技艺，一方面藉外股以充实资本，为独立经营的基础。几年之中，果然印刷技术进步得很多，事业发展极速。"[1]　庄俞在《三十五年来之商务印书馆》中也记载："本馆创办之初，技术尚形浅薄，遂于清光绪二十六年后，选次派员赴日考察一切，以为发展张本。光绪二十九年以后，在印刷方面，颇得日技师之助力，举办彩色石印，雕刻铜板，以及照相铜版等种种西法印刷。宣统元年间，更办珂罗版印刷与三色照相版。"[2]　另据贺圣鼐撰《三十五年来中国之印刷术》记载，"光绪二十九年，商务印书馆得日本技师前田乙吉及大野茂雄来华摄制照相纲目铜版，并将许氏（许康德——引者注）摄制锌版之法，略加改良"；"光绪三十年，商务印书馆聘日人柴田来华雕刻黄杨版"；"光绪三十一年，商务印书馆更聘日本彩色石印技师和田太郎、细川玄三、冈野、松冈、吉田、武松、村田及丰室等来华从事彩印"；"光绪三十四年，黄子秀赴日学习珂罗版，亦颇多成就"；"民国元年，沈逢吉君赴日从细贝为次郎学习雕刻，尽得其奥"。[3]　由此可见，张元济是极其重视印刷技术的革新与学习的，从而使得商务印书馆在当时拥有极为先进的

---

①　汪家熔. 商务印书馆史及其他：汪家熔出版史研究文集［G］. 北京：中国书籍出版社，1998：30.

②　庄俞. 三十五年来之商务印书馆［G］//1897—1992 商务印书馆九十五年：我和商务印书馆. 北京：商务印书馆，1992：753.

③　杨扬. 商务印书馆：民间出版业的兴衰［M］. 上海：上海教育出版社，2000：32.

印刷设备和技术。在张元济的日记中也可见到大量与印刷技术、设备相关的内容。如1910年，张元济出访欧美，他在途中写信告诉高凤池："欧美新机器极多，弟在此已费考求，得粹翁来此便可定购。""本馆宜改用新式机器。""将旧机器售出，新机抵补。则如要书，可以克期出书，平时不必印存过多，免致危险。且印装均用新式机器，必能格外出色，则代印之事亦可推广。"①

王云五也重视技术的改良和革新。他在出国考察后，认为"本馆印刷技术在国内虽属上乘，然较诸欧美日本，实远不逮"，因此"聘定在美德两国专攻印刷术之赖彦于为研究所专员"，并说，"当于渠返国后，就技术改良方面，注意研究，并奖励各职工对于改良技术之建议"。② 商务印书馆的厂房、设备是创馆之后陆续建设或添置的，整体上缺乏规划布局。王云五认为工厂"开办较久者，在采行科学管理伊始，辄先延请专家研究改良布置。盖布置不当，则种种政策多不能充分实现也"。又说："若机器不能充分利用，无异置一部分资本于不生利之地位。"为了充分利用厂房、设备，他要求工人"日夜分班工作"，使机器"二十四小时内不绝运动"，且"运动时期衔接不息"。③ 工人的收入也开始按件计值，最大限度地利用好一切人力、物力资源。事实上，不同于张元济时代的社会环境，王云五主政期间，动荡和战乱是当时社会的主要背景，商务印书馆的厂房、设备多有损毁，欧美、日本的先进设备和技术也多在清末民初的多次引进、学习后达到一定的高度。因此，王云五只能在保证正常运作的前提下，添置可供充分利用的机器设备，技术创新很难有所突破，更多的是努力提升现有设备的利用率。

---

① 汪家熔. 商务印书馆史及其他：汪家熔出版史研究文集 [G]. 北京：中国书籍出版社，1998：25.

② 王学哲. 岫庐八十自述：节录本 [M]. 上海：上海人民出版社，2007：94.

③ 王学哲. 岫庐八十自述：节录本 [M]. 上海：上海人民出版社，2007：89、90、91.

三、从基础直销到全面营销

企业经营必须围绕市场展开。所有围绕经营的创新都必须紧靠市场，并最终契合市场。商务印书馆在近代的成功，除应归功于张元济、王云五在管理上卓有成效的改革外，也离不开他们在经营上契合市场的创新。作为前后相继的两代商务领军人，张元济、王云五因为所处的时代不同，所面临的市场需求也有所差别，体现在经营策略上亦有相应变化。为了保证出版价值的最终实现，张元济和王云五都十分重视营销环节。商务印书馆最早的销售渠道——分、支馆厂就是在张元济时代广泛建立的，王云五又在此基础上继续重组扩建，最终形成覆盖海内外的销售网络。但是他们二者在营销的具体策略上，还是有各自独特的手段，从而保证商务印书馆在不同时期牢牢占据出版市场的鳌头。

商务印书馆在建立之初就很重视产品的推广宣传，专门设立负责推广的部门——交通科（下设广告股），隶属总务处（1915 年以前属编译所）。[①]张元济自 1902 年正式加入后，商务印书馆逐渐形成编译所、印刷所和发行所三所并立的局面，其中发行所主要负责商务印书馆图书及其他产品的发行和销售。此后虽有各种改组，但是负责发行和销售业务的部门一直在加强。1912 年，商务印书馆发行所新场地建成，之后开始发售一些学校用品、仪器、唱片、乐器、实验器材及其他度量工具，以补充仅图书发行业务单一的不足，降低自办学校及其他业务的成本，进而扩大商务印书馆的经济来源和社会影响力。

广建分、支馆是张元济对商务印书馆发行销售业务进行拓展、完善的重大创举。单独计算盈亏的为分馆，本身不计盈亏而与其他分馆并计盈亏的为支馆。各分、支馆自身大多没有生产能力，主要依靠总馆统一分配产

---

① 戴景素. 商务印书馆前期的推广和宣传 [J]. 出版史料, 1987（4）: 99.

品进行营业。汉口分馆和广州分馆是商务印书馆最早设立的两处分馆。至1949 年，商务印书馆在全国各地陆续设立的分、支馆有数十处。① 各分、支馆制定了统一的经营规则。从分、支馆在全国的位置分布来看，基本覆盖了国内各大中心城市及重要图书集散地，还扩展至南洋一带，总体上形成了商务印书馆较为完备的发行销售网络。从各分、支馆设立的时间来看，大多数是在张元济时代建成的，充分体现了张元济对图书及其他产品发行和销售的重视（表 2-1）。

表 2-1　商务印书馆总、分、支馆厂设立情况

类别	名称	年份
总馆	编译所　发行所	1902
	印刷所	1904
	总务处	1916
	虹口分馆	1925
	西门分店	1930
	研究所	1930
分馆	汉口	1903
	北京、天津、奉天、福州、开封、安庆、重庆	1906
	成都、济南、太原、长沙、广州、潮州	1907
	杭州、芜湖、南昌	1909
	西安	1910
	长春、南京、兰溪、贵阳、香港、厦门	1914
	常德、梧州	1915
	云南、新加坡	1916
	台湾	1948

---

① 台湾分馆设立于 1948 年，初期与其他分馆一样只负责发行销售，1949 年与大陆失去联系后开始兼营出版。其他各地多有裁撤或重建。

续表

类别	名称	年份
支馆	黑龙江	1909
	桂林	1912
	保定、吉林	1913
	澳门、衡州、东昌、袁州	1914
支店	衡阳	1914
	张家口	1916
	南阳	1918
	运城	1925
	武昌	1927
	大同	1928
分厂	京华印书局	1905
	香港印刷厂	1924

资料来源：商务印书馆编《本馆四十年大事记（1936）》、王云五著《商务印书馆与新教育年谱》、吴相著《从印刷作坊到出版重镇》。

张元济还非常重视销售人才的培养。他要求馆内青年职工进入补习学校或者夜校学习，并以毕业成绩单作为升级、加薪或延长学习期限的参考。对于每次新招收的青年员工，商务都开设培训班以提高其业务水平。除此之外，商务还开办艺徒学校、工厂管理员训练班、业务讲习班、仪器标本实习所、新式会计员讲习所、夜校等培养和训练馆内职工，创办涵芬楼亦是为给编译所职工提供研究和学习的场所。1909—1923 年间，商务印书馆举办过七届商业补习学校，张元济兼任校长，招收馆内外有志青年，培养和造就了一批优秀人才。其中大部分后来成长为业务骨干，任各分支馆经理、分厂厂长、司账、门市主任等，也有出任总馆协理、襄理、主任、秘书等重要职务的。"交际博士"黄警顽还被委派至其他培训机构和教育机构进修。① 费孝通对此感慨道："商务印书馆既是一个印书馆，也是一个育才馆。"②

在图书及产品的营销上，张元济多次利用广告的形式加以推广。报纸、杂志是张元济用来宣传推广的重要媒介。商务印书馆先后出版了多种杂志，其中《东方杂志》和《教育杂志》因出版时间较长、影响较大，成为商务印书馆内出版物的主要推广渠道。1919 年，张元济将原附设于营业部的广告股取消，另设中国广告公司，专门负责对外广告事务，特别处理中国铁路沿线的广告经营。③ 另外，上海的《申报》和长沙的《大公报》亦是商务对外宣传推广产品的重要渠道。张元济经常尝试各种宣传办法，常常亲阅广告文本，尤其注重新书出版前关于图书征订的宣传，以期扩大书籍的社会影响力。④ 张元济还不时邀请社会名流为新书题词、题跋，树立品牌形象，直接推动出版物的营销。可以说，在张元济时代，商务的出版营销手段已经很丰富多样了，为商务早期的成功打下了坚实的基础。

相较于张元济，王云五更是精通经商之道。重视图书营销是王云五在商务成功的重要因素。商务印书馆早前就设立过营业部，不过一直是附属机关，但是王云五在撤销总务处后，设总管理处，将营业部列为单设部门，与编审、生产等部门平行，可见他对图书营销的重视。原来的交通科也改组成推广科，隶属营业部，科内分设调查、宣传、设计三股。主要负责馆

① 黄警顽. 我在商务印书馆四十年 [G] //1897—1987 商务印书馆九十年：我和商务印书馆. 北京：商务印书馆，1987：91.
② 费孝通. 忆《少年》祝商务寿 [G] //1897—1987 商务印书馆九十年：我和商务印书馆. 北京：商务印书馆，1987：375.
③ 本馆四十年大事记 (1936) [G] //1897—1992 商务印书馆九十五年：我和商务印书馆. 北京：商务印书馆，1992：688.
④ 张树年. 张元济年谱 [M]. 北京：商务印书馆，1991：125、159.

内各种产品的推销设计，根据馆内各项营业报告改进策略，调查与馆内营业相关的事项，主办馆内营业上的一切宣传事项，办理馆内出版物外来刊登广告事项，处理其他关于营业的推广事项。①

　　应该说，张元济时代的营销手段给了王云五很大启发。王云五在借鉴吸收的基础上，开始了自己的全面营销模式。除了继续利用具有影响力的报纸及馆内创办的杂志加大广告投入，王云五还积极改变自身营销策略，充分利用多种营销手段。② 一是注意控制成本。王云五希望通过价格优势获取更多的实质性回报。尤其是在复兴阶段，他曾反复强调降低成本："第一件是要继续减轻成本，为文化计，只有减轻书籍的成本，才能使社会得有廉价的读物；为营业计，也只有减轻书籍的成本，才能应付同业的竞争。"③为此，他在图书刊印之前的调查、印数、纸张等方面尽力控制成本，使得当时商务的很多新书都能低价销售，甚至还能有不小的折扣，从而较快地吸引了大批读者，在图书市场上占得先机。二是善于刺激销售。王云五主持商务印书馆期间推出了大批丛书，这些丛书的种类和数量都较多，相对地，价格也不菲。为了更好地把握丛书的刊印数量，吸收部分读者资金，降低投资风险，王云五充分利用"预约售书"的方式。"预约售书"主要是指出版机构通过前期宣传和相对于图书出版后更优惠的价格或更低的折扣，吸引读者预订图书，预订资金成为图书出版投入的一部分。商务印书馆后来推出《万有文库》《丛书集成》《四库珍本》等大部丛书都是这样操作的。此外，商务印书馆还向学校免费寄送杂志，向读者发放礼券、赠书券

---

① 戴景素. 商务印书馆前期的推广和宣传 [J]. 出版史料，1987（4）：99.

② "一·二八"事变之后，商务推出"每日一书"，基本上各大主流报纸都有固定版面的广告，《申报》《大公报》仍是主流阵地；馆内刊物《东方杂志》《教育杂志》《出版周刊》《小说月报》等亦是其宣传推广的主要渠道。

③ 王云五. 商务印书馆与新教育年谱：上册 [M]. 南昌：江西教育出版社，2008：421.

等，刺激读者购买商务的产品。① 三是综合运用其他手段。王云五素来胆大，且敢于创新。在 20 世纪二三十年代，商务曾在上海及其周边地区举行过巡回汽车展；送书下乡、送货上门、在学校举办图书展览会、参加各类博览会等多种营销方式交叉展开，形成王云五时代独特且丰富的营销模式。

各种营销手段的实施最终必然服务于终端的销售业务。王云五时代出版的一般图书较多，门市部生意兴隆，其营业额甚至一度超过教科书，这离不开王云五对销售服务的内在提升。商务印书馆有自己的发行所，在全国各地还有三十多处分、支馆，王云五要求门市部的职员务必熟悉本馆书籍、文具和仪器的使用，不能只回答顾客的问题，还要与顾客多进行沟通和交流，多向顾客推荐商务印书馆出版的图书及其他产品。另外，王云五接受门市部营业员的建议，撤走了高大且封闭的书柜，取而代之的是开放且排列整齐有序的书架和书台，率先实行"开架售书"，极大地方便了读者看书和买书。后来，门市部又应读者要求，相继推出了长桌、座椅、意见箱、书目卡等服务内容，售书服务得以进一步完善。当时就有人对商务印书馆的经营风气给予过较高评价："南商习为骄惰，客来落落对之，衣冠敝陋者益加白眼。独商务不然。入其肆，虽三尺童子应客，亦彬彬有礼貌，条理秩然。"② 即使是在抗战时期，大后方的图书需求仍大于图书出版，营业上的推进本无多大困难，但王云五也要求各地的分馆"力从服务和陈列上注意到顾客之便利"③。以重庆分馆为例，它离书业的中心较远且地处偏僻，但是王云五却以其他条件补地利之不足："藉劝导与实际的奖励，所有

---

① 黎泽渝. 黎锦熙与商务印书馆［G］//1897—1987 商务印书馆九十年：我和商务印书馆. 北京：商务印书馆，1987：232.

② 吴方. 仁智的山水：张元济传［M］. 上海：上海文艺出版社，1994：77.

③ 王学哲. 岫庐八十自述：节录本［M］. 上海：上海人民出版社，2007：153.

营业人员都特别热心，加以各种书籍，皆分类陈列，井然有序；顾客如尚有不明白者，营业人员无不详为解释，其暂未陈列者，顾客如有需要，亦可将所需书籍及其住址留下，俾查明后函复。凡此种种，皆使远道而来之顾客，无不感觉满足，不致空手而返。"① 因此，重庆分馆"虽僻处一隅，而日夜前来阅览者，平均每日二三百人……而藉阅览之便利，更鼓起其购书之兴趣"②。结果，偏僻的重庆分馆图书营业上竟然远超本地区的同行业，此种服务原则亦被借鉴至后方其他分馆。此外，王云五还制定了各馆营业解款给奖办法，对优秀的营业门市及员工给予奖励，较大地鼓舞了员工。③这一系列举措在当时堪称突破性的壮举，不仅增加了商务印书馆的营业性收入，还极大地提升了商务印书馆的社会影响力和知名度，更为当今行业同人及更广阔的服务型行业提供了值得借鉴学习的宝贵经验。

第三节　关于商务印书馆出版战略的把握

张元济、王云五的出版战略主要是指对商务印书馆出版全局的掌控和把握。从商务印书馆的纵向发展历程来看，张元济与王云五在商务印书馆不同发展阶段的出版战略是有一定取舍的，主要体现在他们对商务印书馆全局性发展思路的定位和对出版方向的选择上。

一、"大出版观"统摄全局，试行文化企业集团模式

张元济不仅是一位出版家，更是一位企业家。他把一个文化人对国家

---

① 王学哲. 岫庐八十自述：节录本 [M]. 上海：上海人民出版社，2007：152-153.
② 王学哲. 岫庐八十自述：节录本 [M]. 上海：上海人民出版社，2007：153.
③ 王学哲. 岫庐八十自述：节录本 [M]. 上海：上海人民出版社，2007：153.

和社会的情怀，不仅用出版扶助教育、开启民智来呈现，还把触角延伸至出版所能涉及的众多领域，最终形成一个以商务印书馆为主体的"文化企业集团"。正如陈原先生评价商务印书馆时所说，"它不但是一个出版社，而且是一个多媒体"①。

　　商务印书馆是在张元济进馆之后，才由一家印刷作坊转变为一家出版机构的。也就是说，此后的商务印书馆基本具备了编辑、印刷、发行等所有环节的开发能力。在编译所内，张元济邀请了大批学贯古今中西的专家、学者进馆，并为编译工作的资料参考设置了专门的图书资料室，后来演变成闻名遐迩的涵芬楼、东方图书馆。在印刷方面，张元济时代的商务印书馆大力引进各种先进设备和技术，拥有当时国内最先进的印刷设备和技术力量，不仅在上海设有五个印刷厂，还在北京开设了京华印书局、在香港开设了香港印刷局。在发行方面，为了扩大商务印书馆产品的销售渠道，商务自1903年在汉口设立第一个分馆后，后来又陆续设立了35处分、支馆。围绕"三所"的出版业务，张元济开始慢慢把触角延伸至其他相关领域。一方面是开设相关的文化教育机构，形成包括幼儿园、小学、中学、师范学校、商业讲习所、函授学校等覆盖人群广泛的文化教育机构；另一方面依托商务的设备、技术、人力、销售渠道等资源，成立文具标本仪器厂、印刷机械制造厂、玩具厂、电影厂等工商业机构，从而衍生出广告、代购、租赁、邮递等业务。可以说，张元济时代的商务印书馆已经不再是一个纯粹的出版机构，而更像是一个庞大的文化企业集团。（见表2-2）

---

① 陈原. 商务印书馆创业百年随想［G］//商务印书馆一百年. 北京：商务印书馆，1998：284.

表 2-2 1902—1926 年商务印书馆总、分、支馆及附属产业概况表

类别	年份	名称	附属产业
总馆	1902	编译所　发行所	
	1904	印刷所	
	1916	总务处	
	1925	虹口分馆	
分、支馆	1903	汉口	
	1905		京华印书局；第一届小学师范讲习班；附属小学
	1906	北京、天津、奉天、开封、福州、安庆、重庆	
	1907	成都、济南、长沙、太原、广州、潮州	附属小学改为尚公小学
	1909	杭州、芜湖、南昌、黑龙江	涵芬楼
	1910	西安	养真幼稚园
	1912	桂林	博物部；铁工制造部；印刷机械制造厂；理化仪器厂
	1913	吉林、保定	
	1914	长春、澳门、南京、兰溪、衡州、东昌、贵阳、香港、厦门、袁州	创制教育幻灯片
	1915	常德、梧州	办函授学校
	1916	云南、新加坡	
	1917		办东文学社；设活动影戏部
	1924		办上海国语师范学校
	1926		开放东方图书馆

资料来源：商务印书馆编《本馆四十年大事记（1936）》、王云五著《商务印书馆与新教育年谱》、吴相著《从印刷作坊到出版重镇》。

除主体业务图书出版外，张元济还开始涉足杂志的出版发行。在进入商务之前，张元济就已经尝试创办过《外交报》，还曾代理过上海一些刊物在北京的发行。① 与图书相比，报纸的周期更短，传播信息的速度更快，与社会各界的沟通也更便捷。但是办报毕竟与出版还是有较大的区别，而杂志是介于二者之间的另一种出版物形式，相对容易为张元济所接受。后来，商务印书馆的杂志出版发行迅速发展起来。这里的杂志出版发行不仅包括商务印书馆自产自销的杂志，也包括商务印书馆代理、代销的杂志。笔者根据法国学者戴仁的附录资料②，列举出张元济时代商务印书馆出版的代表性杂志（见表2-3）。

表2-3　1903—1926年商务印书馆代表性杂志

出版年份	杂志名称
1903	《绣像小说》
1904	《东方杂志》
1907	《理工报》
1908	《儿童教育画》《法政介闻》《军学季刊》
1909	《教育杂志》
1910	《小说月报》《图书汇报》
1911	《少年杂志》《政法杂志》
1912	《经济杂志》
1914	《学生杂志》《出版界》
1915	《英文杂志》《妇女杂志》
1917	《太平洋》《学艺》《农学杂志》
1921	《儿童世界》

---

① 张元济. 张元济全集：第2卷 书信 [G]. 北京：商务印书馆，2007：190.
② 戴仁. 上海商务印书馆：1897—1949 [M]. 李桐实，译. 北京：商务印书馆，2000：121-126.

续表

出版年份	杂志名称
1922	《儿童画报》
1923	《小说世界》
1926	《职工》《自然界》

上表中所列举的 24 种杂志所覆盖的学科门类在近代是较为齐全的，所涉及的内容更是方方面面。具有代表性的杂志如《东方杂志》《教育杂志》《小说月报》《妇女杂志》等，存在的时间比较长，对近代社会影响尤为深远。商务印书馆不仅通过这些杂志介绍和传播新学新知，而且通过这些有影响力的杂志树立了自己的品牌和学术地位，更重要的是激动和引领了近代思想文化的潮流。

在张元济这种"大出版观"的指导下，商务印书馆的多元化经营塑造出一种别具风格的模式，可以说在世界出版史上都是独树一帜的。当然，早期商务人也有对此颇有微词的。如杨端六在胡适考察商务期间曾说："馆中最大的弊病是不用全力注重出版而做许多不相干的小买卖。"[1] 事实上，商务印书馆所办的附属产业及杂志出版的亏盈状况，远不能与其产生的社会影响和品牌价值相比。至于张元济时代所推行的"文化企业集团模式"的利弊，须依据不同时期的具体情况具体分析，而不能草率地将出版以外的业务指责为"不相干的小买卖"，倒是王云五对杨端六的这一观点有了进一步的吸收和实践。

二、小思路做大文章，强化出版主体地位

如果说张元济实行的是"大出版"思路，那么王云五实行的就是"小

---

[1] 柳和城. 挑战和机遇：新文化运动中的商务印书馆 [G]. 北京：商务印书馆，2019：106.

出版"思路。① 这里的"小出版"并非是对王云五出版战略的贬低或否定，仅是相对张元济"大出版"思路而言。

王云五得以进入商务印书馆，胡适可以说居功至伟。王云五进入商务印书馆之后，对胡适亦是投桃报李，而且受胡适理念影响极深。王云五在商务编译所实习约两个月后，提交了一份《改进编译所意见书》，而这个意见书基本是在胡适考察商务之后提交给张元济的改革意见书的基础上完成的，当然，王云五也提出了自己的意见。这里需要说明的是，胡适的改革意见书是在听取和收集了商务编译所同人的意见之后综合整理出来的，郑振铎、杨端六等人还提供了改革方案。对于杨端六所说的"不相干的小买卖"，胡适的态度是"杨君所言，极中肯要"。可能胡适的态度是对杨端六其他意见的认可，并不是对张元济"大出版"思路的不认同，但是充分吸收采纳胡适意见的王云五在此后的二十多年间却是真的在战略上收缩了。这样看来，胡适此前的态度应该是认同杨端六等人的意见了。

王云五在进入商务印书馆后的近十年间，主要是负责编译所的相关事宜，后来也时常被派调解商务印书馆内部的工潮，但是并未担任商务印书馆总负责人。② 王云五开始形成他自己的出版战略，是在出任商务印书馆总经理以后。在历时约半年的出国考察归来后，王云五兴致勃勃地推行他的科学管理计划，最终却铩羽而归。虽然在他的科学管理计划中并无明确的战略调整的表达，但是在具体表述上却无不透露出这样的信号：从上到下的各方面改良，标准化、简单化。这样的要求需要各部门、机构尽可能地精简和衔接，充分挖掘职工潜能并实现效率、效益最大化。众所周知的是，商务印书馆的大多数附属产业是张元济时代以扶助教育为目的兴办的，而且这些产业在赢利方面大多有所欠缺，这与王云五科学管理计划的某些方

① 陈原. 商务印书馆创业百年随想 [G] //商务印书馆一百年. 北京：商务印书馆，1998：285-286.

② 王学哲. 岫庐八十自述：节录本 [M]. 上海：上海人民出版社，2007：77.

面是相悖的。刚刚掌握商务大权的王云五并没有刻意、也不便去缩减这些产业，但是随之而来的"一·二八"战火在客观上"剪除"了这些无法带来直接经济效益的附属产业，商务印书馆要想进行全面恢复确实是困难重重。在主观上，王云五也并不想再去恢复"大出版"的经营模式，而始终抱定以出版为本业的主张。① 在王云五的带领下——当然也有张元济和其他老商务人在背后支持，商务印书馆开始大批裁减职员，精简机构，调整产业结构。两个最为显著的变化：一是取消了编译所，原来300多人的编译所被只有十几人的编审委员会取代；二是取消靠印刷起家的上海印刷业务，商务印刷总厂不再恢复，以设在租界内的或分散的小印刷厂替代。至于说其他诸如仪器厂、函授学校等产业就更不用提。此后商务印书馆奉行的就是王云五的"小出版"理念，基本上没有再开拓其他产业。

　　如果说王云五对"不相干的小买卖"之意有认同感，尚可以理解，但是为何取消商务印书馆得以发展壮大的两大核心业务——编译、印刷呢？在王云五的所有文字记录中，都没有对此作出解释。因此，学术界众说纷纭。叶宋曼瑛认为，"王云五之所以要取消编译所，是因为编译所的职工大多是具有学识和远见的知识分子，也是批评和阻碍王云五推行科学管理计划的主要力量，取消编译所有助于加强管理，减少改革阻力；砍掉印刷厂，主要是为了削减工人群体力量，避免此前层出不穷的工潮问题，还可以削弱长期控制商务印刷业务的'教会派'的力量，并借此打压历来与'书生派'有矛盾的'教会派'"②。因为没有确切证据，学者叶宋曼瑛的揣测虽然有一定道理，但也只是自己的主观判断。我们在研究中发现几处细节，略微可以窥见王云五改革的动机。一是恢复、发展的需求。前文已经阐述过胡适对王云五的影响。胡适在商务印书馆考察期间，接触、咨询过很多

---

　　① 叶宋曼瑛. 从翰林到出版家：张元济的生平与事业 [M]. 张人凤，邹振环，译. 香港：商务印书馆，1992：217.

　　② 王寿南. 王云五先生年谱初稿：第一册 [M]. 台北：台湾商务印书馆，1987：37.

编译所的同人。其中毕业于日本东京帝国大学的理学士郑贞文就对胡适说，当他在东京时，"卖稿给商务，每千字约三元或四元；现在在编译所中得的薪俸与出的书稿字数平均起来，每千字约在十元以上"①。高梦旦对此的态度是："郑心南诸人只要'立宪'，我要的是'革命'。"② 郑心南（贞文）等人对编译所的现状肯定是不满的，改革的诉求比较强烈，而高梦旦要"革命"的态度更为坚决，基本上是给编译所判了死刑。以高梦旦在商务印书馆的地位和与张元济的关系来看，商务高层对编译所极为不满的态度是可以肯定的。胡适对此的意见是："我想编译所是不能完全不要的。革命也只革得一部分，毕竟还免不了立宪的改革。"③ 郑振铎、杨端六等人也分别提出设置图书审查委员会、高等学术研究会等机构，其作用、地位基本上可以取代或架空编译所的职能。这样的建议，加上进入编译所实习中观察所得，多少都会对王云五的思路产生潜移默化的影响。夏瑞芳、张元济等人设立编译所的目的是以教科书出版为主要方向，强化对教材的研究和编写。至王云五时代，一般图书出版的比重一度超过教科书出版，仅依靠编译所内部自给自足的工作模式，显然不能适应图书品种的多样化和扩大化，加上大量人员开支及战后恢复的重重困境，撤销编译所也就成了必然趋势。二是借鉴学习西方的经验。王云五在出任商务总经理之后不久便到日本及欧美各国考察工商业管理。他造访过很多颇有规模和影响力的出版机构，尤其是对英国麦克米伦出版公司（与商务印书馆、美国麦克劳-希尔公司一起号称"世界三大出版机构"）印象深刻。这家公司出版物数量、种类很多，但自己并没有办印刷厂，所有的印刷物件都是委托其他公司印刷，不用承担工潮的风险；所有的书稿也是源自外面的作者，获得书稿后，由编

---

① 沈卫威. 胡适日记 [G]. 太原：山西教育出版社，1998：141.
② 沈卫威. 胡适日记 [G]. 太原：山西教育出版社，1998：141.
③ 沈卫威. 胡适日记 [G]. 太原：山西教育出版社，1998：141.

辑人员分工审阅，也可委托公司以外的专家代为审阅。^①事实上，不仅国外很多出版机构都采用这种精细分工的模式，当时国内的开明书店也没有创办过自己的印刷厂。开明书店的襄理就说："办理出版当然不能不懂得印刷技术，但不必要去管理印刷。"^②可见王云五撤销印刷厂是有一定借鉴和道理的。

王云五的"小出版"战略在战后对商务印书馆的恢复发展具有极其重要的意义，甚至一度做到了"日出一书"。可以说王云五的小思路做出了大文章，加强了商务印书馆在出版领域的主体地位。当然，无论是张元济的"大出版"战略，还是王云五的"小出版"战略，都对商务印书馆不同时期的发展有过重要帮助，不能简单定性孰优孰劣，其中仍有很多问题值得我们继续思考、讨论。

第四节　关于商务印书馆出版方向的偏重

张元济将商务印书馆从以印刷为主要业务内容带到以图书出版为主的轨道上，亟须面对的问题就是确定出版方向。他把教科书和工具书出版作为商务经营的主攻方向，为商务印书馆在20世纪初的崛起奠定了基础，开拓了商务出版的新局面。王云五进入商务印书馆之后，社会状况、民众需求以及教科书市场都发生了较大变化，仅靠教科书、工具书出版等核心业务，难以在激烈的市场竞争中保持商务印书馆的出版地位。于是，王云五逐步调整张元济时代以教科书和工具书为主的出版方向，加大一般图书的出版比重，将教科书出版与一般图书出版放在同等重要的位置，开创了商

---

① 王云五. 岫庐八十自述 [M]. 台北：台湾商务印书馆，1967：151.
② 王建辉. 文化的商务：王云五专题研究 [M]. 北京：商务印书馆，2000：92.

务印书馆出版的新品牌。

一、以教科书和工具书为主，开拓出版新局面

商务印书馆在 20 世纪初的崛起主要依赖教科书的出版。张元济的加入是商务印书馆参与教科书出版的直接原因。他在回忆自己加入商务的思想动机时曾说："夏（瑞芳）君招余入馆任编译，余与约，吾辈当以扶助教育为己任。"① 后世学者多把商务印书馆出版教科书所取得的成就完全归功于张元济，这是片面的，夏瑞芳对张元济的支持及其对教科书市场的敏锐洞察亦是很重要的因素。

我们在论及商务印书馆的教科书出版时，主要是指中文教科书。事实上，商务印书馆在张元济加入之前已经出版过教科书，只不过是英文教科书。晚清时期，英语学习的风气逐渐兴盛，上海更是开风气之先。在国人和洋人杂处的十里洋场，英语成为重要的交际语言。但是，在图书市场出现的英文教材多为外国人所编，没有中文译注，对国人初学者来说，极为不便。以夏瑞芳为首的商务印书馆合伙人敏锐洞察到英文教材市场的潜力，于 1898 年出版了商务印书馆的第一部英文教材，也是其第一部出版物——译注版《华英初阶》，随后又译注了《华英进阶》一、二、三、四、五集。② 之所以选择相对小众的英文教科书市场而没有进入更为广阔的中文教材市场，无疑与夏瑞芳等人的经验和能力有关。商务印书馆最初的合伙人都有英文基础，亦是教徒，所能利用的人脉更多集中在印刷业务和英文知识领域，因此，英文教材的出版成为首选。最后的业绩也让夏瑞芳等人尝到了甜头。张元济加入之后，商务印书馆就有了开拓中文教科书市场的资本。可以这样理解，夏瑞芳等人有出版发行教科书的经验，张元济有从事

① 张元济. 东方图书馆概况·缘起［G］//张元济诗文. 北京：商务印书馆，1986：240.
② 汪家熔. 记《华英初阶》注译者谢洪赍先生［G］//1897—1992 商务印书馆九十五年：我和商务印书馆. 北京：商务印书馆，1992：554.

教育事业的理念和学识，这使商务印书馆在清末选择教科书市场作为突破口成为必然。商务印书馆董事陈叔通在《回忆商务印书馆》中就阐明了问题的本质："商务发财主要靠教科书。"①

有学者将商务印书馆早期出版的英文教材《华英初阶》《华英进阶》列入教育类工具书，我们在此不再阐释。晚清的社会态势，延续千年的科举取士都无法保障，一般的学校教育以何种形式的教材作为教本或工具书很难把握。总体上看，统一放在教育类图书应无过多争议。张元济加入商务印书馆之后，主要是主持编译所的工作，商务印书馆开始从印刷业务向出版业务进军。夏、张二人在教育事业上达成一致，无疑将商务印书馆的出版方向直接指向了教科书及辅助工具书。恰逢其时，清政府也正在试行新的教育章程及学制，各地新式学堂纷纷开办，顺应社会需求的中文教材成为当时图书市场最为紧俏的"商品"。张元济随即开始着手组织编纂新式教科书，从而开了中国近代编辑出版新式教科书的先河。

1903年，张元济根据旧式教科书和当时已有的教材，确立了依据发展普通教育、教以日用普通文化知识的根本原则，编辑初小和高小的修身、国文、算术、历史、地理、格致等教科书的基本方针。课本每学期编纂一册，另外依据课本编写教授法。这套教科书最终命名为《最新教科书》。该套课本按照学生的接受能力分为初等小学堂用书（十册）和高等小学堂用书（八册），且前后各有衔接，内容新颖，结构完备，出版后大受欢迎。②这套书不再以科举而是以全民教育为目标，注重向学生传授基本知识，培养学生的学习能力，在当时影响极大。如初等小学堂用书第一册出版后，三日内即销售一空。此后的各大书局所编的教科书及学部国定教科书，大

---

① 陈叔通. 回忆商务印书馆［G］//1897—1987 商务印书馆九十年：我和商务印书馆. 北京：商务印书馆，1987：135.

② 蒋维乔. 编辑小学教科书之回忆［G］//1897—1987 商务印书馆九十年：我和商务印书馆. 北京：商务印书馆，1987：59.

多模仿此书的体裁。蔡元培先生对此评价道："清之季世，师欧美各国及日本之制，废科举，立学校，始有教科书之名。……近二十年，始有资本较富之书肆，特设编辑所，延热心教育之士专任其事。于是印刷之业，始影响于普通之教育。其创始之者，实为商务印书馆。"①

在《最新教科书》获得成功之后，张元济将教科书出版的业务扩展到各个阶段的教材及教辅用书上，依据形势需要陆续出版了适用于女子学校的教科书、中学师范用书、半日制学校及夜校用书等，基本覆盖了晚清至民国初年教育用书的方方面面。② 1904 年商务印书馆编辑出版了适用于女子学校的《女子教科书》：初等小学用 2 种，高等小学用 3 种及教师用书。针对当时中国教育的实际状况和《最新教科书》材料太深、难以理解等情况，张元济组织编译所同人于 1910 年编辑出版《简明教科书》：初等小学用 5 种，高等小学用 1 种及教师用书。辛亥革命之后，为适应共和政体及新学制，商务印书馆推出《共和国新教科书》：初等小学用 10 种，高等小学用 6 种，中学用 23 种及教师用书。1913 年编辑出版《单级教科书》：初等小学用修身、国文、笔算、珠算 4 种，教授书 4 种。1916 年推出《实用教科书》。1920 年又推出《新法教科书》……总而言之，商务印书馆自张元济时代起，就再未停止过教科书的出版工作。

在主抓教科书出版的同时，张元济也重视工具书的编辑出版。在商务印书馆起步阶段有过重要作用的英文工具书陆续出版。《英华大辞典》《日本英和双解熟语大辞汇》《英汉熟语辞典》等数十种外文工具书的编译出版都是由张元济大力促成。《商务印书馆新字典》《辞源》《数学大辞典》《植物学大辞典》《动物学大辞典》《节本康熙字典》《成语辞汇》《中国人名大

① 蔡元培. 商务印书馆总经理夏君传［G］//1897—1987 商务印书馆九十年：我和商务印书馆. 北京：商务印书馆，1987：1.

② 庄俞. 三十五年来之商务印书馆［G］//1897—1992 商务印书馆九十五年：我和商务印书馆. 北京：商务印书馆，1992：724.

辞典》《中国医学大词典》《中国古今地名大辞典》等中文工具书的出版发行也都有张元济亲力亲为的参与。

除此之外，张元济还努力出版一般图书及报纸杂志。我们综合现当代学者对张元济时代所编辑出版的一般图书种类及数目的统计情况，仍无法计算其准确结果。但大体一致的观点是，张元济时代教材、教辅用书及教育类图书的出版总数占同期出版图书总数的比例最高。结合商务印书馆早期发展、壮大的过程及清末民初的社会文化水平，我们认为，张元济时代的出版方向是以教科书和工具书为主，一般图书（包括译书）和报纸杂志为辅，由此开辟了商务印书馆出版的新局面。

二、教科书与一般图书并重，开创出版新品牌

王云五进入商务印书馆之时，五四运动的影响已经波及全国，社会民众对知识的需求量剧增。在主持商务编译所之后，王云五逐步调整张元济时代"以教科书和工具书为主"的出版方向，加大一般图书的出版比重，将一般图书出版放在与教科书出版同等重要的位置。如果说张元济时代教科书出版是商务的金字招牌，那么，王云五时代一般图书的出版便是商务印书馆的又一新品牌。

教科书出版是商务印书馆赖以生存发展的基石，而且一直以来都在教科书市场占据较大份额，这一点王云五是非常清楚的。因此，他在出版方向上仍然紧抓教科书出版，不仅希冀强化商务印书馆在教科书市场的领军地位，还打算扩大教科书出版的范围。在中小学教科书出版方面，王云五继续秉承张元济时代的严谨作风，相继出版：小学教科书6种，新学制教科书（1923年）、新撰教科书（1924年）、新时代教科书（1928—1930年）、基本教科书（1931年）、复兴教科书（1934年）、更新教科书（1939年）；中学教科书6种，新学制教科书（1923年）、新时代教科书（1928年）、基本教科书（1931年）、复兴教科书（1934年）、职业学校教科书（1937

年）、更新教科书（1939 年）。从数量上看，王云五与张元济（7 种）在小学教科书出版种数上相差不大，但在中学教科书出版上王云五投入精力更多一些（张元济 3 种），主要是张元济时代社会文化水平、人民受教育程度普遍较低，小学教育更符合当时的社会需求。至王云五时代，小学教育蓬勃发展，中学教育的需求逐渐增大。

在大学教科书出版方面，王云五认为："商务印书馆过去所编印之教科书，仅止于中小学校；所有大学教本，向来惟外国文字之出版物是赖，学子了解终不如本国文字之便利。今后当谋更进一步，编印以本国文写作之大学教本。"① 为了推行此计划，王云五给各大学专家去函，说："倘全国专门学者能通力合作，将大学应有科目拟定整个计划，再按计划中所定科目分任著述，不使重复，于合作之中，仍寓分工之意，则三五年后此项大学用书定能日积月累，蔚为巨观。"② "一·二八"事变后，商务印书馆停业半年，王云五仍在复业后不久便将"大学丛书"列入复兴计划："自遭劫难之后，益觉学术救国为要图，'大学丛书'之编印刻不容缓，决将原定之初步计划，于处境万难之中继续进行，期以五年期间成书三百，次第促其实现。"③ 随即，王云五便组织成立了包括蔡元培、胡适、冯友兰等 55 位学科专家的《大学丛书》编辑委员会，负责拟定选题、推荐注译者和介绍稿件等事宜，并审定各部书稿的最终成果，以保证该部丛书的质量和出版水平。《大学丛书》在 1933 年便出版了 80 余种。到民国二十六年（1937）秋全面抗战之时，仅四年多，便超过 200 种，达原计划 300 种的三分之二以上。④抗战初期，商务印书馆以香港分厂为中心，陆续出版新收之大学丛书。1942年以后，商务印书馆的中心转移至重庆，出版数量和制版印刷力量已远不

---

① 王学哲. 岫庐八十自述：节录本 [M]. 上海：上海人民出版社，2007：59.
② 王云五. 岫庐八十自述 [M]. 南昌：江西教育出版社，2008：231-232.
③ 王云五. 七十年与二十七年 [J]. 出版月刊，1967，1（16）：22.
④ 王学哲. 岫庐八十自述：节录本 [M]. 上海：上海人民出版社，2007：105.

如战前，每年亦平均出版十余种，重版重印的更多。直至民国教育部统一组织大学用书的编纂后，商务印书馆的《大学丛书》才不再编印。①《大学丛书》的编印是王云五在教科书出版领域的开拓，推动中国近现代学术及高等教育事业达到了一个新的高度。正如李华兴教授在主编的《民国教育史》中所评论的，《大学丛书》的出版"不仅提高了国内学术著作的水平，而且降低了大学生的经济负担"，"促进了中国高等教育的发展"。值得一提的是，该丛书除在国内被大学广泛采用外，还有部分书稿被翻译成外文，"奠定了民国时期中国学者自编大学教科书的基础"。②

在注重和加强教科书出版地位的同时，王云五更是开拓了商务印书馆出版的新品牌———一般图书。这里所指的一般图书主要指除教科书之外的其他图书。有不少学者将上文中论及的《大学丛书》列入一般图书的范畴，因为从该丛书的名称和丛书内图书的种类及性质来看，确实与中小学教科书专门以"教科书"命名的方式及性质有所不同，但是我们还是依据王云五对编印《大学丛书》的初衷及该套丛书适用的范围，将该丛书列入"教科书"的范畴。对于一般图书，王云五在入馆之初就有自己的想法。在接任编译所所长之后，他就开始着手对一般图书的编辑出版工作。王云五认为："商务书馆最初之出版物，主要为中小学教科书，次则编印参考用的工具书……稍后更影印古籍之《四部丛刊》等。至于其他有关新学之书籍，虽零零星星，间有出版，却鲜系统，即以尚无整体计划之故。我为补此缺憾，首先拟从治学门径着手，就是编印各科入门之小丛书。"③事实上，王云五也是这样做的，但是目的可不见得有其所说那样"单纯"。如果将教科书市场比作一块蛋糕，商务印书馆在19世纪二三十年代已经占据了主要份额，其竞争对手中华书局估计，商务印书馆的教科书占有当时的六成市场，

---

① 郭太凤. 王云五评传［M］. 上海：上海书店出版社，1999：208.
② 李华兴. 民国教育史［M］. 上海：上海教育出版社，1997：491.
③ 王学哲. 岫庐八十自述：节录本［M］. 上海：上海人民出版社，2007：56-57.

这还不包括大学教科书的份额。① 显然，蛋糕只有那么多，商务想要进一步发展必须开拓其他市场，而时值五四之后一般图书的社会需求剧增，顺应社会潮流，进军一般图书市场成为首选。

王云五虽然有意推进一般图书的出版，但是在 19 世纪二三十年代，商务印书馆的教科书营业额是高于一般图书的。此阶段的商务印书馆正处于张元济、王云五两代主政人权力交替之际，在出版方向上仍保持一贯延续的态势，一般图书的比重虽然在逐渐增加，短期内还无法超越教科书的地位。及至 1932 年"一·二八"之后，商务印书馆遭受的劫难甚巨，而其他出版机构基本无损，仅靠教科书出版和重印旧书难以维持商务出版巨头的地位，为快速复兴商务，王云五把目光转向已初见成效的新书出版上，即加快一般图书的出版。他宣布，除教科书外，每日出版一种新书。结果是"教科书营业虽然没有减少，而一般用书的营业数量，却由前此远逊于教科书者，进而超过教科书的地位"②。通过扩大一般图书出版获得复兴的商务印书馆又一次取得全国出版业领先地位。魏云江认为，此时的商务印书馆完成了从以教科书为主到以一般图书为主的出版方针的转变。从他所举数据来看，仅 1935 年，商务印书馆出版的一般图书在种数、册数、总码洋上都远超教科书。③ 但是我们无法忽视作为商务印书馆"金字招牌"的教科书的地位，这是王云五进入商务印书馆以来一直在努力继承的财富，而且他还开拓出全新大学教科书市场，更何况商务印书馆复兴的第一步就是集当时所有人力、物力、财力，保证秋季开学所需的大批教科书。因此我们认为，王云五时代的出版方向始终是"教科书与一般图书并重"，只是在特殊情况下有所调整，没有何为主何为次的区别。正如 1937 年"八一三"事变

---

① 陆费逵. 六十年来中国之出版业与印刷业 [G] //张静庐. 中国出版史料补编. 北京：中华书局，1957：277.

② 王云五. 商务印书馆与新教育年谱：下册 [M]. 南昌：江西教育出版社，2008：691.

③ 魏云江. 王云五的出版经营实践探析 [D]. 长沙：湖南师范大学，2014：20-21.

之后，全国出版业都遭受挫折，出版能力普遍下滑，内地中小学教科书严重缺乏，王云五在加紧编印中小学战时教材的同时，仍然尽可能策划配合抗战需求的一般图书，二者仍然没有任何偏废。

小　结

本章主要对张元济、王云五在商务印书馆图书出版经营管理方面的系列举措进行了比对。就组织结构而言，张元济将商务印书馆从家族式的传统作坊打造成具有现代气息的公司结构，在总体上理顺了公司结构中的分层及制约关系；王云五在此基础上进一步改革，带来的是更加科学、高效的制度化建设，虽然其间充满个人意志的非常态变化，但是在近代特殊的社会条件及历史背景下，亦取得了较为显著的成绩。张元济、王云五的图书事业始终围绕商务印书馆这一企业组织展开，他们对商务印书馆的建设和管理是当今业界研究的核心问题。商务印书馆是中国近代出版史上率先进行企业化经营管理的出版机构，可以说它在成长、发展过程中形成了相对科学、规范的管理制度，从而进一步推动了商务印书馆母体本身的发展与壮大。但是，这种相对科学、规范的管理制度是通过张元济、王云五两代主政人逐步建立完善起来的。没有张元济在前期的准备和后期的助力，王云五很难将商务的管理纳入制度化建设的轨道；同样，没有王云五科学、合理的制度设计，商务印书馆也很难摆脱旧式管理体制的阴霾。

在技术革新和资本运营层面上，张元济更多扮演的是商务印书馆家底的积累者，无论是在技术引进革新上，还是在资本的积累运营上，张元济都为商务印书馆的发展打下了坚实的基础；而王云五更像是站在巨人的肩膀上前进，他所做的是尽量将张元济时代所积累的基础条件最大化地吸收和利用起来。在经营理念上，他们都牢牢把握住了代表商务印书馆品牌的教材出版和图书品质。在这一点上，张元济是开拓者，王云五是继承和发扬者。换句话说，他们都能洞悉时代潮流和市场需求，而且善于经营，为他们的图书事业争得一片先于人、高于人、新于人的阵地。但是他们都未满足现状，总是试图以更加丰富和多样化的手段进一步拓展市场，提升出版价值。可以说，契合市场、满足读者、不断创新是他们取得成功的关键所在。我们认为，张元济、王云五在出版经营方面的改革举措都是循序渐进、一脉相承的，虽然从形式和内容上看，有着明显的区别，但都是紧紧围绕商务印书馆的发展而展开，在核心理念上都始终具有一致性。

第三章

一样的探索　异样的表现

——张元济与王云五在图书校藏理论
与实践上的比较

　　张元济和王云五一生都始终与图书发生着关系，除了出版图书外，他们还搜集、整理、校勘、收藏图书。这一关系的发生既与他们各自的教育背景和个人经历有关，也与他们所从事的出版事业密不可分。中国传统的图书校藏在近代表现为图书馆事业所属范畴，是图书事业的重要内容。如果说我们把出版事业看作图书事业"用"的社会功能，那么"藏"的图书馆事业则是在发挥图书累积文化的社会功能。张元济、王云五不仅亲自参与创建和管理图书馆，还在图书馆学理论方面有着各自不同的建树。本章通过比较他们对图书馆学理论及实践的贡献，探讨他们各自传承文化的不同路径及社会影响。

第一节　对二者图书馆渊源的追溯

这两位从事出版事业的图书馆人之所以参与图书馆事业，必然有着各自的渊源和动机，否则就无法解释他们一生与图书馆发生关系的客观事实。从他们爱书、藏书的视角考察，可以进一步了解他们对图书事业的全面认识，进而分析他们在文化传承方面所做的全方位贡献。

一、张元济："涉园"渊源及教育情结

我们在论及张元济早年教育及家庭环境时，已经介绍过涉园概况，本节不再赘述涉园的相关内容，但是为了探究张元济创办图书馆的思想渊源，我们仍然无法绕开其家世著刊、藏书的家风。可以说，涉园遗风是张元济爱好藏书、创办图书馆的重要影响因素。

张氏家族在历史的长河中留名不是因为这个家族在海盐为大户望族，而是因为其书香世家所留下的丰富著述及文化影响力。从张氏族谱中我们不难发现，自始迁祖张留孙南迁之后，张氏后人多有为官者，但大多"罕有隆显"；张元济的祖父为太学生，未任官职；其父以候补通判护掾州县，也只有五品的虚衔；母系方面为官者也都是小官员。如果仅以家世论，张氏家族与名门望族还是相距甚远的，所以才有了张母在张元济因戊戌政变而被革职后的安慰之言："有子万事足，无官一身轻。"这应该是张氏家族在官场中世代累积的经验之谈。但是，在仕途上欠显达并没有妨碍张氏家族在著刊、藏书上的薪火相传，以至于涉园在清嘉道年间盛极一时，到访的名流学士络绎不绝。张元济的父亲、母亲也都以先辈的事迹教育过年轻

的张元济，这对张元济成长的影响是颇为深远的。①

从张元济早年受教育的过程和家庭环境的熏陶来看，其按部就班地走上科举仕途是带有明显的志向的——弥补父辈缺憾、恢复祖辈荣光。这种志向对于当时参加科举考试的大多数学子来说，完全可以理解和接受，至于是否有更远大的理想和抱负，我们在此不作深究。最终的结果是，张元济与先辈们的仕途相差不大，这就使得其不得不以另外的方式和途径来达到或实现曾经的理想，著刊、藏书可以说是张元济最接近、最容易实现的。从张元济的人生历程来看，无论是为官还是投身出版，他都没有忘记藏书和创办图书馆，个人著述也颇有影响力，基本上是继承了张氏家族的家风遗训，而且还广泛收集了大量先辈著刊。如曹严冰回忆："据说张先生家藏的王安石集就有不同的七种版本。"② 这是因为其六世祖张宗松曾刊印过《王荆公诗笺注》，足见张元济对先辈著刊的重视。在创办图书馆时，张元济"把自己收藏的原嘉兴府先哲遗著四百七十六部，海盐先哲遗征三百五十五部，张氏先世著述及刊印评校藏弄之书一百四部以及石墨、图卷各一，均赠与馆中。这些图书都是先生数十年博访勤求所得来的"③。可见张元济是"成先人之志"。所以，我们认为，张元济的家风遗训和涉园渊源是其一生与图书馆事业发生关系的重要原因。

张元济曾创办过通艺学堂图书馆、涵芬楼、合众图书馆等，还曾参与东方图书馆、松坡图书馆、南洋公学图书馆的创建。如果仅从家世渊源的角度是无法充分解释其热衷于图书馆事业的。这要求我们再次回到张元济的思想内核。张元济一生的成就很大程度上归功于其所受的良好教育，包括前期的传统教育和后期的社会教育，这使其对 20 世纪前后的各种教育理

---

① 宋兵. 张元济先生及其创建的公共图书馆 [J]. 图书馆研究与工作，2007（1）：2.

② 曹冰严. 张元济与商务印书馆 [G] //1897—1987 商务印书馆九十年：我和商务印书馆. 北京：商务印书馆，1987：39.

③ 顾廷龙. 回忆张菊生先生二三事 [G] //1897—1987 商务印书馆九十年：我和商务印书馆. 北京：商务印书馆，1987：15.

念及思潮有着较为深刻的认识和理解。戊戌维新时期的张元济就和当时中国众多仁人志士一起为寻求强国御侮之道而立志变法图强。① 以康有为、梁启超为首的维新人士为变法提出的主张之一就是"振兴教育、培育人才、开通民智"，而振兴教育就是要改科举、开学堂、办报纸、译书籍、定学会、设公共藏书楼。张元济在 1896 年 6 月 8 日给汪康年的信里就明确提出："今之自强之道，自以兴学为先。"② 这种早期萌芽的教育思想一直贯穿张元济图书事业的始终。从创办通艺学堂到进入南洋公学译书院，再到投身商务印书馆，无不体现出张元济浓厚的教育情结。张元济后来与夏瑞芳约定"以扶助教育为己任"，而图书馆作为学校教育的补充，本身就包含了广义的社会教育意义。因此，我们认为，浓厚的教育情结是张元济与图书馆事业发生关系的另一重要原因。

二、王云五：多重社会渊源

王云五没有张元济那样的家世背景，所受学校教育也是断断续续，如他后来所说："我在学校的时期很短，我在图书馆的时期却很长。"③ 王云五最早接触的图书馆是他英文教师布茂林先生的私人图书馆，因为王云五对英文学习很有天分，获布先生赏识，进而被拔充为教生，相当于现在的英文助教（可能还略有不及）。布先生是英国人，有一个藏书六七百册的私人图书馆，当然所藏都是英文书籍，但藏书范围很广，各科各类无所不包。这极大地引起了年轻王云五的兴趣，使得王云五逐渐养成阅读的习惯，而且兴趣也由爱读英文西方书籍扩展到国文书籍，直到王云五受聘另一英文专修学校后，开始用自己节余的零花钱购买自己喜爱的图书。从王云五后

---

① 邓文池. 民国出版界与图书馆界的互动及影响：以出版人张元济的图书馆事业为中心考察 [J]. 高校图书馆工作，2018（2）：84-90.

② 张元济. 致汪康年 [G] //张树年，张人凤. 张元济书札：中册. 增订本. 北京：商务印书馆，1997：620.

③ 王云五. 王云五回忆录 [M]. 北京：九州出版社，2012：225.

来的回忆录、著述中我们不难发现，王云五是爱书的。离开布先生的学校受聘至另一学校之后，在不到一年的时间，王云五便聚集了中外新旧书籍好几百册。那一年是 1906 年，王云五才十八岁。1912 年，王云五任职于南京临时政府，准备随政府北迁时，在上海寓所的藏书已有六七千册。1916年，他结束北京的工作回到上海时，合京沪两地的藏书，计以万册；因一战爆发外汇价大跌，其后的四年间，王云五又购买了大量外文新书。就这样，在进入商务印书馆之前，王云五通过自己所藏书籍，成长为知识丰富的新知识分子。这是王云五早期对图书馆最直接的接触和理解，私人图书馆和藏书让没有太多学校教育经历的王云五迅速成才，为他进入商务印书馆打下了基础。①

　　王云五在担任商务印书馆编译所所长之后，接管了隶属于编译所的涵芬楼，不仅使他对图书馆的认识加深，也直接让他开始思考涵芬楼的管理。而后涵芬楼变更为东方图书馆也是由王云五主持筹备。对当时中国最大私立图书馆的创建和管理，让王云五对图书馆的图书分类和编目产生了极大兴趣，最终他发明了中外图书统一分类法和四角号码检字法。可以说这两项发明是王云五对图书馆事业最显著的贡献。在主持商务期间，王云五不仅深刻认识到图书馆的重要性，还希望"把整个大规模的图书馆，化身为无量数的小图书馆"，"协助各地方、各学校、各机关，甚至各家庭，以极低的代价，创办具体而微的图书馆，并使这些图书馆之分类索引及其他管理工作极度简单化"②。于是他筹备刊印《万有文库》，并供应全国。据民国政府教育部统计，1930 年全国公私图书馆共 2935 所，而"图书馆之大量增加，借万有文库之力者多至千余所"③。此后的王云五，不仅参与东方图书

---

　　① 邓文池. 民国出版界与图书馆界的互动及影响：以出版人王云五的图书馆事业为中心考察 [J]. 图书馆，2017（3）：56-62.

　　② 王学哲. 岫庐八十自述：节录本 [M]. 上海：上海人民出版社，2007：233.

　　③ 王云五. 商务印书馆与新教育年谱 [M]. 台北：台湾商务印书馆，1973：367.

馆的复兴工作，更是在退出台湾政坛后，捐献出自己珍藏的 4 万多册图书、200 余种中外杂志以及 100 多万元台币，创建了云五图书馆。[①]

王云五一生购书、爱书、藏书、出书、管书，对图书馆事业有着非同寻常的感情。他不仅因图书馆而成才，更因图书馆而成为图书馆学专家。其参与创办的图书馆和因他的贡献而建成的图书馆数量众多，可以说，他与图书馆事业有着多重复杂的直接或间接的渊源。但是，我们不能忽略的是，在高度评价王云五对图书馆事业的巨大贡献的同时，应该深刻认识到其中的"义利"因素。研究发现，王云五与图书馆事业之间掺杂着复杂的利益关系，其目的和动机也并非他自己及后世学者所描述的那般"纯粹"，本书在下一章将单独论证。

第二节　对图书馆学理论的探索

当今学术界对张元济、王云五的图书馆事业研究大多还停留在他们对图书馆实务的认识上。事实上，张元济、王云五不仅对图书馆实务有着卓著的贡献，对图书馆学理论的建设亦是值得我们进一步探究。

一、出版图书馆学专业论著

20 世纪初，中国公共图书馆初步建立，图书馆学研究尚未正式进入早期图书馆人的视野，只有不多的关于图书馆建设及管理的零碎认识散见于各种教育类报刊中，而且大多是西方人士所撰写。1901 年，由商务印书馆出版的《教育世界》杂志首先刊载了译自日文的《关于幼稚园图书馆等及私立小学校规划》。1903 年，该刊介绍了美国轮阅图书馆；1907 年，该刊

---

① 许涤新. 中国企业家列传：第二册 [M]. 北京：经济日报出版社，1988：206.

又刊载了《日本图书馆之增设》。张元济主持商务印书馆期间创办的《教育杂志》以连载的形式刊登了孙毓修撰写的《图书馆》一文。原文内容主要分为建置、购书、收藏、分类、编目、管理、借阅七章，后三章虽未完整刊出，但从前四章的内容中基本可以看出他对近代图书馆的宗旨、作用、类型，以及图书馆购书、藏书、分类等有较为全面的认识。① 虽然该长文不是真正意义上的学术专著，但是作为我国近代较早全面论述图书馆的著述，为中国近代图书馆学的创建开辟了草莱。②

　　关于 1949 年以前图书馆学著作的出版情况，不少学者及单位均有过一些统计整理。1957 年，重庆市图书馆编印的《图书馆学论文资料索引（内部资料）》收录了 1946 年 4 月以前的民国图书馆学著作 463 种；1958 年，中华书局出版的李钟履编《图书馆学书籍联合目录》，收录了从清代至 1957 年间中文图书馆学书籍及部分目录学书籍，共计收录书目 1026 条，其中民国部分 550 条；1994 年，书目文献出版社出版的北京图书馆编《民国时期总书目（1911—1949）：语言文字分册》，收录民国时期图书馆学、图书馆事业方面的著作 503 种。当代学者胡俊荣结合《图书馆学书籍联合目录》和《民国时期总书目（1911—1949）：语言文字分册》进行交叉分析，统计出 1909—1949 年间图书馆学著作共发行 727 种。③ 北京大学范凡博士在其著作《民国时期图书馆学著作出版与学术传承》中对以上数据进行甄别、统计之后，共得到 946 条民国时期图书馆学著作的书目。④ 可以说，从目前的统计结果来看，差异极大。我们认为，相对而言，范凡博士的分析数据更为周延，且有全部来源的出处，可以作为我们所需结果的比对参照。

　　① 程焕文. 中华民国时期图书馆学术史序说 ［J］. 中山大学学报, 1988（2）：91-92.

　　② 邓文池. 民国出版界与图书馆界的互动及影响：以出版人张元济的图书馆事业为中心考察［J］. 高校图书馆工作, 2018（2）：84-90；邓文池. 民国出版界与图书馆界的互动及影响：以出版人王云五的图书馆事业为中心考察［J］. 图书, 2017（3）：56-62.

　　③ 胡俊荣. 中国近代图书馆学著作的出版［J］. 图书与情报, 2000（3）：74-77.

　　④ 范凡. 民国时期图书馆学著作出版与学术传承［M］. 北京：国家图书馆出版社, 2011：36.

据范凡统计的数据，946 条民国时期图书馆学著作书目中，有 858 种图书馆学著作的出版者有记载，其中 528 种为图书馆界本身出版（包括个人和图书馆组织机构出版），其他 330 种由出版机构出版。商务印书馆出版 86 种，中华书局出版 37 种，中正书局出版 10 种，世界书局出版 7 种，开明书店出版 3 种，大东书局出版 3 种，民智书局出版 3 种，剩余的 181 种由各教育部门出版社和其他众多出版社出版。[①] 台湾学者蔡佩玲依据《全国总书目：3》《商务印书馆图书目录（1897—1949）》《图书馆学论著资料总目：清光绪十五年——一九六八年》及张锦郎《王云五先生与图书馆事业》一文整理商务印书馆于 1949 年前出版发行的图书馆学著作，共计 83 种。虽然他们所得数据略有偏差，但大体上反映了商务印书馆出版重镇的核心地位，所出版的图书馆学著作数量约占出版界的 25%。

商务印书馆出版的图书馆学著作，可能出版发行的业绩并不突出，但是其中部分图书对中国近代图书馆学的发展而言，具有非常重要的意义。如 1917 年，商务印书馆出版了中国第一本图书馆学译著——朱元善的《图书馆管理法》，该书的出版时值中国"新图书馆运动"兴起，对民国图书馆的建设有重要意义。国人自撰的第一本图书馆学著作也是由商务印书馆出版，即杨昭悊编著的《图书馆学》（1923 年）一书。该书中首次出现的"图书馆学"一词标志着图书馆学在中国正式建立。此外，在张元济和王云五的主持推动下，商务印书馆还出版了第一本儿童图书馆学著作——《儿童图书馆之研究》（陈逸翻译，1924 年），第一本总结中国图书馆工作经验及心得的著作——《图书馆组织与管理》（洪有丰著，1926 年），第一本关于学校图书馆学的著作——《学校图书馆学》（杜定友著，1928 年），第一本关于图书馆教育和培训的著作——《图书馆员之训练》（杨昭悊、李燕亭翻译，1929 年），第一本索引学著作——《索引和索引法》（钱亚新著，

---

① 范凡. 民国时期图书馆学著作出版与学术传承 [M]. 北京：国家图书馆出版社，2011：40-41.

1930 年），第一本文献学著作《中国文献学概要》（郑鹤声、郑鹤春编撰，1933 年），等等。① 这是商务印书馆在图书馆学著作出版方面的重要成就，为近代中国的图书馆学研究打下了坚实的基础。值得注意的是，这些早期理论及研究的产生固然是近代中国图书馆学者辛勤研究和著述的结果，但同时也与当时出版界的积极配合密不可分。正是后者的积极参与和推动使得最新的理论研究成果能及时地以著作的形式公诸于世，而近代图书馆学说及图书馆学者也借助于书籍传播的作用获得了更大程度的发展，甚至说培养了大批图书馆学者和图书馆人才也不为过。②

二、以科学方法校勘整理古籍

古籍文献的整理与出版主要是指对流传下来的古籍文献进行收集、选版、校勘，以便尽可能恢复著作原貌，并通过影印、刊刻的手段，为后人保留传世文化经典。张元济曾深受中国传统教育的熏陶，国学功底非常深厚，对古籍文献的整理与出版有着天然的好感。

鸦片战争后，中国在向西方学习的过程中，始终存在着中西学主次之争。传统士人和知识分子一直试图通过对中华文化的继承和发扬去寻求强国御侮之道。可以这样说，整个近代，中国思想文化界在持续传播西学的同时，也一直存在一股以弘扬民族文化为基调的国粹主义思潮。尤其是戊戌变法失败和中日甲午战争惨败后，这种国粹主义思潮进一步发展，不少爱国仁人志士希望通过重新整理古籍文献传播中华民族优秀文化，普及社会文化教育，提升国民素质，从而激起民族自尊、自强的进取心。在他们的大力宣传和呼吁下，以"研究国学，保存国粹"为宗旨的文化思潮迅速

---

① 邵友亮. 商务印书馆与民国时期图书馆学 [J]. 江苏图书馆学报, 1996 (3)：42-43.
② 邓文池. 民国出版界与图书馆界的互动及影响：以出版人张元济的图书馆事业为中心考察 [J]. 高校图书馆工作, 2018 (2)：84-90；邓文池. 民国出版界与图书馆界的互动及影响：以出版人王云五的图书馆事业为中心考察 [J]. 图书馆, 2017 (3)：56-62.

流布开来，古籍文献的整理和出版成为 20 世纪初中国社会的重要文化符号。晚清翰林出身的张元济与诸多同时代文人学者一样，在仕途受阻之后，希望以另外的方式实现自己救国救民的社会理想。他投身商务以教育为己任，把毕生精力转移到古籍文献的整理和出版事业上，希图以此启迪民智，开辟一条新的救国救民之路。

张元济在主持商务编译所之初就非常重视古籍文献的收藏和搜购工作，虽然商务印书馆在 1900 年就已经出版了《通鉴辑览》《纲鉴易知录》《五经备旨》《左传》等古籍，但是商务印书馆真正的古籍出版工作主要是由张元济主持发起。他尝云："吾辈生当斯世，他事无可为，惟保存吾国数千年之文明，不至因时势而失坠。此为应尽之责。能使古书多流传一部，即于保存上多一分效力。吾辈炳烛余光，能有几时，不能不努力为之也。"① 为此，他身体力行，亲自校勘多种珍本善本，辨章学术，考据源流，最后整理总结校勘心得，著成《校史笔记》一书。他还曾辗转向国内有名图书馆及各地藏书家借原书影印，甚至亲自去日本向帝室图书寮、内阁文库、静嘉堂文库等处商借，摄影印制，以补不足。② 在张元济的主持下，商务印书馆陆续出版或辑印的古籍文献有《涵芬楼秘笈》、《四部丛刊》（初编、续编、三编）、《续古逸丛书》、《四库全书珍本初集》、《丛书集成初编》、《国立北平图书馆善本丛书》、《影印元明善本丛书》、《孤本元明杂剧》、《百衲本二十四史》、《学津讨原》、《汉魏丛书》等。这些古籍文献既有荟萃经史子集的综合性丛书，也有便于学术研究的专科性丛书，还有许多优秀的单行本古籍，所选取的版本不仅有宋元明时期的珍本秘籍，也有一些后世著名文献校勘学家的精校专刻，力求版本准确完美。

对古籍文献进行整理出版首先必须具备的要素是藏书。"保存固有之文

---

① 张元济，傅增湘. 张元济傅增湘论书尺牍［M］. 北京：商务印书馆，1983：145.

② 曹冰严. 张元济与商务印书馆［G］//1897—1987 商务印书馆九十年：我和商务印书馆. 北京：商务印书馆，1987：22.

化”是张元济重要藏书理念之一。海盐张氏涉园的藏书文化是滋养张元济藏书理念的深厚养分，但是他没有回到祖辈创建藏书楼的老路中，认为“难得之旧本，若无公家为之保存，将来终归渐灭”①。除了创办图书馆、收购各地珍贵典籍之外，张元济还大量收藏地方志。他在写给黄炎培的信中曾提及：“先是客有自大连来者谓该馆所藏吾国方志几于全备，为之神往。今知乃仅有六三八部，才当本馆（指东方图书馆）三分之一弱，殊为失望，因此又不禁斤斤自喜矣。”② 为了更好地抢救、收集古籍，张元济常常游走于各地，求助于各方。他曾在《东方图书馆概况·缘起》一文中谈道：“每至京师，必捆载而归。贾人持书叩门求售，苟未有者，辄留之。”后来他还总结概括了自己的“求书四法”：“求之坊肆、丐之藏家，近走两京、远驰域外。”③“求之于市而不得者则展转借钞”，“俾得录存副本，藉供众览”④，竭力为“古书续命”，“使垂绝者赖以流传”。以“用”为目的是张元济又一重要的藏书理念。无论是“凡在堂同学及在外同志均可随时入馆观览”的通艺学堂图书馆，还是初期“只备公司同人借阅”的涵芬楼，或是后期“兼备社会公众之阅览”的东方图书馆，都是围绕需求的“藏”，突破了古代藏书楼大多秘藏而不用的局限。虽然涵芬楼主要对“公司同人”开放，对外者极为有限，考虑到当时还处于尝试和藏书积累阶段，结合前后创办图书馆的动机及实践，不难发现其“开放藏书，启迪民智，为社会服务”的拳拳之心。⑤

　　张元济在版本、目录、校勘等方面都有较高的成就。张元济一生为他人出书无数，但自己所著甚少，还多集中在校勘方面，较有影响力的有

① 缪荃孙. 艺风堂友朋书札：下［M］. 上海：上海古籍出版社，1980：521.
② 张树年，张人凤. 张元济书札：下册［M］. 增订本. 北京：商务印书馆，1997：993-994.
③ 张元济. 张元济诗文［M］. 北京：商务印书馆，1986：271.
④ 张树年，张人凤. 张元济书札：上册［M］. 北京：商务印书馆，1997：378.
⑤ 邓文池. 民国出版界与图书馆界的互动及影响：以出版人张元济的图书馆事业为中心考察［J］. 高校图书馆工作，2018（2）：84-90；邓文池. 民国出版界与图书馆界的互动及影响：以出版人王云五的图书馆事业为中心考察［J］. 图书馆，2017（3）：56-62.

《百衲本二十四史校勘记》《校史随笔》等。继承和发扬我国古代校雠学的传统，力争为古籍恢复原貌，是张元济的重要校勘理念。胡适曾在写给张元济的书信中讲道："廿四史百衲本样本，今早细看，欢喜赞叹，不能自已。此书之出，嘉惠学史者真不可估量！惟先生的校勘记，功力最勤，功用最大，千万不可不早日发刊。……校勘之学是专门事业，非人人所能为，专家以其所得嘉惠学者，则一人之功力可供无穷人之用，然后可望后来学者能超过校史的工作而作进一步的事业。"① 王绍曾也在评价《百衲本二十四史校勘记》时说："张元济不仅一扫学术上二百余年之阴霾，即连用作《衲史》底本的宋元明旧刊所有明显的误、衍、颠、脱也为之一扫而空。……这在中国校勘学史上是空前的。"② 在重视"初刻本"的基础上科学运用多种校勘方法是张元济的另一校勘理念。他曾在《涉园序跋集录》的跋文中多次强调"初刻本"的重要性。如袁州本《昭德先生郡斋读书志》的跋文中就说："古书之可贵，从未有不贵其最初之原本，而反贵其后人改编之本者。"③ 又如赴日访书见到至元重刻蜀本《山谷外集诗注》后，也在跋文中感叹："书中文字，足订今本讹异者，难以缕举。书贵初刻，得此益信。"④ 在校勘古籍时，张元济充分运用前人的校勘成果，灵活采用对校、理校、本校、他校等方法，注重校勘与考证相结合；在纷繁杂错的版本中理出版本源流，确定版本价值，再作为自己选择底本的依据；遇到脱残编或短篇缺页，总是配补齐全，一旦发现较早较好的版本，又尽可能地替换：因此其校勘的古籍文献多数是精心选取的不同版本补配而成。⑤ 当然，校勘工作还离不开张元济本人刻苦严谨的学术精神和认真细致的研究态度。这

---

① 耿云志，欧阳哲生. 胡适书信集：上 [G]. 北京：北京大学出版社，1996：505.
② 王绍曾. 目录版本校勘学论集 [G]. 上海：上海古籍出版社，2005：840.
③ 顾廷龙. 涉园序跋集录 [G]. 上海：古典文学出版社，1957：148.
④ 顾廷龙. 涉园序跋集录 [G]. 上海：古典文学出版社，1957：219.
⑤ 韩文宁. 张元济与《百衲本二十四史》[J]. 江苏图书馆学报，1998（1）：51-53.

些为出版事业、图书馆事业中古籍文献的整理及出版工作树立了良好的典范，也奠定了张元济在版本、目录、校勘领域崇高的学术地位。

三、以新目录学丰富图书馆学理论

目录学是中国传统学术研究中的重要部分，图书馆事业当中更是离不开目录学。清代学者王鸣盛认为："目录之学，学中第一紧要事，必从此问途，方能得其门而入。"① 王云五也深刻认识到目录学的重要性，他认为："目录学为治学指南，其难其易，与治学之难易攸关。"② 但是自鸦片战争之后，西方目录学和西学书籍的涌入使中国传统的目录学受到极大挑战，不少中国学者试图建立适应需求的新目录学，王云五也加入其中，认为"我国旧日的目录学有革新之必要"③。

王云五之所以重视目录学，主要是因为他不仅任职于商务印书馆编译所，还兼任着东方图书馆的馆长。东方图书馆建成之后，馆内藏书渐丰，"惟是馆中藏书既有新旧中外之殊，目录编制自不能不别立新规。加以公开阅览，检查效率，尤关重要"④。中国传统目录学讲究辨章学术、考镜源流，主要是注重学术史研究，与当今目录学注重图书文献的目录控制（组织和检索）有较大区别。王云五将图书分类视为"新目录学之纲领"⑤，实际上是为方便东方图书馆藏书的组织及检索。为此，他对中国传统的"四部分类法"（经史子集）进行了仔细研究，还参考了西方国家的多种图书分类法，最终采纳了美国杜威的十进分类法，并将其改进为更适合中国的中外图书统一分类法。杜威十进分类法自 1910 年孙毓修首先引进国内以来，对

① 王鸣盛. 十七史商榷：卷一 [M]. 北京：商务印书馆，1959：1.
② 王云五. 新目录学的一角落 [M]. 上海：商务印书馆，1946：序3.
③ 王云五. 新目录学的一角落 [M]. 上海：商务印书馆，1946：序1.
④ 王学哲. 岫庐八十自述：节录本 [M]. 上海：上海人民出版社，2007：61.
⑤ 王云五. 新目录学的一角落 [M]. 上海：商务印书馆，1946：序3.

中国传统的图书分类产生了极大影响，此后陆续出现了各种仿杜、补杜、改杜的分类法。王云五批判中国传统图书分类法倾向于形式分类法，"根本上却仍不脱经史子集的分类法"①，认为"须要按着'性质相同'的去分类"②，对清华大学图书馆的分类法和杜定友、洪有丰、沈祖荣的图书分类法那样在西方分类法之外再并列中国图书分类的方法，并不认同。他"感觉杜威分类法不能包括许多关于中国的图书"，认为"有扩充杜威氏原有类号之必要"，并且"在相当范围内有变动杜威氏原有类号之必要"。③ 因此，王云五在杜威分类法的原有类号之前增加了"＋""＋＋""±"三个符号，希望通过这三个符号既增加新的类号，又不减少杜威原来的类号，使其更适于中国图书馆的应用，从而形成中外图书统一分类法。

王云五的中外图书统一分类法完成后，首先运用在东方图书馆的馆藏分类及编目上，《万有文库》第一、二集，《丛书集成初编》的分类编目也采用了中外图书统一分类法。因此，该分类法在当时国内流传很快，不少图书馆也开始采用该法。但是这种图书分类法并非如王云五认为的那样完美无缺，当时的图书馆学者曾对该法提出过质疑和批评。刘国钧是这样评价的："王先生的方法只是就杜威的分类法加上一些关于中国的类目。表面看来似乎简便；实际运用，殊嫌繁重，至于紊乱类属的系统，违反分类原则的地方很多，那更是他理论方面的缺点了。"④ 金敏甫更是在他的书评中逐一指出了"中外图书统一分类法"的硬伤。⑤ 确实，王云五本身的国学功底并不深厚，在改进分类法之前对学术理论也并无深入研究，最后的成果必然存在瑕疵，但是不能以此而轻视或忽视他在学术研究上的兴趣及能力。

---

① 王云五. 新目录学的一角落 [M]. 上海：商务印书馆，1946：2.
② 王云五. 新目录学的一角落 [M]. 上海：商务印书馆，1946：1.
③ 王云五. 新目录学的一角落 [M]. 上海：商务印书馆，1946：8.
④ 刘国钧. 图书馆学要旨 [M]. 上海：上海书店出版社，1989：84.
⑤ 金敏甫. 评王云五的中外图书统一分类法 [J]. 图书馆学季刊，1929（1-2）：279-288.

更为重要的是，王氏分类法在当时是产生过重要影响的，为中国现代目录学的发展起过一定的积极作用。正如后世学者所评论，"1928 年底王云五修改十进杜威分类法一套办法，写成了《中外图书统一分类法》，这在中国新目录学和图书分类法上发生过一些影响"①。

传统目录学经常被喻为"治学门径"，往往在目录的编制技术及方法上缺乏探究，而王云五更注重目录的实用性，并将检字法视为"新目录学之重要工具"②。商务印书馆早期就开始出版字典、词典，对检字法的研究利用较为重视。王云五在加入商务之后，主持编译所的工作，"感于部首检字法之费时多而仍不易确定"，"思有以改革之"。③ 当时社会上流行的检字法主要是音序排检法和形序排检法，也有一些检字法研究者的新检字法，但是王云五认为均不是很理想，并为理想中的检字法提出了八项标准：人人都能明白；检查迅速；必须一检便得，不要转了许多弯曲；不必知道笔顺；每字的排列有一种当然的次序，不必靠索引上所注的页数或其他武断的号码，便能检查；不可有烦琐的规则；每字有一定的地位，绝无变动；无论如何疑难之字必能检得。④ 1924 年，王云五在林语堂和高梦旦的帮助下开始研究四角号码检字法，简单地说，就是根据汉字的方块字特点，取方块的四个角，把笔形区分为十种，配以 0 到 9 十个号码，创造出一种以四角为基础的号码检字法。据王云五说，是从译电报用的电码书受到的启示："以为假使每字各有一个当然的号码，和电码书一般，排成字典或词典时，检查上真是万分的迅速便利啊！"⑤ 在商务印书馆投入大量人力物力支持的情况下，经过数十次的修改试验，王云五的四角号码检字法于 1925 年初创成功。

---

① 史全生. 中华民国文化史：中 [M]. 长春：吉林文史出版社，1990：810.
② 王云五. 新目录学的一角落 [M]. 上海：商务印书馆，1946：序 3.
③ 王学哲. 岫庐八十自述：节录本 [M]. 上海：上海人民出版社，2007：61.
④ 王云五. 新目录学的一角落 [M]. 上海：商务印书馆，1946：27-29.
⑤ 王云五. 新目录学的一角落 [M]. 上海：商务印书馆，1946：33.

后来高梦旦又提出增加附角的办法，解决了四角号码检字法重复号码太多的问题。至1928年，四角号码检字法最终改定完成。同年，商务印书馆就推出《四角号码学生字典》，并组织推广该检字法，销路很好。[①] 此后，商务印书馆出版的字典或词典，基本上都是采用四角号码检字法排列。王云五还总结出该检字法所具有的五个优点：最为彻底、最为迅速、最为自然、最为直接、粗而密。[②]

借助于商务印书馆出版字典、词典及其他工具书的优势和地位，四角号码检字法很快得到了普及，胡适、蔡元培、高梦旦等学术界名人也都帮助大力推广。胡适在《四角号码检字法》一书的序文中高度赞扬王云五为"学问界的恩人"，称其创制检字法是做了一件"大慈大悲救苦救难的工作"。他还为四角号码编制了一个便于记忆的口诀：一横二垂三点捺，点下带横变零头；叉四插五方块六，七角八八九是小。胡适的赞美明显过于夸张，但是四角号码检字法是王云五新目录学的一项重要成果，在中国检字法历史上确实占有重要地位，在中国文化史及图书馆史上也同样具有重要影响力。

王云五在图书馆学基础理论方面也有自己的独特见解。因为他是靠阅读书籍自学成才的，对图书馆的社会教育职能有更为深刻的认识，因此他在推进图书馆事业的同时，始终把图书馆服务社会、提升社会教育作为事业发展方向。他所倡导的图书馆事业具有较为明显的平民化特征。对于图书馆学的研究对象，王云五最早在1929年发表的《图书馆学》一文中就提出："有了图书馆而没有馆舍，这不能算为图书馆；有了馆舍而没有图书，这也不能算为图书馆；那么有了图书，有了馆舍，这可算图书馆了吗？不！

---

① 唐锦泉. 回忆王云五在商务的二十五年［G］//1897—1987 商务印书馆九十年：我和商务印书馆. 北京：商务印书馆，1987：258.

② 王云五. 商务印书馆与新教育年谱［M］. 台北：台湾商务印书馆，1973：197-214.

决不！有了图书馆馆舍，而没有人来看书，还不能算是图书馆；因为图书馆虽有了它的工具，而失去了它的效用，这只可称之为藏书楼。所以，图书，馆舍，来利用他的人，实为图书馆之三大要素。"① 这样看来，王云五的图书馆"三要素说"还要早于杜定友 1932 年提出的"三要素说"（书、人、法）和刘国钧 1934 年提出的"四要素说"（图书、人员、设备、方法）。事实上，王云五也在实践中试行着自己的"三要素说"。对于图书馆的"馆舍"，东方图书馆的是当时比较先进的，1929 年成立的四川省立中山图书馆就是模仿了东方图书馆而建造。② 李小缘在《图书馆建筑》一文中说："今日国中之图书馆有建筑而防火者，当以清华大学图书馆，南京之孟芳图书馆，上海之东方图书馆……"③ 对于图书馆的"书"，王云五认为图书馆要具备基本图书、实用图书、参考图书、消遣图书、因地而定特殊图书等五类图书。④ 对于图书馆的"人"（主要指"图书管理员"），王云五认为要具备目录学的知识，特别是一些常见目录，如知见书目、考证书目、一般书目、分科书目、公家书目、私家书目、书局书目等都要研究。⑤ 可以说，王云五的"三要素说"在当时具有划时代意义，虽然没有明确证据证明其后图书馆界流传的各种"要素说"的源头来自王云五，但是其间应该具有一定的关联性。⑥

---

① 王云五. 图书馆学 [J]. 教育与民众，1929，1（5）：23.
② 邹华享，施金炎. 中国近现代图书馆事业大事记 [M]. 长沙：湖南人民出版社，1988：88.
③ 李小缘. 图书馆建筑 [J]. 图书馆学季刊，1932，2（3）：385.
④ 李辉. 王云五与东方图书馆 [J]. 江苏图书馆学报，1999（2）：36.
⑤ 常明麒. 王云五研究 [D]. 石家庄：河北师范大学，2006：18.
⑥ 邓文池. 民国出版界与图书馆界的互动及影响：以出版人张元济的图书馆事业为中心考察 [J]. 高校图书馆工作，2018（2）：84-90；邓文池. 民国出版界与图书馆界的互动及影响：以出版人王云五的图书馆事业为中心考察 [J]. 图书馆，2017（3）：56-62.

第三节　对图书馆实务的助力

张元济、王云五对图书馆实务的助力主要从三个方面展现。一是对图书馆馆藏的贡献。张元济、王云五依靠商务印书馆这一平台，以丰富多元的出版成果惠及图书馆馆藏。二是对图书馆建设的贡献。张元济、王云五均不同程度地参与过图书馆的创建工作，其本身就是对图书馆事业的直接助力。三是对图书馆管理的贡献。张元济、王云五对图书馆管理的宝贵经验是值得后世借鉴学习的财富，不仅对当时图书馆事业的发展有着现实意义，对当今图书馆事业的发展亦有着可贵的启示价值。

一、以丰富多元的出版成果惠及图书馆馆藏

出版界所编辑出版的书刊是图书馆最主要的馆藏来源。商务印书馆作为近现代中国出版业的标志机构，其丰富多元的出版成果，更是中国近代刚刚兴起的图书馆事业所急需的建馆依据和馆藏来源。这一时期的很多图书馆或因商务印书馆的出版物而得以设置，或因商务印书馆丰富多元质优的出版物而得以扩充和提升馆藏内涵，最终实现保存、传播文化，启迪民智的社会价值。

张元济和王云五都为社会生产出了丰富多元的出版成果，只是在不同市场需求和不同客观条件下产出数量不同，这些数量有大有小的出版成果并不能代表他们功绩大小，况且从我们所掌握的资料来源来看，都没有明确具体的数据。我们只能通过他们生产出版物的总体数量与所占当时出版市场的比重情况，来评价商务出版成果对当时图书馆事业的影响力。而统计商务印书馆从清末到民国时期的出版物数量是我们研究中的难点，因为许多学者都有提出相关研究数据，不少老商务人也在各自的回忆或论述中

对商务出版物的种类和数量进行过描述，北京的商务印书馆也曾有过内部的目录统计，王云五自己对商务历年的出版物数量也进行过推算和陈述：这些来自不同各方且均有一定依据的庞杂数据对我们的研究提出较大挑战。

为了尽可能保证所用资料的客观性和准确度，我们还是以北京商务印书馆为庆祝商务印书馆成立 85 周年而编制的《商务印书馆图书目录（1897—1949）》为主。事实上，在《商务印书馆图书目录（1897—1949）》出版之前，商务印书馆曾编撰过《商务五十年——一个出版家的生长及其发展》①（未定稿）一文，文中内附有 1902—1905（1—6 月）的图书出版统计表两则：1902—1950（1—6 月）出版物的分类统计和 1902—1950（1—2 月）历年出版物分类统计。因为后一资料并未有详细的参考来源，而且所录资料极为简单，在分类上与《商务印书馆图书目录（1897—1949）》略有不同，但是该资料亦是出自商务印书馆官方，我们只能将这一资料作为《商务印书馆图书目录（1897—1949）》的补充来参考。另外，李家驹先生在《商务印书馆与近代知识文化的传播》一书中，对商务印书馆书籍出版产量统计进行了全面归纳与整理，他所推崇和使用的资料是1997 年香港商务印书馆庆祝商务百年所发行的纪念光碟《商务印书馆与二十世纪中国光碟》内附的《图书目录》，又称《百年书目》。据李家驹先生说，《百年书目》是统计商务出版量最为完整、最具实用性的材料。② 但是李家驹所用《百年书目》中的分类标准（中国图书馆图书分类法）与《商务印书馆图书目录（1897—1949）》中的分类标准（中外图书统一分类法）差异过大，最后造成统计结果的差异也极大。好在本书并不打算详细分析出版物种类及其在各自领域中的地位，因此，《百年书目》中的一些数据来源也成为本研究参考资料的重要组成部分。

---

① 商务印书馆. 1897—1992 商务印书馆九十五年：我和商务印书馆［M］. 北京：商务印书馆，1992：764-775.

② 李家驹. 商务印书馆与近代知识文化的传播［M］. 北京：商务印书馆，2005：151.

根据《商务印书馆图书目录（1897—1949）》和《商务五十年——一个出版家的生长及其发展》中的数据，我们得到各时期出版物数量和各类别统计数量，见表 3-1、3-2。

表 3-1　商务印书馆各时期出版物数量统计（1902—1950）

时间	出版物数量	
1902—1910	种数	865
	册数	2042
1911—1920	种数	2657
	册数	7087
1921—1930	种数	4417
	册数	9589
1931—1940	种数	5377
	册数	7221
1941—1950	种数	1800
	册数	2119
总　计	种数	15116
	册数	28058

表 3-2　商务印书馆出版物分类统计

类别	种数	册数	种数百分比/%	册数百分比/%	种数排名
总类	1197	3437	8	12	6
哲学	728	910	5	3	8
宗教	314	964	2	3	10
社会科学	4535	8139	30	29	1
语文学	656	1168	4	4	9
自然科学	1299	1442	9	5	4
应用技术	1351	1493	9	5	4

续表

类别	种数	册数	种数百分比/%	册数百分比/%	种数排名
艺术	915	1467	6	5	7
文学	2576	5878	17	21	2
史地	1545	3160	10	11	3
总计	15116	28058	100	100	

李家驹根据《百年书目》统计1897—1949年间商务出版的书名及作者的出版种数，共计15137种。与我们所获1902—1950（1—6月）商务印书馆出版物种数15116种看似相差不大，但是其中包含了1897—1901及1950（1—6月）的种数偏差，我们将这些数据偏差在全国出版物数量中进行百分比修正。根据《民国时期总书目》的统计，1911—1949年间，全国出版物总量是124040种，我们所获取的商务出版物数量是14251种（含1950年数量），约占全国出版物总量的11.49%；《百年书目》中商务出版物数量是14885种，约占全国出版物总量的12%。也就是说商务印书馆在1911—1949年间的出版物数量占全国出版物总量的11.49%～12%，但是这一数据仍然无助于我们进一步了解商务印书馆的出版物在全国图书市场中的地位和影响力，因为没有具体年份的具体册数及销售情况的统计。王云五倒是对1927—1936年商务出版物数量与中华书局、世界书局进行了一番比较。但是如果我们认同的数据是11.49%～12%的占比，那么王云五列举的比较数据的真实性就值得考量，况且李家驹先生已经论证过王云五所举数据的偏差。[①] 但是我们在别无选择的情况下，还是不得不将王云五所列举的数据呈现出来略窥一斑（见表3-3）。

---

① 李家驹. 商务印书馆与近代知识文化的传播 [M]. 北京：商务印书馆，2005：153-155.

表 3-3　1927—1936 年中国三大出版社的出版物数量表

年份	商务印书馆册数及 占全国比重	中华书局册数及 占全国比重	世界书局册数及 占全国比重	全国册数 总量推估
1927	842（41%）	159（8%）	322（16%）	2035
1928	854（35%）	356（15%）	359（15%）	2414
1929	1040（33%）	541（17%）	483（15%）	3175
1930	957（34%）	527（19%）	339（12%）	2805
1931	787（32%）	440（18%）	354（15%）	2432
1932	61（4%）	608（40%）	317（21%）	1517
1933	1430（41%）	262（8%）	571（16%）	3482
1934	2793（45%）	482（8%）	511（8%）	6197
1935	4293（47%）	1068（12%）	391（4%）	9223
1936	4938（52%）	1548（16%）	231（2%）	9438

从王云五的统计来看，商务印书馆、中华书局、世界书局不愧是民国时期最大的三家出版社，三家出版社的出版物册次总量在 1927—1936 十年间几乎占到全国出版物册次总量的 65% 左右，而商务印书馆的出版物册次数量及占比也均多于其他两家的总和。虽然我们同样认为王云五的推算有过分夸大的嫌疑，但是整体上还是可以窥见商务印书馆在民国时期的辉煌业绩，它以领先的出版数量和丰富多元的出版种类极大地充实了民国图书市场，无疑是对刚刚兴起的图书馆事业注入了一针强心剂，成为图书馆馆藏选择的重要来源。

二、多种形式的图书馆实践

张元济在晚清时期创办的通艺学堂是维新运动的产物。与康有为、梁启超等维新领袖人物激进猛烈的救国思想不同，张元济更倾向于温和渐进式的改革道路，他"试图以自己的榜样去劝告别人，而不是依靠群众性的组织、宣传和运动；试图通过建立现代学校和学习外语作为解决中国走向现代化这一问题的基础"①。因此，他终其一生都在通过文化教育手段实现其救国救民的理想。通艺学堂的创办成为张元济早期社会理想的实践舞台，而其中在学堂附设图书馆，更是他对图书馆创建及管理运作的初步尝试。

通艺学堂的前身为西学堂，是张元济与友人在甲午战争之后创办的。西学堂以学习西方专门知识为号召，通过吸纳有识之士凝聚共识，共同探讨救亡图存的方法。为了获得清政府的认可、理解和支持，1897 年张元济依好友严复的建议，将西学堂更名为"通艺学堂"，并在学堂内附设图书馆。张元济不仅仔细规划了《通艺学堂章程》，还特别制定了《通艺学堂图书馆章程》十二条和《阅报处章程》六条。前者规定："本馆专藏中外各种有用图书。凡在堂同学及在外同志均可随时入馆观览。""在外同志愿来馆读书者，应倩同学作保，再由本馆赠一凭单。凡得有凭单者，本堂一律优待。"② 后者除申明"馆内所备各报专为取便同学广益见闻而设"外，还详细规定了每日的借阅时限及运作规则。③ 因为通艺学堂主要招收的是年轻京官和资质聪颖的官绅子弟，以为清政府培养人才为主要目的，虽然所设图书馆也对外开放，仍难免局限于学生及同业好友的圈子，其管理运作理念与图书馆本身的性质及宗旨仍有差距。

张元济加入商务印书馆编译所后，便开始着手设立编译所的图书资料室。他不仅广搜天下图书和善本秘籍，对世界名著或刊物也同样看重，"凡遇国内各家藏书散出时，总是尽力搜罗；日本欧美各国每年所出新书，亦总是尽量购置"④。1909 年编译所的资料室扩大规模，改名为涵芬楼。此后，

---

① 叶宋曼瑛. 从翰林到出版家：张元济的生平与事业 [M]. 香港：商务印书馆，1992：24.

② 张元济. 为设立通艺学堂呈总理各国事务衙门文 [G] //张元济诗文. 北京：商务印书馆，1986：107、108.

③ 张元济. 为设立通艺学堂呈总理各国事务衙门文 [G] //张元济诗文. 北京：商务印书馆，1986：108-109.

④ 张元济. 在德国捐赠东方图书馆书籍赠受典礼上的讲话 [G] //张元济诗文. 北京：商务印书馆，1986：241.

涵芬楼不仅广搜全国各地图书和地方志，还收购了不少江南藏书家的藏书，也收藏了一些欧美国家和日本有价值的书籍，成为当时盛极一时的著名藏书楼。藏书以开放使用为目的。涵芬楼藏书的日益丰富，使张元济萌生了扩大藏书楼的想法。1922 年，经过商务印书馆董事会讨论通过之后，开始购置地产，兴建馆舍。新馆于 1924 年落成，并取名"东方图书馆"，随即正式对外开放。据《东方图书馆概况》记载，当时馆内共计藏书 33 万余册，中外杂志 900 余种，报章 45 种，地图 2000 余幅，各种照片 2 万余张。①此后，东方图书馆又陆续搜集了一大批图书珍籍和中外报刊。截至 1932 年"一·二八"事变前，馆内共有藏书 46 万余册，图片、照片 5 万余张，是当时全国规模最大的私立图书馆，闻名海内外。

"一·二八"事变之后，东方图书馆与商务印书馆一同毁灭于炮火之中，除涵芬楼所藏善本珍籍 570 余种因提前安置免遭劫难外，东方图书馆所藏其余全部化为灰烬。张元济对此深深自责："这也可算是我的罪过。如果我不将这些书搜购起来，集中保存在图书馆中，让它仍散存在全国各地，岂不可避免这场浩劫！"②在痛惜自责之余，他依然希望重建，认为图书馆对社会文化有重大影响，表示"元济一息尚存，仍当力图恢复"③。此后，张元济一直为恢复东方图书馆开展募捐和奔走呼吁，并组建复兴东方图书馆委员会，还个人捐赠一万元作为重建基金，④直到抗日战争全面爆发重建工作才被迫停止。上海沦陷后，张元济又与好友叶景葵等人及上海文化界知名人士发起创办合众图书馆，希望合众人之力，"负起保存固有文化之责任"⑤。他将自己历年收藏的嘉兴府先哲遗著 476 部 1822 册，海盐先哲遗著

① 刘平平. 高山仰止：论张元济先生对近代公共图书馆事业的贡献 [G] //现代图书馆服务：浙江省图书馆学会第十一次学术研讨会论文集. 北京：研究出版社，2018：261-264；张人凤. 张元济与中国近现代图书馆事业 [M]. 上海：上海科学技术文献出版社，2014：186-204.
② 张树年. 张元济年谱 [M]. 北京：商务印书馆，1991：360-361.
③ 汪家熔. 大变动时代的建设者：张元济 [M]. 成都：四川人民出版社，1985：250.
④ 张元济，傅增湘. 张元济傅增湘论书尺牍 [M]. 北京：商务印书馆，1983：297.
⑤ 顾廷龙. 顾廷龙文集 [G]. 上海：上海科学技术文献出版社，2002：604.

355 部 1115 册,张氏先世著述和刊印评校收藏之书 104 部 856 册及石墨图卷等分次全部捐入,作为馆藏的基础。① 1941 年落成的合众图书馆共收藏图书 22 万余册,藏书丰富,门类众多,正如张元济所说,"其中名人稿本及名校精抄,不亚于'东方'所藏"②。上海解放后,张元济与陈叔通倡议将合众图书馆捐献给上海市人民政府,后并入上海图书馆。③

三、从东方图书馆到云五图书馆

涵芬楼是在张元济时代创办的,涵芬楼向东方图书馆转变,张元济也是主要发起人及建设者之一。张元济于 1921 年 2 月 1 日在第 256 次董事会议上建议将公益基金用于专办公共图书馆,该建议最终获得通过。④ 1922 年 1 月 17 日,商务董事会第 268 次会议决定成立公用图书馆委员会,推举张元济、高梦旦、王云五为委员筹备一切事宜。⑤ 王云五曾在《商务印书馆与新教育年谱》中记载:"同年(1922 年)四月,商务印书馆决议增资为五百万元。余利用此机会,向张菊生、高梦旦诸君建议,向新董事会提请将原附属于编译所之涵芬楼,另建馆屋,除供自用外,并公开阅览。"⑥ 言外之意就是,成立东方图书馆的倡议由他率先提出,这与事实明显不符。此时的王云五进馆不过半年多的时间,且此项事宜早在他入馆之前就有过讨论,因此,发起人不太可能是王云五。但是东方图书馆正式成立后,担任图书馆馆长的却是王云五,他是东方图书馆事务的真正主导者和掌理人。

1924 年 7 月 15 日,商务董事会第 296 次会议讨论图书馆开办事宜,会中推举高凤池、张元济、鲍咸昌、高梦旦、王云五为董事,王云五为馆长,

---

① 杨姜英. 张元济的藏书思想探析 [J]. 图书馆研究与工作, 2015 (4): 35; 张元济. 张元济书札 [M]. 北京: 商务印书馆, 1981: 171.

② 顾廷龙. 张元济与合众图书馆 [J]. 中国图书馆学报, 1987 (2): 86-97.

③ 杨姜英. 张元济的藏书思想探析 [J]. 图书馆研究与工作, 2015 (4): 36.

④ 张树年. 张元济年谱 [M]. 北京: 商务印书馆, 1991: 204.

⑤ 张树年. 张元济年谱 [M]. 北京: 商务印书馆, 1991: 219.

⑥ 王云五. 商务印书馆与新教育年谱 [M]. 台北: 台湾商务印书馆, 1973: 120.

江伯训为副馆长。① 1926 年东方图书馆宣布于 5 月 3 日正式对外开放。5 月 2 日，东方图书馆举办开幕式并开放参观，当日《申报》刊登开幕启事："商务印书馆二十余年来，所储中外书籍达数十万册，起初仅备该馆同人编辑参考之用。近乃别建书楼，兼备社会公众之阅览。取名东方图书馆，定 5 月 2 日开幕。"5 月 3 日的《申报》对开幕的盛况有更加详细的报道："上午十时起开始参观，该馆重要职员李拔可、王岫庐等均亲自招待。闸北宝山路上车水马龙，均为参观而来，人数达千余以上，内并有西人数人。"② 可见当时东方图书馆的开放是多么壮观的盛事，其首创私家藏书对外开放的壮举，在中国近代图书馆事业发展史上更是别具意义。

东方图书馆开放之初，馆长主持图书馆一切事务，馆内分设总务、中文、西文三部，经费预算 22000 元，其藏书主要是涵芬楼的旧藏。东方图书馆被炸毁前的藏书数量达 46 万余册，而当时国立北京图书馆的藏书不到 40 万册，中华书局的图书馆至 1934 年藏书仅 9 万册左右，这充分说明东方图书馆在民国时期是首屈一指的大图书馆。③ 在阅览服务方面，东方图书馆设立阅览室、阅报室、普通书库、善本室（涵芬楼）、陈列室、本版保存室等，通过《阅览章程》《参观规则》《公开阅览办事细则》等规章制度保证对外服务的开展。为扩大服务读者范围，吸引更多读者，东方图书馆于 1928 年 3 月 19 日设立儿童图书馆；1929 年筹设流通部，专门提供读者外借服务；1930 年增设儿童借阅部，并订有图书馆出借简章。在当时中国图书馆事业刚刚起步发展之时，东方图书馆能有相对完善的规章制度、分工明确的各服务部门以及倡导开架阅览的运作方式，是极为难得的。据统计，1929 年到东方图书馆阅览的人数近 3 万人次，1930 年为 3.6 万余人次。④ 在

① 张树年. 张元济年谱［M］. 北京：商务印书馆，1991：247.
② 张人凤，柳和城. 张元济年谱长编：上［M］. 上海：上海交通大学出版社，2011：746.
③ 吴相. 从印刷作坊到出版重镇［M］. 南宁：广西教育出版社，1999：233-234.
④ 吴相. 从印刷作坊到出版重镇［M］. 南宁：广西教育出版社，1999：228-233.

馆藏分类及检索方面，东方图书馆主要采用王云五制定的中外图书统一分类法和四角号码检字法。在东方图书馆建成之后，为了配合对外开放，王云五作为馆长，必须面对馆内所藏数十万新旧书籍的分类整理事宜。他认为："惟馆中藏书既有新旧中外之殊，目录编制自不能不别立新规。加以公开阅览，检查效率，最关重要。云五谬长馆务，乃取中外分类方法融会而变通之。又别创索引之法，以便检查。"① 此处的"中外分类方法"与"索引之法"无疑对应的是"中外图书统一分类法"和"四角号码检字法"。他曾专门自述："这两项是我自民国十三年（1924 年）迄十五年（1926 年）集中注意与研究之工作。……结果我的中外图书统一分类法于十六年（1927 年）四月最后完成，而我的四角号码检字法则于十五年（1926 年）八月初步就绪，十七年（1928 年）十月才增订完成。"② 然而，王云五苦心经营的东方图书馆仅仅存在五年多的光景，"一·二八"之役后，东方图书馆就成了历史。随后王云五便开始了商务印书馆与东方图书馆的复兴历程，已经退休的张元济也积极参与其中。1933 年 4 月 5 日，商务董事会第 408 次会议中，决议以乙种特别公积的三分之一（当年约 45000 元）为恢复东方图书馆用。③ 张元济随后就率先捐出 1 万元。在 29 日的商务董事会第 409 次会议上，讨论通过了《东方图书馆复兴委员会章程》，议定聘请胡适、蔡元培、陈光甫、张元济、王云五为委员，张元济担任主席，蔡元培、王云五为常委。作为商务印书馆的总经理，王云五不得不将更多的精力投入到商务的出版事业上，至于东方图书馆的复兴工作多由担任主席的张元济开展，直至抗日战争的全面爆发而终止。

王云五在抗战胜利后走上从政的道路，直到晚年从台湾政坛退出。但是他再次回归到图书馆事业当中，并将自己珍藏的 4 万多册图书、200 余种

---

① 王云五. 商务印书馆与新教育年谱 [M]. 台北：台湾商务印书馆，1973：199.
② 王学哲. 岫庐八十自述：节录本 [M]. 上海：上海人民出版社，2007：60.
③ 张树年. 张元济年谱 [M]. 北京：商务印书馆，1991：376.

中外期刊、100 多万元台币捐献出来创建云五图书馆。[①] 1974 年 10 月 2 日，云五图书馆正式对外开放。馆内规定逢节假日不开放，平时星期一至星期六下午 1 时至 7 时对外开放，但线装善本、孤本、珍贵参考书及由作者签名的赠送图书不外借。

第四节　与图书馆界的交往

张元济因其"书香"的家世渊源、"翰林"的国学功底、"商务"的出版实践、"文人"的普世情怀而跨入带有浓厚文化氛围的图书馆界。王云五作为张元济之后的另一商务印书馆核心，不仅继承和发扬了张元济对出版业和图书馆事业的部分精神，还结合自己对图书馆的认识和理解，直接参与到民国图书馆事业之中。王云五在主持商务印书馆的二十五年间，始终与图书馆界保持广泛且频繁的交往，甚至发生过激烈的"论战"，有力地推动了图书事业的发展，生动地展现了"王云五时代"出版界与图书馆界的互动及影响。考察作为出版人的他们与图书馆界的交往，可为当今社会了解民国出版界与图书馆界的良性互动及影响提供若干典型而生动的案例。

一、张元济与图书馆界的交往

张元济长期被出版界尊为研究民国出版史无法绕开的人物，但是综观其爱好和研究兴趣，明显指向藏书和古籍校勘等，因此与近现代图书馆学的研究范围及对象颇有交叉之处。当代图书馆界在研究中国第一代图书馆学人时，依据不同的分类标准，归纳总结出人数不一但大体一致的第一代

---

① 许涤新. 中国企业家列传：第二册 [M]. 北京：经济日报出版社，1988：206.

图书馆学人群体，张元济就是其中一位。① 我们据此主要考察与张元济交往密切的几位图书馆学人：缪荃孙、孙毓修、傅增湘、顾廷龙。

缪荃孙是清末著名学者、目录学家、藏书家、方志学家、图书馆学家，曾主持创办近代中国南北两大图书馆——江南图书馆（现南京图书馆）、京师图书馆（现北京图书馆），被誉为"中国近代图书馆之父"。其学识渊博、著述丰富，在学术界享有较高声誉。康有为曾说，"与缪荃孙同时代及晚于他出生的众多学人、书法家、金石家无一不直接或间接地受到他的恩泽"。作为缪荃孙的晚辈，可以说张元济就曾受过他的恩泽。《张元济书札》收录了张元济致缪荃孙书信 16 封，信中一直尊称缪荃孙为"小山老前辈大人"，所请教问题多涉及藏书、版本、钞书、考订等问题。② 孙毓修是清末民初著名的目录学家、藏书家、图书馆学家，曾师从缪荃孙，后在张元济的邀请和支持下出任涵芬楼的主要负责人。涵芬楼的旧书选购、版本鉴定，甚至配抄、修补等工作都是其亲力亲为，《涵芬楼借阅规则》的实际起草人便是孙毓修。在《张元济书札》中，粗略计算孙毓修与张元济往来书信就有 100 多封，大多是讨论版本考证和旧书校勘重印之事，张毓修长期协助张元济从事古籍整理工作。傅增湘是近现代著名藏书家、古籍校勘学家、版本目录学家，一生著述繁富，尤擅古籍校勘。张元济与傅增湘的信件往来现多收录在《张元济傅增湘论书尺牍》中，共 600 余封，为往来友人中交流最为频繁的。二者除在信件中畅谈访书、刻书、校勘等事之外，在生活琐事上也多有交流，如时常关心对方身体状况，甚至儿女的婚姻大事也互通有无，可见关系亲密。③ 顾廷龙是近现代著名古籍版本学家、目录学家，曾先后担任燕京大学图书馆采访部主任、上海合众图书馆总干事、上海图书馆

---

① 范凡. 民国时期图书馆学人 [J]. 图书与情报, 2011 (1)：131–134；赵元斌. 民国图书馆学人综论 [J]. 图书馆, 2015 (11)：6–12.

② 张元济. 张元济书札 [M]. 北京：商务印书馆, 1981：1–7.

③ 张元济, 傅增湘. 张元济傅增湘论书尺牍 [M]. 北京：商务印书馆, 1983：340–341.

馆长（1949 年后），长期致力于古典文献学、版本学和目录学的研究。据顾廷龙回忆，他与张元济结缘主要因为合众图书馆的创办，正是张元济的力邀，才使顾廷龙"移驾南来"主持合众图书馆的馆务，此后合众图书馆的具体事宜多由顾廷龙操办。至 1949 年顾廷龙生病后，二者仍交往密切，"如数日不往，必以笺相招"①。这几位被当今图书馆界尊敬的学者都曾与张元济有较为亲密的交往，除去对藏书、古籍、版本等内容的交流外，在生活或个人志趣方面都有一定的沟通。如果将此交流范围依各自的友人圈深入放大，可进一步延伸至整个民国文化教育界，似乎可以窥见民国文化精英群体在一段历史区间内对中国社会文化的导向、价值及贡献，这是我们及其他学者值得思考的方向。

张元济在图书馆实践和古籍校勘方面的成就一直为学界所称道，其在访书或古籍整理事宜上需要与各地图书馆接触，鉴于他身处的地域和社会文化环境，民国文化中心的京津、江浙地区成为其造访的主要区域。北京是张元济痛并爱着的地方，早年的入仕经历和交友圈让其与北京始终保持着一定的讯息渠道，尤其北京是全国的政治文化中心，作为文化精英的张元济不得不对北京有所关注。上文提到的缪荃孙在任职京师图书馆期间与张元济保持着密切的往来，当然，更多仅限于个人之间的学术交流。但是，张元济与后来担任北京图书馆馆长的袁同礼之间的交往，逐渐上升到商务印书馆与图书馆机构业务层面的往来。袁同礼（后加入美国国籍）是近现代图书馆学家、目录学家，曾先后担任清华学校（1928 年改名为"国立清华大学"）图书馆馆长、北京图书馆馆长、国立北平图书馆副馆长和馆长等职。在国立北平图书馆任职期内，他建立各种图书馆规章制度，积极拓展图书馆业务工作，重视人才培养，创办馆刊，进行学术研究，编辑多种卡片目录、联合目录和书目索引等，树立了中国现代图书馆的楷模。张元

---

① 顾廷龙. 回忆张菊生先生二三事［G］//1897—1987 商务印书馆九十年：我和商务印书馆. 北京：商务印书馆，1987：11.

济与袁同礼的私人往来也较多，主要集中于古籍善本的影印、校雠、收藏等方面，但是在业务往来方面，二者各自代表着不同的机构和文化领域。如张元济来往书信中有数封是寄给当时国立北平图书馆而不是袁同礼或其他个人的，所言涉及古籍承印、借抄等内容，也有流通文化、互相惠及的义举。[①]上海是民国时期商务印书馆的大本营，与上海市图书馆的交往必然有张元济的身影。1936 年，上海市图书馆成立，张元济被聘为董事会董事。张元济曾在上海市政府公函中批注"事关文化，自当勉竭所知"[②]之言，可见其对文化教育事业的尽心尽力，这为新中国成立之后，张元济将合众图书馆的大量藏书移交给上海市人民政府文化局埋下伏笔，这批图书日后也成为新成立的上海图书馆的一部分。值得一提的是，创刊于 1926 年的《图书馆学季刊》编辑部曾向张元济致函约稿。[③]《图书馆学季刊》是民国时期中国图书馆学学术期刊的杰出代表，专门致函约稿的对象多是在专业领域内有很深造诣和威望较高者，至今专业期刊所约稿者大致如此，可见张元济在图书馆学研究领域及业界有较好的声誉。

二、王云五与图书馆界的交往

与张元济的低调、内敛不同，王云五更高调、张扬。除了来自社会各界对王云五功绩的赞扬外，王云五也多次对自己所做业绩进行宣扬。从王云五的著作及回忆录中，可多次发现其对自己"发明"中外图书统一分类法、四角号码检字法，出版《万有文库》等业绩充满自信和自豪，以至于后来推出的不少工具书多以自己的名字命名，如《王云五大辞典》《王云五

---

① 张人凤. 张元济与中国近现代图书馆事业［M］. 上海：上海科学技术文献出版社，2014：85-87.

② 张人凤. 张元济与中国近现代图书馆事业［M］. 上海：上海科学技术文献出版社，2014：106.

③ 张人凤. 张元济与中国近现代图书馆事业［M］. 上海：上海科学技术文献出版社，2014：95.

小辞典》《王云五新辞典》等。他也曾骄傲地表示："我不是职业的图书馆馆员……而与我有关系的图书馆至少有几千所。"① 正如笔者在前文中所论述的，王云五确实对民国图书馆事业及图书馆学术研究有过重大贡献，但是图书馆学界是如何看待王云五及其所代表的商务印书馆的呢？如果要还原具体的互动细节，目前尚没有更多材料加以佐证，我们在此只能通过几次"争论"略窥一斑。

首先是关于《中外图书统一分类法》的争论。1928 年底，商务印书馆出版了王云五编写的《中外图书统一分类法》，但是这种图书分类法并非如王云五自己认为的那样完美无缺，当时的图书馆学者就曾对该法提出过质疑和批评。该书出版后不久，学者金敏甫就撰写了一篇非常详细的书评，对该书中存在的硬伤直言不讳。其重点指出，王云五把分类与编目混淆；所添加的三种类号相对于数字和字母而言不仅没有次序，也没有意义；著者号不统一；索引法混乱；等等。② 图书馆学专家刘国钧对该书是这样评价的："王先生的方法只是就杜威的分类法加上一些关于中国的类目。表面看来似乎简便；实际运用，殊嫌繁重，至于紊乱类属的系统，违反分类原则的地方很多，那更是他理论方面的缺点了。"③

其次是关于四角号码检字法的争论。这一项重要发明的发明权本身就有争议。章锡琛、叶圣陶等人就说过，这个方法是高梦旦（前任编译所所长）发明的。后来出任商务印书馆总经理的陈原也在他的论著中说："传说商务推行的四角号码检字法本来是高梦旦发明的，王云五只不过使之完善罢了。"④ 因为当时还在世的高梦旦并没有对此事发声，而且他历来抱有"成事不必在我，成功不必在我"的宗旨，如胡适所说，高先生是把名利视

① 王云五. 我的图书馆生涯 [G] //杨扬，陈引驰，傅杰. 学人自述. 杭州：杭州大学出版社，1998：86.
② 金敏甫. 评王云五的中外图书统一分类法 [J]. 图书馆学季刊，1929（1-2）：279-288.
③ 刘国钧. 图书馆学要旨 [M]. 上海：上海书店出版社，1989：84.
④ 陈原.《张元济年谱》代序 [G] //陈原出版文集. 北京：中国书籍出版社，1995：372.

同尘埃的"圣人"，所以多数学者还是认为该检字法是王云五发明的。但这难免会让人心中产生芥蒂，对王氏检字法的认同大打折扣。杜定友就对王云五的四角号码检字法直抒己见："各种检字法中，以四角号码有相当影响，但我认为王云五不识中国字。"① 在王云五的《王云五大辞典》出版后，《国立北平图书馆馆刊》发表《新书介绍》，文中对尚存争议的王氏图书分类法及检字法并不认同，还暗讽王云五缺少"谦谦君子之风"。②

　　再次是关于《万有文库》的争论。商务印书馆出版《万有文库》第一、二集时已经采用了王云五的中外图书统一分类法和四角号码检字法，不仅将各书分类号刊印在书脊上，而且在附带的目录卡片左上角也印上了分类号。商务印书馆此举原本是为了方便图书馆，无须再进行分类编目，节省管理成本，解决图书馆专业人员不足的问题，但是图书馆界同人对此并不认同，反对的声音还比较强烈。何日章、刘国钧、曹祖彬等人专门撰文对商务印书馆出版的《万有文库》表达图书馆界的意见：每个图书馆都有自己的分类法，《万有文库》书脊上的分类法容易造成一馆两法或无法适用；附带的目录卡片对不同分类法的图书毫无用处；丛书学科分配比例失当；等等。③ 商务印书馆针对此次意见有两次回函，并针对上述意见逐一驳回，言语之间亦是措辞犀利，没有采纳任何意见。刘国钧对商务印书馆的回函及态度"不胜遗憾"，表示"雅不愿其牺牲金钱于无甚裨益之事业"。④ 虽然代表两个界别的短暂交锋并未引起过多的关注和热议，但是彼此之间的关系已经产生较大的裂痕，并进而上升至对王云五个人的抨击。

　　最后是图书馆界对王云五的态度。无论是对中外图书统一分类法和四

---

　　① 杜定友. 我与图书馆学［G］//钱亚新，钱亮，钱唐. 杜定友先生遗稿文选：初集. 南京：江苏图书馆学会，1987：59.

　　② 新书介绍：王云五大辞典［J］. 国立北平图书馆馆刊，1930（5）：126-127.

　　③ 衡如. 图书馆界同人对于万有文库之意见［J］. 中华图书馆协会会报，1929（1-2）：63-67.

　　④ 衡如. 图书馆界同人对于万有文库之意见［J］. 中华图书馆协会会报，1929（1-2）：68.

角号码检字法的争论，还是对《万有文库》的意见，最后的矛头都是指向代表商务印书馆态度的王云五。金敏甫、刘国钧、杜定友、何日章等人都是当时比较有名的图书馆界学者及专家，他们所发表的言论大致表明了图书馆界的态度，虽然他们所持言论大多措辞文雅，但是字里行间无不透露出对王云五的轻视。正如笔者此前所言，王云五是自学成才的新型知识分子，学术功底难免有所不及甚至欠缺，但是并不能因此而抹杀王云五对图书馆事业及图书馆学基础理论研究所做出的贡献。而因为王云五和商务印书馆没有采纳部分图书馆同人的意见，杜定友先生在此之后对王云五的暗讽也达到相当的"高度"："因为图书馆专业不受人重视，而不知图书馆为何物之辈却当起馆长来。常自愤恨地说：'我要办一个机械化的图书馆。不懂得图书馆学的人，休想摸一摸，否则，轧脱手指头。'"① 言已至此，似乎对一个非图书馆学专业学者的态度过于苛刻了。作为中国近代图书馆学人的代表人物之一，杜先生本不该自怒于普通性质的学术争论，也恰恰是这种"恼羞"式的抨击反映出第一代图书馆学人对图书馆学本身的不自信，可以说这种"不自信"一直影响着后世众多的图书馆界学者及从业人员，直至今日。

小　结

本章重点比较了张元济与王云五对图书校藏理论及图书馆实务方面的贡献，最后论及同一图书事业下的不同行业界别与他们的交往、对他们的态度。出版界与图书馆界作为图书买卖的双方，似乎存在着天然的矛盾，但两界的合作却在民国时期的张元济身上达到了完美契合。这是当今学界

---

① 杜定友. 我与图书馆学［G］//钱亚新，钱亮，钱唐. 杜定友先生遗稿文选：初集. 南京：江苏图书馆学会，1987：65.

和业界孜孜追求却又难以实现的"理想"愿景，因为两个行业在事业目标上有着本质的属性分歧——赢利与公益。对于出版界来说，追求利益最大化是其作为商业机构的始终目标，但是对于图书馆界来说，扩大馆藏，无偿为读者和社会服务是其存在的必然。这两个看似"无法调和"的矛盾体在民国时期的张元济时代达到一定程度的"调和"，而且被后世无限赞叹和颂扬。回首再看，图书馆事业的发展、藏书量的增加、读者群体的扩大，肯定为商务印书馆创造了赢利空间；反之，商务印书馆的获利进而扩大出版经营也必然会为图书馆提供更多可供选择的书刊。如果商务印书馆介入图书馆事业的最初动机纯粹是赢利，那么拨巨资筹建创办民国最大的民营图书馆，以及后来创办诸如师范讲习所、尚公小学、商业补习学校、函授学校等多种公共教育事业就无从谈起。张元济之所以被图书馆界所承认和接受，不是因为其出版巨子的地位或其他，而是因为张元济在图书馆事业、公益文化事业及相关研究道路上的倾心付出和文化情怀——这是当今出版界和出版人所缺乏的，也是当今图书馆界和图书馆人难以企及的。正如此后的情形，当商务印书馆的指挥棒移交至下一代领军人物王云五手中之后，图书馆作为图书市场的作用被放大，王云五试图充分挖掘图书馆市场，兴致勃勃地"发明"了中外图书统一分类法和四角号码检字法，还花大力气出版了一套《万有文库》，可谓用心良苦。其结果有积极的一面，但也招来图书馆界的不少争议。究其原因，主要还是王云五主持的商务印书馆在经营理念和目的上更加注重赢利，商业气息过浓而忽略了图书本身及出版业的文化性。也有人表现出对王云五个人及其文化水平和学术地位的轻视之意。可见，商务印书馆两代领军人物不同的经营管理理念，尤其是在出版业"文化性"和"商业性"上的偏重，会直接影响出版界与图书馆界在文化事业上的共荣关系。当然，一味苛求出版界和出版人在利益上让步，过分要求其"文化自觉"也不可取，毕竟只有适当的利益驱动才能保障出版的正常运转和扩大经营。可以解释的是，出版业不同于一般的实业机构。

它所生产和经营的是文化实业，只有当产出的"文化产品"为民所用，滋养出更多的现代"文化人"，才可能有更大的消费市场和发展空间。图书馆正是培养这类"文化人"的基地，二者合作才能实现共赢。应该说，在文化领域出版界和图书馆界已经成为命运共同体，出版业与图书馆事业在民国时期的繁荣发展很好地证明了这一点。我们至今缺乏的就是张元济式的人，一个真正以文化精神办文化事业的知识分子群体。[①] 这里，我们引用图书馆界前辈沈祖荣先生的观点，他以图书馆的立场寄言出版界，认为出版界与图书馆界在救国运动和共谋文化发展方面是一条战线上的，希望出版界不要只以经营为中心，而要将眼光放远。[②]

---

① 邓文池. 民国出版界与图书馆界的互动及影响：以出版人张元济的图书馆事业为中心考察 [J]. 高校图书馆工作, 2018（2）：84-90；邓文池. 民国出版界与图书馆界的互动及影响：以出版人王云五的图书馆事业为中心考察 [J]. 图书馆, 2017（3）：56-62.
② 沈祖荣. 图所希望于出版界的 [J]. 文华图书馆学专科学校季刊, 1933（2）：138.

第四章
彼此关系的浮沉
——张元济与王云五之间的交谊与分歧

张元济与王云五是商务印书馆发展史上前后相继的两代主政者。既然是前后相继的关系，必然有所交集；又因为二人的年龄差别和主政时代的不同，在主政思路和理念上，必然有所差异，甚至是分歧。只有从源头上理顺二者之间的关系，才能更好地把握二者在商务印书馆共事与谋事的主要脉络，更为清楚地了解两代主政人在图书事业管理和经营的理念、策略、实践上承续与变革的地方。

第一节 事业友谊的建立

作为商务印书馆两代主政者，张元济与王云五两个毫无瓜葛的社会个体因为共同的事业走到了一起，正是由于他们整体上的和谐共处，商务印书馆才成为近代最为出色的出版业代表。

一、事业交集的起点

张元济与王云五的交集应该就是从考虑王云五能否进入商务印书馆事宜开始的。

在新文化运动蓬勃发展时期，时任商务印书馆编译所所长的高梦旦觉得自己的观念和知识已经跟不上形势，而且既不谙白话文又不懂西文，适应不了新潮流，为公司发展着想，他决定辞去编译所所长职务。恰逢当时商务印书馆不少出版物销售欠佳，还不时招到学术界"保守""落伍""不负责任"的严厉批评，因此高梦旦与张元济协商另觅适当人选以代之。张元济认为，"精通旧学之人恐不能适于我馆之用"①，必须是接受过新式教育，并能担负起管理商务印书馆重任的优秀人才。最早进入张元济选择视野的是胡适。当时胡适颇受学术界和文化界敬重，他提倡白话文，是新式知识分子的代表人物。在高梦旦、张元济的诚挚邀请之下，胡适盛情难却，答应暂且到上海商务考察一番。

关于胡适为什么南下考察商务印书馆，文化界众说纷纭。很多学者认同章锡琛的看法，说胡适南下考察是"揸不过商务的面子践约而来"②；也有学者说，胡适对商务印书馆编译所所长的薪水和权力有些动心；陈原先生认为胡适南下是"虚晃一枪"，有顺便旅游之意。③ 当然最为关键的还是胡适自己的解释："一时高兴来看看，使我知道商务的内容，增长一点见识。"④

1921 年 7 月 15 日至 9 月 6 日，胡适利用暑假时间造访商务，还与商务

① 王寿南. 王云五先生年谱初稿：第一册 [M]. 台北：台湾商务印书馆，1987：141.
② 章锡琛. 漫谈商务印书馆 [G] //1897—1987 商务印书馆九十年：我和商务印书馆. 北京：商务印书馆，1987：102-124.
③ 陈原. 陈原出版文集 [M]. 北京：中国书籍出版社，1995：396.
④ 中国社会科学院近代史研究所，中华民国史研究室. 胡适的日记 [G]. 北京：中华书局，1985：204-205.

印书馆编译所的人员就出版展开讨论并提出改革意见，但是最终并未接受商务印书馆的聘请，而是向张元济、高梦旦推荐了自己在中国公学的英文老师王云五。胡适 1921 年 7 月 18 日的日记记载："梦旦问我，若我不能来，谁能任此。我一时想不出人来。"① 此时是胡适到商务印书馆考察还没几天。也就是说，胡适南下考察商务印书馆根本就早已下定决心不接受聘请，并且已经将这一想法告知了高梦旦，才引出了高梦旦的提问，而此时的胡适也并未想起曾经的老师王云五。但是，没多久，王云五就出现在胡适的视野当中，并且评价非常好。"十一时访云五先生（之瑞），谈了四个多钟头。他曾教我英文。他是一个完全自修成功的人才，读书最多，最博。家中藏西文书一万二千本，中文书也不少。他的道德也极高，曾有一次他可得一百万元的巨款，并且可以无人知道，但他不要这种钱，他完全交给政府，只收了政府给他的百分之五的酬奖。此人的学问道德在今日可谓无双之选。他今年只三十四岁，每日必要读一百页的外国书。"② 从这个记录中，我们可以发现王云五的口才是极好的，四个多小时的交谈算得上是深谈了，还能把一些诸如"巨款事件"，"每日必要读一百页的外国书"等私事都告知胡适。可是据王云五的回忆和胡适之前的日记来看，他们彼此之前并没有什么深交，不太可能多年后再见还能如此深聊。根据一般人交往见面的寒暄，王云五见到胡适之后，极有可能会问胡适为何到的上海。胡适可能没有具体说出考察事宜，但多少也会透露一些。至于王云五回忆说"事前绝未和我商量"③，应该是说没有征求他是否愿意进入商务印书馆的意见，而并非没有提及商务印书馆要聘请编译所所长的事。然后再看他们交谈的内容，大致可以体会其中王云五自我推荐的意味了。这样的自我推荐和内心

---

① 中国社会科学院近代史研究所，中华民国史研究室. 胡适的日记［G］. 北京：中华书局，1985：146.

② 中国社会科学院近代史研究所，中华民国史研究室. 胡适的日记［G］. 北京：中华书局，1985：150.

③ 王学哲. 岫庐八十自述：节录本［M］. 上海：上海人民出版社，2007：55.

表露也从胡适第二天的日记中得到印证："云五先生读书极博，他自己说他的好奇心竟是没有底的，但甚苦没有系统。"① 而胡适"在今日可谓无双之选"的字里行间也不免释放出这样一个信号：王云五成为商务印书馆编译所所长候选或备选的角色。从胡适在考察期间的日记来看，他更多的是同商务印书馆领导层和内部员工进行交流，并未考察其他可以替代自己的人选。胡适第一次正式向商务印书馆推荐王云五代替自己，是 1921 年 8 月 17 日，也就是差不多一个月之后。到快要结束考察时，又作了推荐，理由是："云五的学问道德都比我好，他的办事能力更是我全没有的。"②

为何胡适一方面觉得"得着一个商务印书馆，比得着什么学校更重要"，一方面又不愿意进商务印书馆，推托说自己"是一个书呆子，不善于应付人际关系，王云五则既有学问，也有办事才能，比他强得多"呢？③ 他两次作出解释。第一次是 1921 年 4 月 27 日，他还未南下考察："我还是三十岁的人，我还有自己的事业要做；我自己至少应该再做十年、二十年的自己的事业，况且我自己相信不是一个没有贡献的能力的人"。第二次是 1921 年 8 月 13 日，也就是胡适已经南下考察近一个月时，他又说："这个编译所确是很要紧的一个教育机关，——一种教育大势力"，"我是三十岁的人，不应该放弃自己的事，去办那完全为人的事"。④ 他的想法清晰地表露出来。就这样，王云五被胡适推荐到商务印书馆。

二、事业路上的扶持

目前关于王云五是如何进入商务印书馆的尚没有更多直接、明确的资

---

① 中国社会科学院近代史研究所，中华民国史研究室. 胡适的日记 [G]. 北京：中华书局，1985：154-155.

② 中国社会科学院近代史研究所，中华民国史研究室. 胡适的日记 [G]. 北京：中华书局，1985：204-205.

③ 王建辉. 文化的商务：王云五专题研究 [M]. 北京：商务印书馆，2000：7-8.

④ 转引自陈达文. 胡适与商务印书馆：胡适日记和书信中的商务资料 [G] //1897—1987 商务印书馆九十年：我和商务印书馆. 北京：商务印书馆，1987：575.

料，但是起码必须首先得到高梦旦、张元济的认可。高梦旦当时是编译所的所长，也是张元济在商务印书馆最为信任的伙伴。张元济之前也担任过编译所的所长，后来担任总经理之后的唯一经理，当时的职务是与卸任的总经理同为监理，是商务印书馆的实权人物。因此，王云五进馆首先须得到高、张二人的同意。而当时的王云五真的是名不见经传，可最后他们竟然都同意了王云五进馆。其中的原因，我们认为有以下几点。

一是尊重胡适，让王云五尝试一下。毕竟胡适在当时是非常有影响力的，而且也是商务印书馆多次邀请和需要拉拢的重量级人物，直接否定或驳回他的建议恐不太合适，暂且同意一试。二是相信胡适，试用王云五。张元济、高梦旦相信胡适不至于为了搪塞，随便推荐一个人，王云五应该有自己的过人之处，可以一试。三是利用王云五与胡适的关系，进一步拉近商务印书馆与胡适以及北京文化学术界的关系，为商务印书馆聚拢人脉和人气，拓展业务范围。可见胡适在王云五进入商务印书馆的事情上起着极其重要的作用。王云五也确实不负众望，非常有才干，实习约两个月的时间，就提出一份《改进编译所意见书》。高梦旦非常欣赏王云五，很快就提议让王云五接任编译所所长。张元济最初是较为慎重地建议："（王云五）可先任副所长，梦公仍兼所长。如兼管业务科事，则编译所事尽可交与王，而己居其名，俟半年后再动较妥。"① 但是在高梦旦的坚持下，经张元济转呈商务印书馆董事后，同意王云五接替高梦旦担任编译所所长职务，并支持他对编译所进行改革。1922 年 1 月 17 日，商务董事会第 268 次会议讨论通过："自十一年份起请王岫庐君为编译所所长，仍请高梦旦在编译所一同办事。"② 虽然张元济最初暂缓王云五担任编译所所长的建议相对保守谨慎，但毕竟是为商务印书馆的发展大局着想，人选一旦最终确定下来，他还是用人不疑，极力扶持的。从王云五随后对编译所的大力改革来看，没有张

① 张元济. 张元济日记：下册 [G]. 北京：商务印书馆，1981：808.
② 陈原. 陈原出版文集 [M]. 北京：中国书籍出版社，1995：396.

元济的认可和支持是难以想象的，毕竟初入馆的年轻人，既无资历，又无地位和名气，直接触动的还多是编译所这个特殊的知识分子群体。王云五后来回忆他与张元济合作，认为1920—1926年是张元济间接管理和全面监督时期，张元济对他是很客气很礼貌的。① 他还说，在商务印书馆与张元济够得上朋友的只有三人，按照时间顺序，首先是高梦旦，其次是他自己，第三位是陈叔通。② 他与张元济的友谊一直持续到20世纪40年代。

1926年张元济退休以后，担任商务董事长，精力主要投入到古籍文献的整理和研究当中，极少直接干预商务印书馆行政事务，但是仍密切关注着商务印书馆的发展，并在商务印书馆最需要帮助的时候给予最大的支持，这也是对王云五最大的帮助。1929年9月，王云五因故提出辞职。③ 但是没过多久，商务印书馆总经理鲍咸昌因病去世，在张元济和高梦旦的极力主张之下，商务又重新请回王云五，并聘请他出任商务印书馆的总经理。可见张元济是极为看重王云五的，这也是对王云五进入商务以来工作成绩的认可和肯定。整个30年代，应该是商务印书馆发展的巅峰时期，亦是商务印书馆所经历的最为困难的时期。不仅要面对战争带来的动乱、同行业的激烈竞争以及文化学术界的质疑等外部问题，还要处理商务印书馆的复兴、员工的生计等内部问题，为此，王云五曾萌生退意，又是张元济动之以情、晓之以理地劝慰他留下。④ 1939年，有商务印书馆同人会散发《告股东及社会同人书》，攻击以王云五为首的商务印书馆当局，张元济亲自主持董事会，并决议致函王云五加以安慰。哪怕是王云五在抗战胜利之后进入蒋介

---

① 王寿南. 王云五先生年谱初稿：第一册［M］. 台北：台湾商务印书馆，1987：897.

② 王云五. 旧学新探：王云五论学文选［G］. 上海：学林出版社，1997：163.

③ 据王云五自己回忆说，是因为自己不曾担任商务总责，却总是被派去调解商务内部工潮，疲于应付，故而辞职。还有几种说法：王云五因商务旧制限制其从自己编写的图书中抽取版税而与商务及张元济有争执，愤而辞职；编辑《百科全书》徒劳无功，受到各方指责；《万有文库》第一集最初销售不畅，积压大量资金。参见王建辉. 文化的商务：王云五专题研究［M］. 北京：商务印书馆，2000：48.

④ 王云五. 商务印书馆与新教育年谱［M］. 台北：台湾商务印书馆，1973：624-625.

石政府从政，张元济亦有向王云五致信记述自己所见所闻及提出一些建议，① 依旧对曾经的同事、朋友有所希冀和期许。

相较于张元济对王云五的认同和支持，王云五作为晚辈和后继者，对张元济亦是非常敬重的。

王云五在 20 世纪 30 年代曾对自己与张元济的关系有过直接的描述："余初入商馆时，彼此虽尚融洽，究非无话不谈者。及'一·二八'以后，菊老知我益深，不仅在公务上无事不尊重余意，力为支持，即私交上亦无话不说，取代了梦旦先生对余之关系地位。"② 这应该是较为真实的描述。在王云五初入馆的问题上，时任编译所所长职位的高梦旦比张元济更为积极。因为高梦旦迫切地想从编译所所长的位子上退下来，并且主要负责与胡适、王云五等人的接洽，以致王云五认为自己是高梦旦引进来的。③ 他说，"高先生与我向无一面之雅，对于我的著译，据后来对我说，虽略曾寓目，以多系从外文译成中文，他既不懂外文，也就无从判别优劣。可是一经适之推荐，便毫不迟疑地着重考虑"④，并且始终记着高梦旦的知遇之恩。"自从我开始认识高先生之日，直至他撒手离开这世界的最后一秒钟（因为高先生去世的一秒钟我正侍立病榻之旁），中间约摸十五足年，对公事上我和他商讨最多，对私交上也和他过从最密。他的性情，我是认识最真之一人；他的美德，我也是知道最多之一人。"⑤ 在高梦旦去世以后，王云五还专门设立了"高梦旦先生奖学金"⑥。要知道，张元济任经理时，曾向总经理高凤池建议设立基金奖励公司子弟向学，但是被高凤池驳回，并说这样

---

① 张树年. 张元济年谱 [M]. 北京：商务印书馆，1991：471.

② 王云五. 商务印书馆与新教育年谱：下册 [G]. 南昌：江西教育出版社，2008：669-670.

③ 王云五. 岫庐八十自述 [M]. 台北：台湾商务印书馆，1967：118.

④ 王云五. 岫庐八十自述 [M]. 台湾：商务印书馆，1967：77-78.

⑤ 王云五. 我所认识的高梦旦先生 [G] //1897—1987 商务印书馆九十年：我和商务印书馆. 北京：商务印书馆，1987：42.

⑥ 张树年. 我的父亲张元济 [M]. 上海：东方出版中心，1997：164.

的事情交给社会福利机构办为好。王云五此时特设"高梦旦先生奖学金"应该是与商务印书馆保守派管理层的意见相左的，但是为了感谢高梦旦先生，他还是勇敢地做了。

在王云五入馆初期，张元济逐渐开始退居二线，也就是间接管理和全面监督时期，张元济对他是很客气很礼貌的。张元济不仅是商务印书馆的前任主政者，还是商务印书馆幕后的灵魂人物，更是年长于王云五的前辈。于情于理，王云五都应该是对他相当敬重的。但是，张元济为人低调、清廉，与人交往多以学术及事业为中心，王云五能为张元济付出的机会不多，只能在张元济的生活细节方面做一些努力。有两则事例可略窥王云五的用心。一是为退休后的张元济另发薪酬。张元济退休后仍在为商务印书馆的古籍整理刊印工作操劳，而且基本上属于义务性工作，没有任何报酬。1935年6月18日，总经理王云五和经理李拔可、夏鹏联名致书张元济："近年公司印行《百衲本二十四史》、《四部丛刊》正续各编，全赖我公一手主持，劳苦功高，远非公司在职同人所及。而纯任义务不下十年，尤为全体同人所敬佩不已。"他们决定每年给张元济"薄酬"四千元，并先附上当年上半年二千元支票。但是张元济坚辞不受，还将王云五等人送的支票注销送回。① 二是为张元济祝寿。1936年，时值张元济七十大寿。张元济历来是不喜欢过寿的，早在十年前六十岁大寿时，老朋友蔡元培为他祝寿并送上礼品，他就"谨当心领，原品奉还"②。于是，王云五决定通过编印两种图书的方式来为张元济祝寿。因为是编印图书，不仅有利于学术传播和交流，也符合张元济学术救国的心愿，这是张元济不好拒绝的。编印两种图书的方式：一种是邀请张元济的好友撰写研究张元济的专文，由商务印书馆编印成《张菊生先生七十生日纪念论文集》，"献给这一位学者与学术界功臣，

---

① 张树年. 张元济年谱 [M]. 北京：商务印书馆，1991：409.
② 张树年，张人凤. 张元济蔡元培来往书信集 [G]. 香港：商务印书馆，1992：60.

作为他七十岁生日的一点寿礼"①。另一种是编发《中国文化史丛书》。这套丛书是由王云五主编的，书前用红色套印题识："张菊生先生致力文化事业三十余年，其躬自校勘之古籍，蜚声士林，流播至广，对于我国文化之阐扬，厥功尤伟。《中国文化史丛书》之编印，实受张先生之影响与指导。第一集发行之始，适当张先生七十生日。谨以此献于张先生用志纪念。"② 从这件事上，可以看出王云五确实是十分用心的，方式也别出心裁，最为关键的是张元济也无法拒绝。这一时期恰恰也是商务印书馆和王云五事业发展的高峰期，在人生最为辉煌的时候仍不忘为一位长者、前辈用心祝寿，进一步证实了王云五对张元济的敬重。③ 当然，这种友谊也达到了巅峰，此后便开始慢慢退化了。张元济与王云五关系的退化，并不是如暴风骤雨般迅疾来临，而是如二人从相识到相知那般渐进式地发展。这种微妙变化主要开始于全面抗战之后，也正是王云五为张元济祝寿后不久。后文会再专门论述他们的分歧。

新中国成立之后，台湾和大陆消息有隔，张元济于 1959 年逝世，王云五直到 1963 年才获知。他随即写了《张菊老与商务印书馆》一文，以悼念张元济。文中说："菊老支持之功实于我大有补助。假使没有他的全力支持，在效果未显明的过渡时日，恐怕我的成就不免要打个折扣。"④ 对张元济更为直接、详细、客观的评价源自王云五晚年的著述："夏君因南洋公学不时有中文印件委托外间办理，借此时与张君接洽，至是乃以投资并主持编译相商。经张君详加考虑，卒应许参加，并为专力主持商务印书馆编译之任，遂辞南洋公学，以就商务之职。自是厥后，商务印书馆始一改面目，由以印刷业为主者，进而为出版事业。其成为我国历史最长之大出版家，

---

① 王寿南. 王云五先生年谱初稿：第一册 [M]. 台北：台湾商务印书馆，1987：318-319.
② 张树年. 我的父亲张元济 [M]. 上海：东方出版中心，1997：59-60.
③ 王寿南. 王云五先生年谱初稿：第一册 [M]. 台北：台湾商务印书馆，1987：1357.
④ 王云五. 旧学新探：王云五论学文选 [G]. 上海：学林出版社，1997：170.

实始于张君之加入。"① 这是对张元济投身商务印书馆以来，为商务印书馆在民国时期走向辉煌付出巨大心血的全面论述，亦是对张元济一生的高度肯定和由衷敬佩，体现出他们在图书事业中互为犄角、惺惺相惜的一面。

第二节　事业变革中的接力

张元济与王云五的事业友谊的建立不仅是因为前任和继任者之间的互相支持及敬重，更在于他们彼此在一些经历和性情上的相似，并在主政商务印书馆的策略和思路上有着继承和发扬、传送和接力的一面。

一、从事图书事业的相似品质

尽管我们在前文中更多突出了张元济与王云五早年教育和家庭社会环境中多方面的差异，但是并不影响我们对他们身上相似点的探讨。事实上，他们身上存在着很多共通的地方，否则就难以解释他们如何在长期的共事中做到和谐相处，接力将商务印书馆推向更高的发展阶段。

首先，他们有着若干相似的经历。张元济虽是浙江海盐人，但是出生于广东；王云五出生于上海，却是广东人，幼年也曾在广东住了三四年，勉强算得上张元济的半个老乡。张元济曾主持过通艺学堂、南洋公学，办过《外交报》，代理过上海刊物在北京的发行，② 王云五曾在国民大学、中国公学担任过英文教师；张元济主持过译书院，王云五做过全国煤油矿事宜处的翻译工作，亦在公民书局从事过编译工作。可以说他们在投身商务印书馆之前都有一定的图书事业经历，具备从事图书事业的综合条件，而

---

① 王云五. 商务印书馆与新教育年谱：上册 [M]. 南昌：江西教育出版社，2008：3.

② 张元济. 张元济全集：第 2 卷 书信 [G]. 北京：商务印书馆，2007：190.

且都与教育结缘，这为他们之后能够在商务印书馆共事奠定了基础。

其次，他们都钟情于图书。张元济不仅出身书香世家，还是晚清翰林，旧学基础深厚，尤其擅长古籍整理与研究，而且爱好收藏古籍，一生都不曾离开过图书事业。他不仅创办过通艺学堂图书馆、涵芬楼，还参与过松坡图书馆、南洋公学图书馆、合众图书馆的创建，自己个人的藏书也非常丰富。王云五是通过自学成才的，他的成才离不开书籍的作用，而且王云五也非常热衷于藏书。胡适推荐王云五以自代时，就说他"家中藏西文书一万二千本，中文书也不少"①。据他自己回忆，到抗战全面爆发时，他所藏图书达8万册。② 可以说对图书的钟爱是他们投身图书事业的共同因素，也是他们进入商务印书馆后能多出好书、慧眼识珠的重要原因。

再次，他们都思想开明，善于接受新事物。虽然张元济是传统知识分子，但是还是在保守中展现出开明的一面，如主动学习英文、改革早期作坊式的商务印书馆、推动西方名著出版、积极引进西方先进技术设备等等。尽管在历经戊戌政变的阴影之后，他始终与政治保持距离，但是这并不妨碍他对新知识、新思想的吸收借鉴，并且他能够适潮流而动，大胆起用新人，积极推动改革。王云五走出社会所依靠的就是自学成才，他对西方文化的了解和吸收要远比张元济丰富，所以他更愿意尝试新事物，尤其是来自西方的制度和理念。不断改革创新是他们推动商务印书馆发展又一类似的品质。

最后，他们都具有坚韧务实的职业操守。张元济、王云五进入商务印书馆的时候，都正值商务印书馆发展上的瓶颈期，他们都毅然勇于承担重任，将个人和商务印书馆的命运紧密联系在一起，而且都倾注了很多的心血，充分展示了他们勇于任事、坚韧不拔的优秀品质。在对待商务印书馆

---

① 中国社会科学院近代史研究所，中华民国史研究室. 胡适的日记 [G]. 北京：中华书局，1985：150.

② 王云五. 王云五回忆录 [M]. 北京：九州出版社，2012：238.

经营管理的细节问题上，正是因为他们都努力躬亲、不辞劳苦，最终才实现了商务印书馆一次又一次的崛起和辉煌。

二、事业道路的前后相继

我们多次提到张元济与王云五是商务印书馆前后相继的两位主政者，除了职位上的前后相继，更多的还是体现在他们对图书事业的费尽心血、始终热爱上。

从近代商务印书馆整体的发展历程来看，是张元济改造了小作坊式的旧式印刷厂，使商务印书馆走上出版的道路。至王云五进馆时，商务印书馆已是"全国最大出版家"①。王云五加入后，无疑是站在巨人的肩膀上，在相当大程度上，可说他是继承了张元济的事业。民国时期，商务印书馆发展至顶峰，王云五功不可没，但也不能忽视张元济时期打下的坚实基础。从这方面，又可以说王云五发扬了张元济的图书事业。

从出版事业的方向来看，张元济时代以教科书出版奠定商务印书馆的基础，王云五时代继续秉承教科书出版的重要地位，并将出版中小学教科书延伸至出版大学教科书。张元济时代出版的《世界丛书》是商务印书馆出版最早的普通丛书，王云五时代更是大量刊印丛书，如《中国文化丛书》《各国社会经济史丛书》《公民教育丛书》《比较教育丛书》等，最为直接的是其刊印的"汉译世界名著"至 1936 年已有 200 多种。② 新式丛书的出版是王云五时代重要的出版方向，同样是继承和发扬了张元济的丛书出版思路。在古籍整理与出版方面，由于张元济自身偏爱和推动，商务印书馆在出版古籍上着力和投入都不小，王云五也继续着古籍编印出版的事业。他曾说："四部丛刊创刊于民国八年，在余加入商务印书馆前二年；因是，

---

① 王学哲. 岫庐八十自述：节录本 [M]. 上海：上海人民出版社，2007：54.
② 商务印书馆. 本馆四十年大事记（1936）[G] //1897—1992 商务印书馆九十五年：我和商务印书馆. 北京：商务印书馆，1992：695-696

此一出版计划与余无关，而由商务印书馆前辈张菊生先生独力主持。惟四部丛刊续编三编等之继续刊行，则在余主持商务印书馆后十余年，除商承前辈张菊生高梦旦两先生指导外，当然由余负其责任。"① 可见他们在古籍整理与出版方面的承续。另外，在工具书、杂志出版方面，也不难发现，王云五在张元济之后都是有一定继承和发扬的，只是在战乱时局下不得已才开始收缩，可以说在方向和思路上仍有着连续性。

从图书馆事业来看，最能体现张元济与王云五之间前后相继关系的就是涵芬楼和东方图书馆。

涵芬楼是张元济进入商务印书馆之后不久创办的，最初还只是编译所的图书资料室，其创设的目的就是提升编译所职员素质，并改善商务印书馆出版书刊的品质。1909 年编译所的资料室扩大规模，改名为涵芬楼。关于涵芬楼成立缘由，张元济在《涵芬楼烬余书录·序》中自述："余既受商务印书馆编译之职，同时高梦旦、蔡子民、蒋竹庄诸子咸来相助。每削稿，辄思有所检阅。苦无书，求诸市中，多坊肆所刊，未敢信。乃思访求善本暨收藏有自者。"② 从编译所图书资料室到涵芬楼的成立，除了供商务印书馆内部人员使用外，应该还包含以张元济为首的商务印书馆部分高层"保存国粹"的理想。如高梦旦在涵芬楼成立当年于《教育杂志》中发表《论保存国粹》说：国粹应该保存，但须有保存之道，"保存国粹之道奈何？曰：建设图书馆为保存国粹之惟一主义是矣"③。张元济也曾"拟劝商务印书馆抽拨数万金收购古书，以为将来私立图书馆张本"④。可见，张元济、高梦旦等人创办涵芬楼时已经有将其发展为图书馆的意图。1921 年 2 月 1 日，张元济在第 256 次董事会议上建议将公益基金用于专办公共图书馆，最

---

① 王云五. 岫庐八十自述：下 [M]. 南昌：江西教育出版社，2011：1241.

② 张元济. 涵芬楼烬余书录·序 [G] //张人凤. 张元济古籍书目序跋汇编. 北京：商务印书馆，2003：343.

③ 高凤谦. 论保存国粹 [J]. 教育杂志，1909（7）：81.

④ 张元济. 张元济书札 [M]. 北京：商务印书馆，1981：4.

终获得通过。① 后来东方图书馆正是在涵芬楼的基础上创建的。1921 年也是王云五进入商务印书馆的时间，其后不久他就担任编译所所长职务。涵芬楼主要由编译所经营管理，因此在涵芬楼向东方图书馆转变的过程中，王云五扮演了极为重要的角色。尤其是 1924 年 7 月 15 日，商务董事会第 296 次会议，讨论图书馆开办事宜，会中推举高凤池、张元济、鲍咸昌、高梦旦、王云五为董事，王云五为馆长，江伯训为副馆长。② 也就是说，在张元济时代末期，王云五逐渐接手张元济的图书馆事业，这也恰恰说明他们在图书馆事业中亦是存在前后相继的关系。

三、主政思路的一脉相承

虽然王云五与张元济因为多方面的原因，在主政思路上有很大区别，但是整体上看，仍然是一脉相承，主要表现在三个方面。

一是始终坚持教育出版的方针。张元济在维新时期就已经认识到教育的重要性，认为"时至今日，培养人材，最为急务"③。他在主持通艺学堂时，就试图培养"贯通中西，兼知他项西学"的有用人才。即便是维新变法失败后，他还是认定，中国要富强，教育乃是"根本中的根本"。因此，在进入商务印书馆之初，张元济便与夏瑞芳相约"以扶助教育为己任"，并且在此后的事业生涯中，始终将教育理想贯穿于出版方针，不断强化商务印书馆以出版扶助教育的思路。正是由于张元济坚持教育出版的方针，商务印书馆才在中小学教科书出版上投入巨大精力，并获得充分的回报。王云五继张元济之后，同样重视教育出版，除了继续修订完善各种中小学教科书外，还将教科书的种类延伸至"大学丛书"，并出版配合教育之用的普通读物。哪怕是在商务印书馆遭到日军毁灭性轰炸之后，王云五最先想到

---

① 张树年. 张元济年谱 [M]. 北京：商务印书馆，1991：204.
② 张树年. 张元济年谱 [M]. 北京：商务印书馆，1991：247.
③ 张元济. 致汪康年 穰卿 [G] //张元济书札. 北京：商务印书馆，1981：20.

的还是优先恢复教科书出版。因此在始终坚持教育出版的方针上，他们的思路是一脉相承的。

二是始终坚持起用新人的主张。重视人才的培养和使用，是张元济与王云五一致的思路。张元济认识到，在图书事业中，人是关键因素，"为公司全局计……不能不急于储才"。而商务印书馆"事业日繁，人才甚为缺乏"，因此张元济强调说："欲预为计，则不能不求可恃之人才。人才不可必得，则不能不有可久之规制。"① 不仅如此，张元济认为要储才，更要多招有学问之人，其前提是"不能不先汰冗"②，"退无用之人，而进有用之人"③，要在人事管理中实行"喜新厌旧之主义"④。他还指出，"不能进用新人才"，"无久远之计划，恐以后公司将隳落"⑤。为此，张元济与当时任总经理的高凤池发生了不小的冲突，但他仍然坚定地表示："余意重在用新人……余志必不改变。"⑥ 直至1926年他辞去监理职务时，仍在致董事会的信件中为"进用人才"大声疾呼。⑦ 事实上，张元济在其主政期间也是大胆起用了很多新人，如江裔经、郑振铎、茅盾、章锡琛、陆费逵等人，王云五亦是其起用新人的例证。王云五进入商务印书馆之后，深刻认识到商务印书馆旧时用人的弊端，极力推行改革。他大力邀请国内专家学者主持重组后的编译所事务，又大批裁汰旧有编辑人员，"许多资格最老的被淘汰"⑧。1925年10月统计的编译所九位专业部长中，有七位是新人。⑨ 可以

---

① 张元济. 致高凤池 翰卿 [G] //张元济书札. 北京：商务印书馆，1981：188、184、189.

② 张元济. 致高凤池 翰卿 [G] //张元济书札. 北京：商务印书馆，1981：188.

③ 张元济. 致高凤池 翰卿 [G] //张元济书札. 北京：商务印书馆，1981：184.

④ 张元济. 致高凤池 翰卿 [G] //张元济书札. 北京：商务印书馆，1981：192.

⑤ 张元济. 张元济日记：下册 [G]. 北京：商务印书馆，1981：728.

⑥ 张元济. 张元济日记：下册 [G]. 北京：商务印书馆，1981：650.

⑦ 张元济. 张元济书札 [G]. 北京：商务印书馆，1981：263.

⑧ 章锡琛. 漫谈商务印书馆 [G] //1897—1987 商务印书馆九十年：我和商务印书馆. 北京：商务印书馆，1987：120.

⑨ 汪家熔. 商务印书馆史及其他：汪家熔出版史研究文集 [G]. 北京：中国书籍出版社，1998：96.

说，在起用新人方面，张元济与王云五是不谋而合的，同样有着一脉相承的味道。

三是始终坚持多出新书的方向。张元济时代图书出版的重点是教科书，但是20世纪初的中国政局变化莫测，常常是教科书本身尚未固定成型，政权就更迭了，这使得张元济不得不不断适应时局的变化，抓住教育改革的新方向，使教科书出版顺应时代和教育的潮流。正如庄俞所说："学制修改一次，教科书跟着变更一次，往往一部还未出全，又要赶编第二部，我馆对于此点向来是很注意很敏捷的。"① 张元济不仅在教科书出版上推陈出新，还首创出版与课本配套的各种教授法和详解，指导教师讲授教材。我国第一本新式辞书《辞源》就是在张元济亲自规划参与下诞生的，开创了我国工具书出版的先河。另外，张元济还主持出版了严复、林纾、蔡元培等译著的大量西方名著，以及许多宣传社会主义的译著，在当时国内出版机构中长期是出版新书的佼佼者。王云五进入商务印书馆之后，立即着手进行改革，尤其是坚持多出新书，不断扩增新书出版的范围和数量。据李泽彰著《三十五年来中国之出版业》中对商务印书馆历年出版物的统计，1911年商务印书馆出版物种类132种407册，到1923年变化为667种2454册。② 这样的出版速度实属不易。1932年"一·二八"事变之后，王云五曾以个人名义给全国著作界广发信函，其中提到商务印书馆在遭受轰炸之前"原有出版图书八千余种一万八千余册，劫余所有各种底板不及十之一"③，在这个基础上，王云五还宣布"日出新书一种"④，充分展现了他的魄力和坚持。他认为商务印书馆的复兴不仅在于重印旧书，更要致力于新书出版，

---

① 庄俞. 谈谈我馆编辑教科书的变迁 [G] //1897—1987 商务印书馆九十年：我和商务印书馆. 北京：商务印书馆，1987：66.

② 李泽彰. 三十五年来中国之出版业 [G] 张静庐. 中国现代出版史料：丁编. 北京：中华书局，1956：392.

③ 耿云志. 胡适遗稿及秘藏书信：第24卷 [M]. 合肥：黄山出版社，1994：350-351.

④ 王云五. 岫庐八十自述 [M]. 台北：台湾商务印书馆，1967：207.

要以多出新书为奋斗目标。① 由此看来，王云五和张元济在坚持多出新书的方向上也有一脉相承的痕迹。

第三节　时代变迁下的分歧

张元济与王云五事业友谊的建立和事业变革中的接力，充分展现了商务印书馆两代主政人之间和谐共事、承续相接的美好一面，但这并不意味着他们之间毫无嫌隙。随着时代的变迁，他们之间关系也逐渐从相识、相知开始走向分离，直至分道扬镳。

一、职业身份的相互掣肘

张元济作为商务印书馆的元老，在商务印书馆创办初期就以股东的身份参与商务印书馆的经营管理。自 1909 年商务印书馆成立董事局以后，张元济一直是公司董事局（会）的董事。② 王云五进馆时，张元济刚刚辞去经理职务，出任监理，负有监察、督促之责。有学者论证商务印书馆的董事长自董事局成立以来一直由张元济担任③，但看其所用资料来源，并不能确切证明，但是在董事局成立以后的较长时间内，张元济是担任董事长职务的，因此在事业管理体制上与其他人有着监督、牵制关系，尤其是与后来担任总经理的王云五存在名义上的上下级关系。

商务印书馆的公司章程规定，董事从股东中产生，持有公司 10 股以上的股东均有被选为董事的资格；董事最多不超过 13 人，主要有稽查、决议、

---

① 耿云志. 胡适遗稿及秘藏书信：第 24 卷［M］. 合肥：黄山出版社，1994：347.

② 范军，何国梅. 商务印书馆企业制度研究（1897—1949）［M］. 武汉：华中师范大学出版社，2014：79-90.

③ 范军，何国梅. 商务印书馆企业制度研究（1897—1949）［M］. 武汉：华中师范大学出版社，2014：79-90.

监督等职权。一般来说，商务印书馆的董事会是股东大会休会期间的最高权力机构，决定着商务印书馆的经营策略和方针，以及其他重大事项。总经理、经理开展业务的主要事项均须获得董事会的批准后才能进行。商务印书馆董事会章程第十四条规定，总、副经理针对以下九种事项必须向董事会报告："房屋地产之买卖或建筑；重要章程之订立或废止及修改；分馆分厂之设立或变更；营业方针之变更；对外重要诉讼事件；公司向外借款及外业股份之认购或转让；每年报告于股东之借贷对照表；提拨公益款项及支用方法；其他总经理认为重大之事件。"① 在这九种重大事项之外的公司日常事务，董事会一般不会干涉。但是总体上看，在公司管理制度下，董事与总、副经理之间，董事长与总、副经理之间，以及监理与总、副经理之间，始终存在监督、牵制的关系。这就意味着，董事会和总经理之间的分歧是无法回避的。张元济、高凤池长期位居商务印书馆董事，并且分任经理、总经理职，虽然张元济在实际上充当商务印书馆的主政人角色，但是也不得不受到总经理高凤池的监督，以至于当在出版方向和理念上存在分歧时，也不得不妥协。最后两人分别辞去了经理、总经理职务，出任监理。

从商务印书馆权力机构的设置来看，张元济不仅是董事，还担任董事长、经理、监理等职务，既是出资人又是公司运营的主要负责人和监督者，本身具有较大权限。王云五入馆不久后担任编译所所长，直到1930年接替高凤池任总经理的鲍咸昌去世之后，才出任总经理职务。也就是说，在1930年之前，张元济与王云五之间并没有发生直接的管理或监督问题。但是王云五之所以同意出任总经理职务，是有前提条件的："一是取消现行的总务处合议制，改由总经理独任制"；二是"接任总经理后，实时出国考察

---

① 汪家熔. 商务印书馆史及其他：汪家熔出版史研究文集 [M]. 北京：中国书籍出版社，1998：40.

并研究科学管理，为期半年，然后归国实行负责"①。从商务印书馆 1927 年
5 月 1 日的《股东记录簿》来看，此时的王云五已经当选为董事，至出任总
经理一职，王云五也变成既是出资人的董事又是管理运营的总经理，成为
商务印书馆实际的主政人。但是王云五要求董事会同意的总经理独任制，
打破了商务印书馆此前的运营机制，从某种意义上来说是削弱了董事会职
能，把权力更为集中在总经理职务上，因此不可避免会与董事会、董事、
监理之间发生更为直接的权责矛盾，一旦出现重大变故或掺入其他不可抗
因素，二者之间的微妙平衡就会打破，产生间隙或分歧。抗日战争的全面
爆发就是破坏这一平衡的导火索。

二、抗战时期的分歧产生

抗战之初，因为战事的影响，王云五提出要将商务印书馆内迁到长沙。
本来也是为公司全局考虑，但是董事会担心内迁之后会失去对商务印书馆
主体的控制，亦不便于沟通音信，多数成员不同意王云五的建议，最后还
是在张元济的周旋和调解下达成"仅迁一小部分，并不全迁"的方案。② 这
就造成很尴尬的局面。只有小部分人员和设备内迁，总经理离开上海到香
港指挥，董事会多数成员留在上海。没有统一的权力中心，很容易造成政
出多门的情况，后来的事实也证实了这一点。

王云五离开上海赴香港指挥后，一直是用书面的形式向董事会述职。
其实当时上海与香港之间的交通并未阻隔，可哪怕董事会决议要求王云五
回上海"就近指挥，遇有困难可以当机立断"，王云五也不予理睬。并且他
自离开上海赴香港后直到抗战胜利，再也没有回到上海。更为颠倒的是，
董事长张元济预感上海将有工潮，竟于 1940 年 5 月 18 日坐船只身前往香

---

① 王学哲. 岫庐八十自述：节录本 [M]. 上海：上海人民出版社，2007：78.
② 汪家熔. 商务印书馆史及其他：汪家熔出版史研究文集 [G]. 北京：中国书籍出版社，
1998：134-138.

港——一位 73 岁高龄的老者去找 52 岁的下属了解香港方面的状况并请教应对工潮之事！① 这里透露出来的信息是非常耐人寻味的，可见在总经理与董事会及董事长之间已经存在着诸多不和谐因素。

另外，商务印书馆的董事会对上海留守处的人事作了多次变动，这些人事升迁变动都没有与王云五及时沟通。上海留守处本来是王云五在全面抗战爆发后成立的，并且根据公司的相关章程和规定，商务印书馆的协理、襄理等职务是由总经理任命的；但是，1944 年 7 月 19 日，经张元济建议，董事会通过了新的人事安排：襄理周昌寿、郭梅生、王巧生、韦傅卿升任协理，郁厚培、朱颂盘、张雄飞、张子宏、丁英桂为襄理；设置上海办事处总务会议，以决定重大行政，韦傅卿为主任，成员为周昌寿、王巧生、朱颂盘、丁英桂。② 这相当于变相恢复了 1930 年以前的总务处合议制，在某种程度上削弱了总经理王云五的权力。这为抗战胜利后王云五极力要求彻查此次人事事件埋下了伏笔。

从张元济与王云五的分歧来看，本质上还是源于总经理与董事会之间的制约关系，并非完全因为他们个人之间的矛盾。而由于他们二者代表着公司内部不同的利益群体，分歧便逐渐显化为董事长张元济与总经理王云五的矛盾，直至最后两人分道扬镳。

三、抗战结束的分道扬镳

在日本宣布无条件投降的第二天（1945 年 8 月 16 日），王云五即致函张元济，说自己须暂留重庆，拟派史久芸"返沪面禀一切"，还对上海、香港的业务提出了初步意见。③ 不久，王云五又致电张元济，告诉他将派李伯

① 张树年. 张元济年谱 [M]. 北京：商务印书馆，1991：478.
② 汪家熔. 商务印书馆史及其他：汪家熔出版史研究文集 [G]. 北京：中国书籍出版社，1998：177.
③ 王寿南. 王云五先生年谱初稿：第一册 [M]. 台北：台湾商务印书馆，1987：464.

嘉（即李泽彰）来沪。① 可见此时王云五还是有心回公司主持大局的，他还提出了"复兴计划"。在 1945 年 9 月 15 日董事会第 460 次会议上，张元济根据王云五的要求，"提议本馆复兴计划拟由本会授权王总经理全权处理"②，最后获得通过；但是更为严重的分歧接踵而至。

一是在对待牵涉"五联事件"人员的态度上。"五联"源于日本在占领上海期间力图控制上海的文化出版，并要求商务、中华、世界、大东、开明等五家出版机构发动并联合上海各书店，与日本书商合作经营，组建"中国联合出版公司"。虽然这一要求在最初受到各出版社的抵制，但是在日本的逼迫和高压下，五家出版机构最终还是共同出资成立了"中国联合出版公司"，并各出 1 人为常委，因而又称"五联"，还出版发行了几期伪国定本教科书。因为商务有人员参与"五联"，在重庆颇受舆论指责，王云五多次致信张元济要求处置时任经理的韦傅卿等人，并单方面决定由李伯嘉取代韦傅卿。③ 尽管王云五在信件中主要指责韦傅卿等人，对张元济没有不恭之词，但难免有责怪张元济用人失察之嫌。这是因为香港沦陷后，王云五要求韦傅卿等人赴重庆，而他们却中途滞留上海，张元济不仅留用他们，还予以升迁，令王云五极为恼火。他说："总之，协理、襄理之聘任去留，照章系总经理之权，前此董事会纵权予升迁，仅系交通断绝之时代行总经理职权。今弟之职权既已照常到达沪处，并承我公在董会提议通过撤销业务会议，则今后彼等之升调去留，弟责无旁贷。"④ 张元济在此压力之下，只能退让，一方面表示同意将韦傅卿调去重庆，同时也为韦傅卿等人申辩："傅卿情事，如此严重，实出意料之外，联合出版，本系庆林任内之事，傅卿不过继承，庆林确曾报告董事会，具载议案。此时若由董事会开

① 张树年. 张元济书札：上 [G]. 增订本. 北京：商务印书馆，1997：208-209.
② 王建辉. 文化的商务：王云五专题研究 [M]. 北京：商务印书馆，2000：212.
③ 王寿南. 王云五先生年谱初稿：第一册 [M]. 台北：台湾商务印书馆，1987：467-472.
④ 王寿南. 王云五先生年谱初稿：第一册 [M]. 台北：台湾商务印书馆，1987：473-477.

除傅卿代理经理，明是委过于人，弟于心殊觉不安。"①

二是在对待上海留守处的态度上。上海留守处本来是王云五在全面抗战爆发后成立的，但是在抗战期间，公司董事会未经过王云五的同意，对上海留守处的人事进行了多次调整。抗战胜利后不久，王云五不仅单方面任命李伯嘉为经理，还要求"在总管理处——即他自己——未迁回以前，上海暂设驻沪办事处，由李经理泽彰主持"；"沪处分组办事及人员选任，先由李经理决定，再行报告总管理处追认通告"。② 这就意味着王云五推翻了此前董事会的任命决定，而且还要对董事会的人事调整进行清算，这样很明显将董事会与总经理之间的矛盾公开化了。

而压垮张、王二人关系的最后稻草是，王云五在抗战胜利后，身在商务，心系"党务"。王云五在抗战胜利后积极向政治靠拢，时常出现在重庆政府的官方场合，尤其是在商务印书馆正需要他投入更多精力重整复兴之时，王云五却一直以"社会贤达"的身份滞留重庆，随时准备步入政坛。1946 年 4 月，王云五从政的时机成熟，他从重庆返回上海后不久就向商务董事会提出辞职，随后就赴南京就任国民政府的经济部部长。这对张元济来说绝对是无法接受的，他不可能像王云五那样抛弃自己倾注毕生心血的商务印书馆和文化事业。1948 年 12 月 19 日的商务股东年会上，张元济提议不再选举王云五为董事。王云五对此事一直耿耿于怀，后来他在自己的文章中提及此事："我很谅解，这并不是菊老的自由主张。所以这时候正是他的傀儡时期的开始。"③ 就这样，两代商务印书馆的主政人正式分道扬镳了。

---

① 王寿南. 王云五先生年谱初稿：第一册 [M]. 台北：台湾商务印书馆，1987：478.
② 王寿南. 王云五先生年谱初稿：第一册 [M]. 台北：台湾商务印书馆，1987：467、468.
③ 王云五. 商务印书馆与新教育年谱 [M]. 台北：台湾商务印书馆，1973：840.

小　结

　　本章重点分析了张元济与王云五从相识、相知到相离的全过程，我们不仅为他们在事业发展时期的和谐共进赞叹，也为各自最终的人生诉求感叹。我们不能因为他们成长环境、人生经历、个人志趣不同而将问题的症结归咎于彼此身上，他们都是商务印书馆乃至民国文化学术界的功臣，正是他们不同的经营管理方式和图书事业观，造就了商务印书馆在近现代不同的发展轨迹和事业形态，吸引我们探寻和比较他们在图书事业上的影响力和闪光点。

第五章

多缘聚合的人际关系

——张元济与王云五社交网络的比较

商务印书馆在近代的发展，不仅为更多的知识分子提供了知识生产、加工、传播的舞台，也催生或培育了一批职业的编辑出版人和作者群体，进而影响了更为广阔的读者群体。本章试图通过对张元济、王云五时代围绕商务印书馆形成的人际关系网络的梳理，了解近代知识分子的职业脉络，进而把握在知识生产、加工及传播过程中形成的人际网络关系及其背后问题。

第一节　内部人际关系的消融与重组

人才的聚集和任用是企业持续发展的重要助力。张元济、王云五在商务印书馆的成功很大程度上依靠的是商务人的协作共进。在近代商务发展的近五十年间，为商务工作的员工不计其数，但是始终存在着围绕张元济、王云五而形成的商务人群体。这些人才群体或因乡缘、地缘、学缘等因素而聚集，或因新的学科体系而结合，逐步塑造出一个背景复杂的"知识分子群体"，进而印证了前文中提出的江南学术圈在近代的延续和传承。

一、亲缘关系

亲缘关系在商务印书馆创办之初表现得尤为明显，如主要创办人鲍咸恩与鲍咸昌是亲兄弟，总经理夏瑞芳之妻是鲍氏兄弟的二妹，鲍氏兄弟的大妹嫁给另一位股东张蟾芬。[①] 这种亲缘关系对创业初期的商务印书馆有着较强的凝聚力，有着积极有利的一面，但是随着事业的发展，近亲繁殖所带来的问题也是显而易见。

张元济进馆以后，这种亲缘关系仍在不断蔓延，主要是因为早期商务印书馆为了加快发展，需要大量知识分子加入，在人才短缺、信息相对闭塞的情况下，亲缘关系更值得信赖。以编译所为例，从现有资料来看，就存在大量亲缘关系，主要是兄弟关系，包括堂兄弟关系。如高梦旦与高凤岐、庄俞与庄适、杜亚泉与杜就田、周越然与周由廑、董亦湘与董涤尘、朱元善与朱仲钧等等，基本上都是兄或者弟进馆以后，再推荐另一人入馆，而后入馆的兄或弟往往能获得关照。比如庄氏兄弟中，庄俞是编译所的元老，后引进弟庄适入馆，庄适就受到很好的照顾。1915 年底，庄适要求加送津贴，第二年就得到满足，第三年又主动给他加送年终津贴。[②] 又如周越然介绍其堂兄周由廑入馆，刚入馆就有一百元的薪水。[③] 这在商务印书馆内算是比较高的薪水了，茅盾在 1916 年入馆的时候只有二十四元，到 1920 年也才有六十元。[④] 此外，也有一些姻亲关系，如郭秉文先是娶鲍咸昌的三妹

---

　① 汪家熔. 商务印书馆创业诸君 [G] //商务印书馆史及其他：汪家熔出版史研究文集. 北京：中国书籍出版社，1998：9-10.

　② 张元济. 张元济日记：上册 [G]. 北京：商务印书馆，1981：149，333.

　③ 张元济. 张元济日记：上册 [G]. 北京：商务印书馆，1981：115.

　④ 茅盾. 我走过的道路：上 [M]. 北京：人民文学出版社，1981：166，192.

为妻，后来其妻去世后，又娶夏瑞芳三女为妻。① 最为人熟知的，就是高梦旦与郑振铎的翁婿关系。

张元济后来也认识到这种亲缘关系的弊端，就未让从圣约翰大学毕业的儿子张树年进入商务印书馆。张元济对张树年说："你不能进商务，我的事业不传代。"他指出张树年进商务印书馆存在的隐患：一是受人吹捧，浮于表面，失去刻苦锻炼的机会，人生就毁掉了；二是会让张元济受到牵制，很难主持公道，讲话没有力度；三是开此风气，必有人要求援例，对公司不利。"人人都有儿子，大家都要把儿子塞进来，这还象什么样的企业？"②同样，他也拒绝了王莲溪（发行所的重要人物）的儿子、鲍咸昌的儿子进入商务印书馆的请求，甚至不惜翻脸。③ 但是张元济并非完全排斥有亲缘关系的人进馆。比如1919年，商务印书馆时任经理王仙华想让自己的内侄进馆，但又"因有戚谊，故不便介绍"时，张元济却表示"不必避嫌，尽管酌量任用"④。可见，张元济在当时的环境中，也不能免俗，只是对此类问题表现得相对谨慎些。王云五时代也同样存在这样的问题，只是经过改组之后此类问题少些，但是仍然无法避免。如王云五任所长后，认为杜亚泉的堂弟杜就田"已经过时，应该淘汰，因为亚泉与菊老有多年交情，他又是亚泉的堂弟，只把他调出理化部，去干推广科等事务工作，换过不少部门，都不适应"⑤。而相比亲缘关系，商务印书馆更为常见的是乡缘、地缘、学缘关系。

① 汪家熔. 商务印书馆创业诸君 [G] //商务印书馆史及其他：汪家熔出版史研究文集. 北京：中国书籍出版社，1998：10.
② 张树年. 我与商务印书馆 [G] //1897—1992 商务印书馆九十五年：我和商务印书馆. 北京：商务印书馆，1992：291.
③ 张元济. 张元济全集：第3卷 书信 [G]. 北京：商务印书馆，2007：450.
④ 张元济. 张元济日记：下册 [G]. 北京：商务印书馆，1981：682.
⑤ 章锡琛. 漫谈商务印书馆 [G] //商务印书馆. 1897—1987 商务印书馆九十年：我和商务印书馆. 北京：商务印书馆，1987：117.

二、乡缘、地缘、学缘关系

张元济进入商务印书馆编译所后，首要的工作就是利用自己的乡缘、地缘、学缘甚至为官经历，招揽大批文人学士进编译所从事编译出版工作。据陈叔通回忆，张元济进入商务后，"第一个拉蔡元培。张与蔡都是同年的举人翰林，相知甚深，可能结过金兰之谊，一拉便拉来了。由于蔡的关系再拉杜亚泉（搞科学的），以后再由杜延聘了其他不少人"。高梦旦"写文章在《时务报》（梁启超办的）上发表，张很赏识，于是再延请高梦旦入商务。高有特长，不但学问好，而且对于出版编辑业务也很精，故以后出版编辑工作，实由高梦旦主持。英文方面的编辑人员，最初是颜惠庆。颜为沈诒金的女婿，而沈为张的座师。有这个渊源，故颜由沈诒金的儿子沈葆琦介绍给张的。自邝富灼进商务，英文方面的书稿，由邝主持，很有计划，出书不少"①。

由此前的论述可知，张元济出身浙江书香世家，本身是翰林出身，又参与过戊戌变法，在学界、官场都享有声望，很多学者、士人都与他有交往。他的好搭档、编译所的所长高梦旦是福建人，所以早期编译所江浙、福建的知识分子较多。② 编译所最初由国文部、理化部、英文部三个部门组成。高梦旦为国文部主任，蒋维乔、庄俞等为国文编辑，部门中的国文编辑大都来自江苏常州，故国文部常有"常州帮"之称。杜亚泉为理化部主任，由蔡元培介绍入馆，商务最初的博物、理化、算学等教科书都由他设计编辑，理化部编辑都是他的同乡，因而理化部在编译所里被称为"绍兴

---

① 陈叔通. 回忆商务印书馆 [G] //1897—1987 商务印书馆九十年：我和商务印书馆. 北京：商务印书馆，1987：135.

② 郑贞文. 我所知道的商务印书馆编译所 [G] //1897—1987 商务印书馆九十年：我和商务印书馆. 北京：商务印书馆，1987：206.

帮"，与国文部的"常州帮"并称。① 邝富灼为英文部主任，不少英文编辑也是由他引进的。乡缘亲近，语言相同，习惯相近，尤其是身处外地的同乡往往格外具有亲切感，彼此也愿意互相提携和照顾。不仅是编译所，商务内部的其他部门也有类似的情况。如编译所茶房里的工人就几乎是清一色的南浔人；② 印刷所的大部分职工来自江浙一带；甚至早期与商务印书馆合作的一些作者、编者都有同乡关系的因素，如严复、林纾两位作者的祖籍都是福建，与高梦旦既是同乡又是同学。③

学缘关系较为复杂，在乡缘、地缘的范围中就不乏学缘关系，也包括一些诸如师友、同学、同事、学会会友、社团成员等关系，很多时候这些身份关系多有重叠，关系网络庞大。如蒋维乔与庄氏兄弟是旧同事关系；高梦旦与钱经宇、钱经宇与俞颂华是同学关系；郑贞文与杨端六、沈雁冰与郑振铎是学会会友关系等。我们熟知的王云五入馆，也是因为学缘关系。王云五担任编译所所长后，许多中国公学出身的知识分子也陆续在王云五的邀请下进入商务印书馆，如曾在中国公学读过书的朱经农、杨铨（即杨杏佛）、任鸿隽、李泽彰、丁毂音等人。可以说学缘关系促成了早期商务印书馆最大的编辑体系。

张元济、王云五作为商务印书馆的核心人物，负有为商务印书馆网罗人才的责任，因此在入馆之后很自然地想通过自己的人脉关系来充实商务印书馆的人才队伍。他们自己的同乡、好友、同学以及赏识引进的人才无疑构成了早期商务印书馆的骨干力量，而这些骨干力量也有各自的人际关系网，他们再以推荐、引介、招揽的方式为商务带来大量生力军。此种以

---

① 章锡琛. 漫谈商务印书馆 [G] //1897—1987 商务印书馆九十年：我和商务印书馆. 北京：商务印书馆，1987：112.

② 茅盾. 商务印书馆编辑所和革新《小说月报》的前后 [G] //1897—1987 商务印书馆九十年：我和商务印书馆. 北京：商务印书馆，1987：143.

③ 郑贞文. 我所知道的商务印书馆编译所 [G] //1897—1987 商务印书馆九十年：我和商务印书馆. 北京：商务印书馆，1987：206.

乡缘、地缘、学缘为主要关系的网络逐层递进，构成商务印书馆人才群体的人际关系链。商务印书馆主要编辑、出版人见表5-1。

表5-1　商务印书馆主要编辑、出版人

入馆时间	主要编辑、出版人
1897	夏瑞芳、鲍咸恩、鲍咸昌、高凤池
1899	沈知方
1902	蔡元培、张元济、高凤岐、夏曾佑
1903	高凤谦、蒋维乔、庄俞
1904	杜亚泉、郁厚培
1906	陆尔奎
1907	黄警顽
1908	陆费逵、邝富灼、孟森
1909	恽铁樵、孙毓修、傅运森
1910	方毅
1911	钱智修
1912	章锡琛
1913	李拔可
1914	胡愈之、郭秉文
1915	谢菊曾、陈叔通、周越然、丁英桂
1916	沈雁冰
1917	吴研因、蒋梦麟
1918	董亦湘、郑贞文
1919	陈云、郑太朴、吕思勉、万籁鸣
1920	周昌寿、陈布雷、谢六逸

续表

入馆时间	主要编辑、出版人
1921	周建人、李石岑、王云五、何公敢、杨端六、郑振铎、杨贤江、王伯详、周予同、沈百英
1922	唐钺、顾颉刚、朱经农、竺可桢、任鸿隽、陶孟和、范寿康、阮湘、段育华
1923	叶绍钧、唐鸣时
1924	向达、胡寄尘、何炳松、董涤尘、胡文楷、陶希圣
1925	冯定、彭家煌
1926	高觉敷
1927	
1928	金仲华、陈翰笙
1929	
1930	张明养、冯宾符、王绍曾
1931	邹尚熊
1932	
1933	赵竹光
1934	
1935	金云峰、杨荫深

还有一些入馆时间未能确定的商务人，如：印有模、谢洪赉、吕子泉、包文信、伍光建、杜就田、庄适、江畲经、谢冠生、周由廑、李伯嘉、史久芸、吴致觉、朱元善、李培安、甘作霖、黄访书、汪诒年，等等。

三、新型职业关系

王云五主政期间的人才招揽和引进方式延续了张元济时代的一些方式，乡缘、地缘和学缘关系的人际关系链仍然存在。但是与张元济不同，王云五的知识结构、求学过程及社会经历都无法形成强大的社会影响力，来维系一个文化群体的关系网络，换句话说，王云五的社会影响力、文化水平、凝聚号召力是不足以领导当时与北京大学齐名的商务印书馆的。但是，事实证明王云五对商务印书馆的领导是成功的，他在人才引进和利用方面较大地改善了张元济时代后期出现的各种人事问题。

张元济时代大量引进的知识分子形成的"书生派"，与早期因亲缘、信仰关系入馆且文化程度不高的"教会派"之间的矛盾始终存在，在管理层上体现为张元济与高凤池的矛盾。随着商务印书馆的发展和竞争加剧，陈年弊端不断涌现。张元济面对商务印书馆所处的内外困境，要求改革、整顿各项管理机制，多用"新人""少年人"，与高凤池的保守，力主用"旧人""老人"的意见明显相悖。此种情况一直延续到新文化运动兴起之后。面对风起云涌的新文化运动，商务印书馆相对保守的策略致使杂志内容陈旧，销路欠佳，^① 这令张元济更加确信用人策略改变的必要性。他反复提出要采用"喜新厌旧之主义"，聘用新人，^② 并就编译所改革事宜广泛征询北京文化教育界的意见，^③ 最后找到了最合适的人选胡适。这反映出张元济时代后期，人才问题已成为影响商务发展的瓶颈问题。高梦旦找到胡适时，对他说："我们那边缺少一个眼睛，我们盼望你来做我们的眼睛。"^④ 有趣的是，胡适婉拒了张元济、高梦旦的诚恳邀请，但作为局外人，他还是认真考察了商务印书馆三个月，又提交了万余字的改革书，还推荐了当时还名不见经传的王云五。

王云五在接替高梦旦担任编译所所长之后，在极短的时间内完成了对编译所的初步整顿，其中的关键是管理体制和人事改革。他对编译所原来

① 张树年. 张元济年谱 [M]. 北京：商务印书馆，1991：162.
② 张树年. 张元济年谱 [M]. 北京：商务印书馆，1991：177.
③ 张树年. 张元济年谱 [M]. 北京：商务印书馆，1991：179.
④ 胡适. 胡适的日记 [M]. 香港：中华书局，1985：23-24.

设置的各部进行调整，分为总编译部、编译评议会和事务部。总编译部又细分为 21 个组，另设各专项出版的委员会、杂志社和函授学社。按照王云五的说法是"俾更合于学术分科性质"，但是这必然要求对原来人员进行相应的变动和调整。因此，他大力邀请国内专家学者主持重组后的编译所事务，又裁汰大批旧有编辑人员。据学者统计，仅 1922 年被淘汰的职工就达 266 人，①"许多资格最老的被淘汰"②。据周越然回忆，1903—1930 年，商务印书馆共计进用编译员 1362 人，其中留学生共计 75 人：留日毕业生 49 人，留美毕业生 18 人，留英毕业生 3 人，留法毕业生 2 人。郑贞文回忆清末编译所人员的情况，1908 年共有 63 人：张元济、高梦旦、邝富灼、陶保霖、杨廷栋、杜亚泉、孟森、陆尔奎、汪治年、蒋维乔、严保诚、孙毓修、庄俞、戴克敦、沈颐、蔡文森、徐珂、奚若、徐铣、甘永龙、严晋华、谢恩灏、张世鎏、杨宗岳、陈镐基、赵以琛、杜秋孙、寿孝天、赵秉良、骆师曾、朱炳勋、寿鸿宾、沈秉钧、姚振华、顾鹿、钮家鲁、叶金章、王缙翰、陈邎、汤鞠荣、葛维超、屠宗祜、翟鬒、余翰、吴熙、丁鹏、方桂、朱东、陆湘、傅梓、李德和、顾炜虎、任申之、许家惟、张元杰、查美璠、朱元善、吴曾祺、陈学郢、王我臧、吴高榘、郑侃、陆费逵。③ 这是编译所早期的人员构成。1925 年 10 月统计的编译所 9 位专业部长中，有 7 位是新人。④ 王云五致力延聘"新人"，这与张元济后期的理念不谋而合。应该说王云五在编译所初步改革的成功，除了自身的能力外，很大程度上依赖张元济、高梦旦的大力支持，以及胡适的鼎力相助。王云五进入商务印书馆时，商务已经在夏瑞芳、张元济等早期领军人物的带领下取得较大成就，

---

① 王建辉. 文化的商务：王云五专题研究 [M]. 北京：商务印书馆，2000：44.

② 章锡琛. 漫谈商务印书馆 [G] //1897—1987 商务印书馆九十年：我和商务印书馆. 北京：商务印书馆，1987：120.

③ 郑贞文. 我所知道的商务印书馆编译所 [G] //1897—1987 商务印书馆九十年：我和商务印书馆. 北京：商务印书馆，1987：204.

④ 汪家熔. 商务印书馆史及其他：汪家熔出版史研究文集 [G]. 北京：中国书籍出版社，1998：96.

商务印书馆的形象、地位及影响力已经不逊于当时的北京大学，因此在人才招揽方面有着得天独厚的资源和优势。加上商务内元老张元济、高梦旦的支持，文化学术界泰斗胡适的竭力扶持，王云五在引进人才方面可以算是得心应手的，而以新的学科体系重组人才的改革也较为符合当时新兴学科分类发展的需要。当然，新文化运动下涌现的大批新式知识分子和时代对新式出版物的呼唤也是王云五人事改革成功的重要因素。

如果说王云五对编译所的初步改革是王云五时代序幕的拉开，那么20世纪30年代之后商务印书馆的改革才让人们认识到真正的王云五。在推行科学管理计划失败后，王云五并没有放弃，退而求其次推行财务的科学管理。"一·二八"事变后，商务印书馆多年的成果毁于一旦，王云五与董事会商议暂时停业并解雇所有员工，以图重新复兴商务印书馆。随后，他开始重组商务印书馆的内部机构，进行重大的人事改革。首先，成立一个由总经理王云五管辖的总管理处，下设五大部门——生产部、发行部、供给部、会计部、稽核部，以及秘书处，编审、人事等委员会，王云五兼任生产部部长和编审委员会主任，进一步集中了权力。① 同时，王云五确立了重新聘用员工的准则——须经总管理处的人事委员会审查并经总经理核准，这样可让他彻底清理掉馆内不称职者以及反对势力，以减小改革的阻力。其次，王云五取消了自1902年就创设的编译所机构。原来300多人的编译所被编审委员会替代，包括编审6人、编辑11人，人数较以前的编译所大为减少。② 原来主要由编译所负责的编译工作转为由"外间包办"，馆内的作者群体被取消。这就意味着商务印书馆原来的核心人才群体被解散，看似减轻了人力负担，但也间接削弱了商务在学术界、文化界的地位，使商务印书馆成为商业性质更为明显的专门出版机构。叶宋曼瑛还指出，裁汰

---

① 王云五. 商务印书馆与新教育年谱 [M]. 台北：台湾商务印书馆，1973：347-349.
② 王建辉. 文化的商务：王云五专题研究 [M]. 北京：商务印书馆，2000：89.

编译所影响到此后商务的出版标准和质量。① 再次，王云五取消了商务印书馆在上海的印刷业务。商务印书馆的印刷总厂不再恢复，取而代之的是设在租界或分散的小印刷厂，它们不再是商务的直属机构。这极大地削弱了原来工人数量庞大的基础群体，在某种程度上也削弱了长期以来一直为"教会派"所掌握的权力基础，以至于有学者说：从某种意义上来说，1932年后的商务印书馆更像一个商业机关，而不像一家出版社。②

经过王云五的整顿，商务印书馆的人事发生了翻天覆地的变化。到王云五时代后期，除创业初期的功臣和主要股东外，已基本难觅张元济时代在人事方面的踪迹。但是，总的来说，王云五自身学历不高，却能适时发现商务印书馆在用人方面的陈弊，并用最大的决心和胆魄进行大刀阔斧的改革，抛弃其受争议的问题，他的勇气和毅力是值得尊重和敬佩的。最后取得的效果也显而易见——商务印书馆不仅在屡次受创后得以复兴，而且还发展到民国民营出版业的顶峰：这与王云五在用人方面的努力息息相关。

商务印书馆编译所各部负责人、主要杂志主编沿革见表 5-2、5-3。

表 5-2　编译所各部负责人沿革

部门名称	部长、主任
国文部	高梦旦
	庄俞
	朱经农
	何炳松
英文部	颜惠庆
	邝富灼
	胡哲谋

---

① 叶宋曼瑛. 从翰林到出版家：张元济的生平与事业 [M]. 香港：商务印书馆，1992：217.

② 叶宋曼瑛. 从翰林到出版家：张元济的生平与事业 [M]. 香港：商务印书馆，1992：217.

续表

部门名称	部长、主任
史地部	竺可桢
	朱经农（兼）
	何炳松
物理化学部	杜亚泉
	任鸿隽
	郑贞文
数学部（算术部）	寿孝天
	段育华
法治经济部（政法部）	陶孟和
	李泽彰
博物生理部	杜亚泉
国文字典委员会（新增）	方毅
英汉字典委员会（新增）	吴致觉
百科全书委员会（新增）	王云五
东文部（撤销）	郑贞文
小说部（撤销）	
地图部（撤销）	

表 5-3　主要杂志主编沿革

主要杂志	创办时间	主编
东方杂志	1904	徐珂、孟森、陈仲逸、杜亚泉、钱智修、胡愈之、李圣五、郑允恭、苏继顾
教育杂志	1908	陆费逵、李石岑、唐钺、何炳松、黄觉民
小说月报	1910	恽铁樵、王蕴章、沈雁冰、郑振铎、叶绍钧
少年杂志	1911	孙毓修、朱元善、杨润田、殷佩斯
政法杂志	1911	陶保霖

续表

主要杂志	创办时间	主编
学生杂志	1914	朱元善、杨贤江
妇女杂志	1915	王莼农、章锡琛
英语周刊	1915	周由廑
英文杂志	1915	胡哲谋
儿童世界	1922	王云五
小说世界	1923	叶劲风
自然界	1926	周建人
文学杂志	1937	朱光潜

第二节　作者群体关系的培养与构建

商务印书馆在清末民国时期的崛起与成功离不开当时图书作者的努力和近代以来多元化图书市场的形成。作者作为图书生产的源头，对出版机构的生存和发展有着至关重要的作用，作者群体是商务印书馆图书内容和质量的保证。与同时期其他出版机构相比，商务印书馆的作者群体在数量和学识水平上明显占据上风，这使其出版物在图书市场占据较大份额。商务印书馆在近代的崛起很大程度上依赖其庞大的作者群体，同时，商务印书馆也为近代迅速成长起来的学者、文人们提供了大量著书立说的机会，对近代中国文化的塑造和传播有着深远的影响。

一、重视社会文化名流

清末以来，逐渐兴起的图书事业对于科举梦想破灭的读书人来说，可谓一条新的相对稳定的职业出路，并且促进了知识分子"职业化"的发展。

因为图书事业特殊的条件需要，大量知识分子参与其中，并且按照学历、学识、名望等，形成了更加细化的职业分工。在张元济时代，投身图书事业的知识分子成分复杂，以旧式士大夫出身的居多，在当时学识水平状况下，张元济更多是选择具有较高学识并且有一定声望的知识分子，即当时的"社会文化名流"。

张元济投身商务印书馆之后的首要任务就是创建编译所。在编译所内，绝大部分人员除了负有现代意义上的编辑职责外，另一重要职责就是著书——承担作者的角色。有学者统计，曾在商务编译所内任职编辑或作者的知识分子中，以个人名义著书出版的就有很多，如郑贞文、王云五、孙毓修、蒋维乔、庄适、郑振铎、叶圣陶、茅盾、杨端六、朱经农、张元济、李泽彰、胡愈之等数十人，以"商务印书馆"为著者的集体著作更是有 207 次之多。① 这些文人、知识分子大都有各自擅长的领域，或者主持编译所内各部门的实际工作，不仅承担编辑任务，亦是当时各学科领域内有名的学者。从编辑到著述，早期编译所内的作者群体对商务印书馆事业的发展及壮大发挥着重要作用。

商务印书馆也为馆外众多知识分子和学者们出版过图书。同样，这些作者们都是有较高社会声望的文化名流，较为著名的有：梁启超、林纾、吕思勉、黄炎培、胡适、冯友兰、钱穆、马寅初、罗家伦、蔡元培、陶希圣、林语堂、郭沫若、沈从文、鲁迅、老舍、冰心、徐志摩等。② 这些人与商务印书馆的合作都不止一次，且都是各个领域的专家、学者。此外，当时不少政府机构、学术团体甚至大学也与商务印书馆有过合作，有的是委托商务印书馆出版，如教育部、国立编译馆、内政部等；有的是商务印书馆主动拉拢合作的，如中华学艺社、中华平民教育促进会、国立北京大学研究院等。

我们知道，张元济在人才引进及使用上主要通过乡缘、地缘、学缘等

---

① 李家驹. 商务印书馆与近代知识文化的传播 [M]. 北京：商务印书馆，2005：265.
② 李家驹. 商务印书馆与近代知识文化的传播 [M]. 北京：商务印书馆，2005：265-266.

关系来维系，因此，商务编译所内的作者们也必然存在着某种乡缘、地缘或学缘关系，但为了保证图书的质量，张元济优先考虑的还是作者的社会文化地位。考虑到张元济时代的社会状况和文化水平，当时作者群体的产生和形成还在初级阶段，有一定社会文化地位且有相当影响力的作者还不多。为了保证图书的质量和销量，社会文化名流是张元济重点拉拢对象，甚至有的作者与商务印书馆的关系已经超出了合作伙伴的关系。如，张元济成功拉拢严复、林纾、罗振玉、郑孝胥、王国维等作者成为商务的股东；① 资助蔡元培出国游学；② 给予严复、林纾等重要作者更多的稿费，还支付一定额度的版税；③ 等等。此类例子不胜枚举，可见张元济对社会文化名流作者的重视程度。

二、培养新兴作者群体

与张元济相同的是，王云五也延续了社会文化名流作者群体的关系维护；不同的是，王云五更加重视新兴知识分子作者群体。首先就是对编译所内部进行改革。他延聘的人员大多是知名专家和海外留学归来的新兴知识分子。④ 1932 年"一·二八"事变后，王云五大量裁汰旧编辑，大胆起用新人，直至取消编译所，成立编审委员会，也主要是用新人。尤其是将图书产出交由外间包办之后，更加重视新兴知识分子作者群体。虽然在商务印书馆的作者名单中有很多当时已成名的学者和知识分子，但也不乏初

---

① 林尔蔚，汪家熔. 商务印书馆简史（征求意见稿）［M］. 北京：商务印书馆内部资料，年份不详：1-3.

② 汪家熔. 蔡元培和商务印书馆［G］//商务印书馆. 1897—1987 商务印书馆九十年：我和商务印书馆. 北京：商务印书馆，1987：482.

③ 陈应年. 严复与商务印书馆［G］//1897—1987 商务印书馆九十年：我和商务印书馆. 北京：商务印书馆，1987：522；东尔. 林纾和商务印书馆［G］//1897—1987 商务印书馆九十年：我和商务印书馆. 北京：商务印书馆，1987：540-542.

④ 汪家熔. 商务印书馆史及其他：汪家熔出版史研究文集［G］. 北京：中国书籍出版社，1998：96.

出道而未成名的新兴知识分子。

在"五四"前后，商务印书馆为配合新文学发展的潮流，曾经给不少年轻的知识分子出版著述的机会。如著名文学家冰心的第一部小说集《超人》和第一部诗集《繁星》都是在商务印书馆 1923 年出版的。当时冰心还在上大学，因此冰心对商务印书馆充满感情。她曾说："在这将近一个世纪之中，我的作品也在几个别的出版社发表过，但是在我的记忆中，商务印书馆是我最初的、永志不忘的良师益友！"① 老舍认为商务印书馆"是块绝顶重要的阵地，很有缘分"②，主要是他的四部长篇小说《老张的哲学》《赵子曰》《二马》《小坡的生日》于 1926 年分批发表在商务印书馆的《小说月报》上。叶圣陶、巴金、丁玲、戴望舒、郭沫若、顾颉刚等人也都是在商务成长起飞的。巴金更是感恩当时在商务印书馆工作的叶圣陶："倘使叶圣陶不曾发现我的作品，我可能不会走上文学的道路，做不了作家；也很有可能我早已在贫困中死亡。"③

除文学著作出版，商务印书馆也在其他著作领域给予年轻人机会。比如在译著出版方面，郭沫若翻译的第一本书《社会组织与社会革命》于 1925 年在商务印书馆出版，其后的第二本《新时代》、第三本《堵》也是商务印书馆出版发行的。④ 包天笑出版的第一本译著《苦儿流浪记》是由商务印书馆《教育杂志》发表的，并且深受读者欢迎。⑤ 在史学著作出版方面，大学毕业后不久的顾颉刚和王钟麒编著的教科书《现代初中本国史》，

---

① 冰心. 我和商务印书馆 [G] //1897—1987 商务印书馆九十年：我和商务印书馆. 北京：商务印书馆，1987：313.

② 舒乙. 老舍和商务印书馆 [G] //商务印书馆一百年. 北京：商务印书馆，1998：226.

③ 郑尔康. 在作家成功的里程碑上 [G] //商务印书馆馆史资料之 33. 北京：商务印书馆内部资料，1985：90-91.

④ 陈江. 郭沫若与商务印书馆 [G] //商务印书馆馆史资料之 28. 北京：商务印书馆内部资料，1984：2-7.

⑤ 包天笑. 我在商务印书馆编译所 [G] //1897—1992 商务印书馆九十五年：我和商务印书馆. 北京：商务印书馆，1992：83-84.

于 1923 年在商务印书馆出版;[1] 李大钊编著的中国第一部系统阐释历史唯物主义并将其应用在史学研究方面的著作《史学要论》，1924 年在商务印书馆出版;[2] 吕思勉的《白话文国史》1923 年在商务印书馆出版。[3] 此类新兴作者的著述出版不胜枚举。其实，张元济也很重视给年轻人机会，但是相比之下，王云五在培养和推出新兴作者著述方面提供的机会更多。因为相对而言，王云五时代新兴知识分子数量更多、成熟度更高，商务印书馆出版图书的种类和数量也更多，因此王云五对新兴作者群体的关注也更多些。

三、与作者关系的维系

为了商务印书馆的发展，张元济、王云五必然需要通过一定的方式来维系或处理与作者的关系。

我们知道，早期商务印书馆是根据亲缘、乡缘、学缘关系笼络了一批知识分子进入编译所从事编译工作。一般来说，编译所员工在工作时间内编成的书籍是没有稿酬的，也不享有版税收益。因为商务印书馆与员工之间是一种雇佣劳动关系，在商务印书馆看来，工资就是对员工在工作时间内完成的劳动成果的回报，因此无须再支付稿酬或者版税。这种情况在当时业界比较常见和通行。但是商务印书馆鼓励编译所的员工利用业余时间从事著述，出版自己的作品，这种情况下是会另外支付稿酬的。比如谢菊曾在编译所利用业余时间翻译了三篇童话，经孙毓修审阅后付印出版，不过当时只是练习生的谢菊曾表示："可是尽管我是利用业余时间写作，孙始终没有给我稿酬。"最后直到他离开商务印书馆，才在别人的帮助下拿回自

---

① 胡嘉. 吕思勉和商务印书馆［G］//1897—1992 商务印书馆九十五年：我和商务印书馆. 北京：商务印书馆，1992：200-201.

② 胡嘉. 吕思勉和商务印书馆［G］//1897—1992 商务印书馆九十五年：我和商务印书馆. 北京：商务印书馆，1992：202.

③ 胡嘉. 吕思勉和商务印书馆［G］//1897—1992 商务印书馆九十五年：我和商务印书馆. 北京：商务印书馆，1992：196.

己的稿酬——20 元的书券。① 另外，"有许多编辑先生因为薪水很少，就在馆外多做些稿子卖给公司；甚至有时因自己名字用得多了，不好意思，改署旁的名字售给公司"②。

对于馆外的作者，张元济通常是将比较熟悉的作者吸收为股东，借此加强双方的关系。1907 年以前的几次招股，就成功让严复、谢洪赉、林纾、罗振玉、郑孝胥、伍光建、王国维等人成为股东。③ 此外张元济还采用付版税、资助的方式拉拢作者，如给予严复、林纾等重要作者更多的稿费，还支付一定额度的版税，资助蔡元培出国游学。

王云五入馆之后，也继承了张元济的一些方式方法，当然张元济仍在商务印书馆扮演重要角色，对外的很多作者关系处理，张元济也是用力颇多。但是，面对更多出版同行的竞争，亟须扩大稿源，与外界建立更为广泛的合作关系，而且编译所被编审委员会取代，意味着原有的编辑出版群体丧失。好在商务印书馆在张元济时代已经打下较好的基础，社会声望高，影响力大，稿源相对充足。但是对外开放投稿，并非意味着完全没有选择标准和要求。1924 年，编译所就明确订立"投稿简章"，主要是严格规定来稿要求、交收程序以及处理稿件的方式和时间等等。④ 其目的就是对来稿内容有所取舍，提升出版物的质量，使用稿程序和运作更加规范。因为与商务印书馆合作的作者及彼此合作次数太多，受制于资料问题，很难深入考察每次合作的详细过程，但是从商务印书馆在近代的发展历程来看，出版物的质量是较为可观的，意味着稿源相对充足，与作者群体的关系比较融洽，这也进一步印证了商务印书馆在近代文化传播的路径上扮演过重要角色。

①　谢菊曾. 十里洋场的侧影 [M]. 广州：花城出版社，1983：145.

②　王寿南. 王云五先生年谱初稿：第一册 [M]. 台北：台湾商务印书馆，1987：240

③　林尔蔚，汪家熔. 商务印书馆简史（征求意见稿）[M]. 北京：商务印书馆内部资料，年份不详：1-3.

④　商务印书馆总编室. 商务印书馆编译所投稿简章（1924 年 7 月）[G] //商务印书馆馆史资料之 14. 北京：商务印书馆内部资料，1981：24.

第三节　读者群体关系的迎合与塑造

读者群体更是商务印书馆赖以生存和发展的基础。作为出版业生存及发展的风向标，图书的销量和受欢迎程度无疑是出版机构的生命线。相对于大多数出版机构投入绝大部分精力去迎合读者的需求，商务印书馆在张元济、王云五两代领军人物的带领下，一面通过自己的努力培养忠实的读者群体，一面不忘教育的初衷去引领读者群体的需求。张元济、王云五均在各自的时代以不同的理念和方式为商务培养和构建了广泛的读者群体。

一、基础的读者群体——学生

张元济成长于晚清时代，他所接触到的图书还是在"经史子集"的旧式学科体系之中，西方传入的各类新式图书的种类、数量还非常稀少；受制于印刷技术的滞后，图书价格也相对昂贵；图书的主要需求者一般以官僚、贵族、士绅背景的文人及知识分子为主：这一情况至清末废除科举之前并无明显的变化。相对于此类主流文化和主要图书市场，民间还流传着一些通俗文化类图书，读者多以普通民众为主。[①]

1905 年，清政府迫于内外压力，不得不废止科举制度。这意味着读书人长期以来追求的入仕途径崩塌，改革教育与课程内容从晚清时期的热议转变成活生生的现实。在废除科举制后，清政府要求各地政府兴办学堂，随后又颁布了新的学制，教科书市场亟待开发。对出版业而言，科举制度的废止为教科书和教材市场打开了缺口。正如李泽彰所说："我们现在谈到科举的废除，学校的创设，不能不归功于革新运动，而革新运动有此成绩，

---

① 来新夏，等. 中国近代图书事业史 [M]. 上海：上海人民出版社，2000：174-175.

我们却又不能不归功于当时的出版业。"① 事实上，近代出版业的发展又何尝不是得益于科举制度的废止。起码商务印书馆就是通过参与早期教科书出版而崛起的。

相对地，自近代以来的各种西学风潮及革新运动的探索，让越来越多的有识之士开始将目光转移至下层。尤其是戊戌变法失败后，企图通过自上而下的变革实现救亡图存的梦想破灭，一种由上层知识分子所推动的"启蒙运动"逐渐兴起。有学者认为，这是知识分子走向人民的"民粹运动"。② 其影响甚至延续到民国新文化运动的兴起。启蒙的主要目的是要开启一般民众的智识，采用的手段主要包括出版、宣讲、演讲、读报等，希望提高国民的知识水平和基本素质。其中以白话文和小说为主的启蒙读物，强烈地刺激了民众的兴趣，各种题材的出版物极大地丰富了清末时期的图书市场，各种读者群体逐渐显现。其中，不能忽视的一个重要因素是近代公共图书馆的创建。这种不同于封建藏书楼的新型机构也逐渐发挥作用，为提高民智发挥着越来越大的作用，也直接为出版业贡献了较大的图书市场份额。

综上，当张元济进入商务印书馆时，必然会考虑到上述图书市场和读者群体的情况，加上其本人对教育的重视，商务印书馆迅速将关注的目光集中在学生和一般文人身上。中小学教科书的出版是张元济开创商务发展局面的主要突破口，亦是对开启民智、兴办教育的直接诠释。自此之后，商务就从未停止过教科书的出版工作。

二、更为广泛的读者群体——普通民众

如前所述，商务印书馆自张元济时代起就没有再中断过教科书的出版，

---

① 李泽彰. 三十五年来中国之出版业（1897—1931 年）［G］//程焕文. 中国图书论集. 北京：商务印书馆，1994：393.

② 李孝悌. 清末的下层社会启蒙运动（1901—1911）［M］. 台北：台湾研究院近代史研究所，1993：218.

显而易见，学生群体一直是商务印书馆的重要读者群体。但是随着民国教育事业的蓬勃发展以及五四新文化运动的影响逐渐扩大，越来越多的普通民众对知识的渴求增加，原来以教材、教辅为主要出版方向的商务印书馆逐渐根据市场需求的变化调整出版思路，体现出王云五的思想变化——注重普通民众的文化需求。

作为近代最早开放的国际化都市，上海一直对西方文化保持着极高的敏感度和兴致，普通民众对新知识的需求逐渐孕育出不同的读者群体。尤其是20世纪初科举制度废除和"民粹运动"的开展，及至新文化运动之后，普通民众的文化素质和思想觉悟都有了一定的提升。晚清新学制颁布后，也培养出相当数量的新式学生群体。至民国之后，成长起来的新型学生群体亦成为新时代的重要文化需求群体。到20世纪20年代之后，越来越多的人认为，传统的知识内容和组合已不能有效地顺应社会的潮流，不少知识分子和读者纷纷发表言论，要求出版界推出更多种类、更能满足民众需求的图书。郑振铎曾这样描绘1920年前后出版界的情形："中国的出版界，最热闹的恐怕就是一九一九年了！……'五四'以前，受欧洲停战的影响，出产了好些定期出版物。'五四'以后，受了爱国运动的影响，新思想传播得更快，定期出版物，出现得愈多。……他们的论调，虽不能一致，却总有一个定向——就是向着平民主义而走。'劳工神圣'、'妇女解放'、'社会改造'的思想，大家也可算得是一致。"① 而此时的商务印书馆还在内部管理问题（用人和财务方面）、外部竞争（与中华书局）及新文化运动的冲击（受到非议，销量下降）等方面受到掣肘，"胡适南下""王云五进馆"就发生在此背景之下。显然，为了顺应潮流，王云五必须做出相当的调整。

在读者群体方面，王云五继续保持张元济时代对学生群体的重视程度。从商务印书馆参与教科书出版以来历年的教科书种类来看，张元济在小学

---

① 郑振铎. 一九一九年的中国出版界［G］//吴永贵，张学科. 民国年度出版时评史料辑编：第一卷. 武汉：华中师范大学出版社，2019：103.

教科书的出版上着力较多，这与当时社会文化水平偏低和启蒙运动有关；而王云五在保持小学教科书出版地位的同时，加强了中学教科书的出版，后来还参与大学教科书的出版工作，进一步拓展了学生读者群体的范围。

表 5-4　商务印书馆中小学教科书一览表

级别	教科书	出版时间
小学程度	最新教科书	1903
	女子教科书	1904
	简明教科书	1910
	共和国教科书	1912
	单级教科书	1913
	实用教科书	1916
	新法教科书	1920
	新学制教科书	1923
	新撰教科书	1924
	新时代教科书	1928—1930
	基本教科书	1931
	复兴教科书	1934
	更新教科书	1939
中学程度	最新教科书	1905
	共和国教科书	1912
	新体教科书	1919
	新学制教科书	1923
	新时代教科书	1928
	基本教科书	1931
	复兴教科书	1934
	职业学校教科书	1937
	更新教科书	1939

为了清楚地了解读者的意见和愿望，与读者建立长期且稳定的互动关系，王云五健全了读者信件登记处理制度和读者意见调查制度。① 他还针对图书市场变化和读者需求，逐渐改变出版方针，加强译书、丛书的出版工作，为普通民众提供普及性图书。据李家驹统计，20 世纪 30 年代中期以后，商务印书馆的译书数量达到历年来的巅峰；惠及幼儿、儿童、成人的各类丛书种数难以统计，仅《万有文库》的种数就达千种，《百科小丛书》《大学丛书》亦有几百种。② 出版的《大学丛书》《中国文化史丛书》《丛书集成》更是将普通读者扩展到大学生、知识分子及学者的领域中，从而基本实现了所有读者类型的全面覆盖。

三、特殊的读者群体——传统文化的拥趸

科举制度的取消并不代表传统文人和知识分子的全面消退，他们仍旧对中国传统文化充满情怀和热爱，即便新兴知识分子也对传统文化充满兴趣，因为传统文化是社会文明的结晶和积淀，是中国文化的根基和源头所在，因此古籍整理与出版仍然有着较大读者市场。

张元济是传统知识分子出身，而且家族历来有藏书的传统，在版本、目录学及校勘学方面颇有渊源，因此在他的影响下，商务印书馆较早地认识到古籍整理的重要性和旧式文人的需要。在商务印书馆的发展历程当中，多套重要的高质量的古籍整理出版对近代文人研究和教育有着重大影响，对中国传统文化的保存和传播起了重要作用。庄俞在《三十五年来之商务印书馆》中就描述了商务印书馆整理出版中国文化典籍的意图："本馆深知出版物之性质，关系中国文化之前途，故慎重考虑，确定统一之出版方针。

---

① 沈百英. 我与商务印书馆 [G] //1897—1987 商务印书馆九十年：我和商务印书馆. 北京：商务印书馆，1987：285-294；邹尚熊. 我与商务印书馆 [G] //1897—1992 商务印书馆九十五年：我和商务印书馆. 北京：商务印书馆，1992：316-322.

② 李家驹. 商务印书馆与近代知识文化的传播 [M]. 北京：商务印书馆，2005：238-242.

即一方面发扬固有文化，保存国粹；一方面介绍西洋文化，谋中国之沟通，以促进整个中国文化之光大。"①

商务印书馆在 1900 年出版了《通鉴辑览》《通鉴知易录》《五经备旨》等五部古籍，张元济主持商务印书馆后，逐渐开始大规模出版古籍。综观商务印书馆出版过的大型古籍丛书，包括《涵芬楼秘笈》《道藏》《续道藏》《续古逸丛书》《道藏举要》《四部丛刊初编》《四部丛刊续编》《四部丛刊三编》、《百衲本二十四史》《景印元明善本丛书》等。② 也整理出版了很多单行本，如《通俗编》《恒言录》《容斋随笔五集》《存稿》《越缦堂读书记》等；重印过《汉书补注》《后汉书集解》《二十二史考异》《天工开物》等。③ 许多古籍类别"皆供不应求，近又印行《百衲本二十四史》誉满海内外"④。说明当时商务印书馆古籍整理与出版受到近代文人和知识分子的欢迎。

王云五同样也强调古籍整理与出版对普及中国文化的作用："本馆于国故资料之供给，亦尝尽力图之。初则印行之《四部丛刊》，使难得之古籍尽人可读。继复有印行《四库全书》之计划，亦本斯旨。……对于古籍或加以整理，或从事评注，均可为初学入门之助。此外单行本性质类是者，亦复不少。"⑤ 由于大型丛书的价格不菲，非一般读者所能负担，因此常采用预约方式出售。章锡琛曾批评商务印书馆出版大部头古籍"多数成为目不识丁的富商大贾客厅的装饰品"，但仍然说它"对于中国文化界不能不肯定

① 庄俞. 三十五年来之商务印书馆 [G] //1897—1992 商务印书馆九十五年：我和商务印书馆. 北京：商务印书馆，1992：721.

② 王绍曾. 记张元济先生在商务印书馆办的几件事 [G] //1897—1992 商务印书馆九十五年：我和商务印书馆. 北京：商务印书馆，1992：31.

③ 许振生. 商务印书馆与古籍整理 [G] //商务印书馆一百年. 北京：商务印书馆，1998：570-571.

④ 庄俞. 三十五年来之商务印书馆 [G] //1897—1992 商务印书馆九十五年：我和商务印书馆. 北京：商务印书馆，1992：735.

⑤ 李家驹. 商务印书馆与近代知识文化的传播 [M]. 北京：商务印书馆，2005：257.

是有相当贡献的"。①

无论是张元济还是王云五都是对古籍整理出版做出过努力和贡献的。一方面是迎合了当时一批旧式文人、学者甚至是富商大贾的需求，另一方面也因为中国文化典籍的保存和传播，对盲目追求西学的近代社会起到正本清源的警醒作用，进而塑造了一批学贯中西的高素质知识分子。

第四节 几种特殊的交际关系

在考察围绕张元济、王云五建立起来的多重人际关系网络之后，我们发现在张元济、王云五与同时代学人的交往中存在着几种特殊的人际关系，比如蔡元培、胡适与他们的关系。这些特殊关系在很大程度上影响着他们各自人际关系网络的形成，并且在其中扮演着重要角色。

一、入馆前的交际圈

张元济不仅是晚清翰林，也曾参与过戊戌变法，后来又成为商务印书馆的领军人物，因此他的社交圈是非常庞杂的。张元济早期的人际关系网主要是科举的朋友和年轻的京官们。与张元济共同乡试中举，后来成为朋友的有汪康年、蔡元培、吴士鉴、徐珂、汪大燮等；同科中进士，后来亦有交往的有吴士鉴、蔡元培、汤寿潜、叶德辉、唐文治等。甲午战争失败，年轻的张元济倾向维新，和年轻的京官们"常常在陶然亭聚会，谈论朝政。参加的一共有数十人。当时并没有会的名称，只是每隔几天聚会谈谈而已"②。与会的人中比较有名的有文廷式、黄绍箕、陈炽、汪大燮、徐世昌、

---

① 章锡琛. 漫谈商务印书馆［G］//商务印书馆. 1897—1987 商务印书馆九十年：我和商务印书馆. 北京：商务印书馆，1987：122.

② 张元济. 张元济全集：第 5 卷 诗文［G］. 北京：商务印书馆，2008：232.

沈曾植、沈曾桐等。这些人后来几乎全是强学会的主要人物。但是张元济并没有参加强学会，而是比较谨慎地避免卷入政治旋涡。他只是与几位不太知名的官员朋友组建了"健社"，"约为有用之学"，"以自强不息交相勉"，并以此为基础，后来筹办了通艺学堂，主要筹办人有陈昭常、张荫棠、何藻翔、曾习经、周汝钧、夏偕复等。张元济还积极关注社会舆论及其传播，承担了一些京中报纸的分派任务，即便是与当时维新派的代表人物梁启超等人也有一定的交集。但是在面对维新事宜上，他依旧保持克制谨慎态度，不过仍旧无法摆脱受变法牵连的命运。从张元济早期的交际关系可以看出，作为传统的知识分子，他有一些科举的朋友；又因为倾向维新，与维新派人物亦有不少交集。这些人中有很多后来成为政界、思想文化界的代表人物，与张元济交往密切。

王云五是自学成才的新式知识分子，不像张元济那样拥有一些科举的朋友，虽然王云五早期也有从政经历，还担任过孙中山先生的秘书，但是担任的都是基层的公职，几乎没有接触到政界的核心圈。在王云五回忆录中出现次数较多的胡适、朱经农、赵汉卿等人是王云五在中国公学的学生，当时的学生人数应该不少，可是与王云五发生交集的却不多，起码王云五自己提及的不多。王云五倒是还提及他加入中国国民党一事，也冒险为党内同志做过一些掩护、秘密联系的事，从后来他放弃登记而退党的情况来看，应该几无深交，可见王云五早期的交际圈是相对简单的。然而在为数不多的交际圈中，却有两位不得不提及的人物，一位是蔡元培，一位是胡适，因为他们都与商务印书馆的两代主政人有着非同寻常的交往。

二、与蔡元培的关系

蔡元培和张元济是同时代的知己。他们不仅性情相近、志趣相投，而且有着"六同"关系：同庚，按农历算都生于 1867 年；同乡，都是浙江籍贯；乡试同年，都是 1889 年中举；殿试同年，都是 1892 年中进士，一同被授翰林院庶吉士；同事，曾一度同在南洋公学任教；共同创办《外交报》。①在戊戌变法失败后，张元济进入南洋公学译书院，开始寻求教育救国之路，蔡元培也回到浙江绍兴，就任绍兴中西学堂监督，开始教育事业。二人也曾就南洋公学经济特班的开设而进行短期的合作，但是官场习气及种种弊端，让他们很难在旧式官办学堂成就彼此的教育救国之梦。在商务印书馆的交往与合作终于让他们共同的理想得以付诸实践，并在此后的几十年交往中同舟共济，成为交谊深厚的挚友。

1902 年，商务印书馆成立编译所。在考虑编译所所长人选时，张元济最先想到的是蔡元培。蔡元培认为科举必将废止，新式学堂必将普遍设立，就与所内同人共同商定着手编辑教科书，由他拟定计划和编辑体例进行编辑。但是没多久，蔡元培便因组织参与中国教育会和爱国学社的革命活动受到清政府的追捕，很快就辞去了编译所所长一职。蔡元培虽然离开商务，但仍然为商务物色编辑人选，并编著教科书，后来对商务教材编写有重要功劳的杜亚泉、蒋维乔、庄俞以及其他一些有识之才多是蔡元培极力推荐的。1907 年，蔡元培意欲至德国留学，经费紧张，张元济特约蔡元培在德国为商务编书，每月付酬百元，一部分汇德国补充学费，一部分寄给蔡元培家中以供家用。1913 年，蔡元培游学法国，张元济又用约稿付酬的办法资助蔡元培，蔡元培在国外的著述也主要由商务出版或发表。此后，蔡元培无论是成为北大校长还是中央研究院院长，都与张元济及商务长期保持亲密伙伴及合作的关系。最后蔡元培在抗战中病逝于香港，治丧事宜也是由商务印书馆料理的。

同与张元济由私而公的交往不同，蔡元培与王云五的交往是由公而私的。如果说蔡元培与张元济是同时代的人，那么王云五亦是蔡元培的晚辈。王云五与蔡元培最初的交集发生在 1912 年："由于（王云五）任教多年，

---

① 吴方. 仁智的山水：张元济传 [M]. 上海：上海文艺出版社，1994：154.

对我国教育政策和制度颇有主张，便把我的意见写成建议寄给蔡先生（时任教育总长）。……想不到蔡先生对于一位向未谋面的青年，而且丝毫没有透露毛遂自荐之意，竟也特别拔擢。……并邀我到部相助。"① 后来经孙中山先生允许，同意王云五每日用半日的时间到教育部工作，成为蔡元培的部下。但是此后的近十年间，他们的交往并不多，据说蔡元培在辞去教育总长后，曾建议当局将王云五调任北京大学预科学长，最终未能成行。②

王云五与蔡元培的交往主要发生在任职商务期间。蔡元培与张元济及商务印书馆一直有非常密切的交往，王云五在商务任职之后，因为工作的关系自然会与蔡元培发生接触。据王云五自己回忆："由于商务印书馆和我均与蔡先生有旧关系，对于编辑和校阅之任务常向蔡先生请求指教或相助。前任编译所所长而现任该馆监理之张菊生先生和蔡先生为科举同年，对蔡先生的称谓常用其旧日的别号'鹤卿'，于是我也逐渐从'孑民'先生改称为鹤卿先生，倍益亲切。我对于商务印书馆编译出版方面有所创作，事前辄向蔡先生请教；个人偶有作述，亦几乎无不请蔡先生指正。蔡先生对于我有所举措无不鼓励有加。"③ 王云五所言非虚，从他所出版的专著来看，确实有蔡元培所作的序言；后来王云五主持策划的《大学丛书》亦是由蔡元培领衔组成编辑委员会。王云五还曾在辞去编译所所长之后，到蔡元培任院长的中央研究院社会科学研究所任研究员。抗战期间，蔡元培迁居香港养病，王云五因为在香港主持商务事宜，对蔡元培亦是照顾有加，每周尽可能渡海去探望一次。因蔡元培眼疾严重，还携带一些木字版大字本书供其阅览。为此蔡元培多次致信表示感谢："顷奉惠函，以弟目疾，选书之

---

① 王学哲. 岫庐八十自述：节录本 [M]. 上海：上海人民出版社，2007：37.
② 王云五. 蔡孑民先生与我 [G] //陈平原，郑勇. 追忆蔡元培. 北京：中国广播电视出版社，1997：60.
③ 王云五. 蔡孑民先生与我 [G] //陈平原，郑勇. 追忆蔡元培. 北京：中国广播电视出版社，1997：62-63.

大字者备阅，深感关切。"① 蔡元培晚年在香港的生活比较拮据，商务也不时给予周济，及至蔡元培最后在医院病逝，也是王云五为其送终治丧。②

从王云五与蔡元培的交往来看，虽然是隔代交，但令人感动之处不乏例证，王云五基本上做到了一个晚辈甚至孝子可以做到的全部，从这一点还是可以看到王云五善良、温情的一面。我们不愿揣测王云五此举的缘由何在，但是我们不得不把另外一位与王云五交往密切的人物胡适拿来对比。王云五自己曾谈到一个情况，就是对蔡先生的一般推荐函、没有具体详细的介绍的，多不另作详尽的考虑，因为蔡先生的学生好友极多，而他又是有求必应来者不拒的，而且每次都是亲笔作简单介绍的。蔡先生也告诉王云五，他介绍的目的只是告诉王云五其书稿或其人的来源，其他的事宜由王云五自己定夺。③ 因此，王云五在很多时候对蔡元培的建议或推荐是不予考虑的。也许他的做法是有一定道理的，但是对于胡适的建议或推荐，王云五却是完全不同的处理方式，基本上是言听计从，即便是亏本都不例外。④ 这种做法与王云五性格极为不符。之所以这样，只因为这人是胡适，一个任何人都无法替代的人物。

三、与胡适的关系

胡适与王云五的关系最早发生在中国公学。王云五在中国公学任教英语，成为胡适的英文老师。胡适在他所写的自述中说，在中国公学的两年，受姚康侯、王云五两先生的影响很大。⑤ 但是他后来又对人谈起："我在中

① 王云五. 蔡孑民先生与我［G］//陈平原，郑勇. 追忆蔡元培. 北京：中国广播电视出版社，1997：69.
② 王寿南. 王云五先生年谱初稿：第一册［M］. 台北：台湾商务印书馆，1987：357-358.
③ 王云五. 蔡孑民先生与我［G］//陈平原，郑勇. 追忆蔡元培. 北京：中国广播电视出版社，1997：64.
④ 王建辉. 文化的商务：王云五专题研究［M］. 北京：商务印书馆，2000：238.
⑤ 胡适. 四十自述［M］. 影印版. 上海：上海书店，1987：156-157.

国公学读书时，好像上过云五先生的课，但云五先生说，他是中国新公学成立之后才进去的，这样又好像不曾上过他的课。"① 据王云五的学生王寿南记述，王云五不仅在中国公学教过胡适英文，还特意为准备考留美官费生的胡适补习过三个月的大代数和解析几何。② 后来胡适从中国公学退学到新公学兼任教员，一年多后新旧公学合并他不愿回去，王云五还曾推荐他到上海工部局所设的华董公学担任国文教员。可见王云五和胡适之间还是有师生之情的，起码胡适是从始至终认可这位老师的，而且一直尊称王云五为老师，这样才能解释胡适后来为什么推荐王云五进入商务印书馆。

胡适推荐王云五给商务印书馆的主要理由是，王云五"学问道德都比我好，他的办事能力更是我全没有的"③。对比胡适的日记和王云五的自述看，胡适在推荐王云五之前，二人已经很久没有联系过，直至胡适应商务之邀到上海考察："适之与我暌违十几年后，直至此次来上海小住，我们才有机会话旧，而且常相过从。"至于为何推荐王云五，王云五是这样解释的："他从前知道我读书做事都能吃苦，又曾发现我在青年时期做过一件傻事，把一部《大英百科全书》从头至尾读了一遍。这次留沪，又知我十余年来读书做事的经过和最近从事于编译事业。"胡适在他的日记中也这样写道，"他是一个完全自修成功的人才，读书最多，最博"，"道德也极高"。④ 在读书多、博方面，王云五倒是与胡适非常相近，但是学问方面肯定是没有胡适高的；道德方面也无从考量；办事能力如何，胡适应该是不清楚的。

---

① 胡颂平. 胡适之先生年谱长编初稿：第 1 册 [M]. 台北：联经出版事业公司，1980：89-90. 中国公学是 1906 年一些留日学生因不满日本文部省颁布的"取缔中国留学生规则"愤然回国创办的，中国新公学则是 1908 年中国公学发生学生风波后，多数学生退学出来另建的。后来两校又合并。中国新公学存在了一年多时间。这里应是王云五回忆有误。

② 王寿南. 王云五先生年谱初稿：第一册 [M]. 台北：台湾商务印书馆，1987：59.

③ 中国社会科学院近代史研究所，中华民国史研究室. 胡适的日记 [G]. 北京：中华书局，1985：204-205.

④ 转引自陈达文. 胡适与商务印书馆：胡适日记和书信中的商务资料 [G] //1897—1987 商务印书馆九十年：我和商务印书馆. 北京：商务印书馆，1987：575-576.

十多年未见的师生仅通过四个小时的交谈，就决定了民国时期最有影响力的出版机构的命运，我们不便去揣测胡适的真实意图或想法，幸好王云五后来也不负众望，要不然胡适在近现代史上的争议可能又要加上浓浓的一笔。

王云五进入商务印书馆后，胡适对他的帮助是极大的。学者王建辉说，胡适是王云五在商务的精神支柱。① 这句话是较为恰当的，因为胡适几乎全面介入商务的出版过程。王云五刚进编译所提出的编译所改良计划就是在胡适考察意见书的基础上形成的，王云五还专门就此事向胡适报告一切："你所计划的事，除却'所内人著译乃给稿费'一层外，都可陆续施行。"②可以说在此后的商务发展进程中，王云五的背后始终都有胡适的影子。胡适不仅以他在学术思想文化界的影响和地位支持王云五，还在商务出版过程的很多细节上给予王云五最直接的建议或帮助。比如，商务印书馆在20世纪20年代出版的许多丛书或刊物，都是由胡适出面主编或提供指导意见的；他还亲自帮助校订书稿，为商务引荐人才、介绍书稿，极力宣传推广商务出版物，关心商务其他方面的发展，等等。③ 如上文所提及，王云五对胡适的建议或推荐，基本上是言听计从。这不仅是因为胡适的地位和影响力，更多可能是王云五对胡适的推荐之恩没齿难忘。后来他还多次提及，正当他处于人生中逆境时，"突然有人推荐我为全国最大出版家商务印书馆的编译所所长。给我推荐的人是我十几年前在中国新公学教英文时的一位卓越学生胡适之"④。当然，王云五与胡适在思想文化上的接近亦是他们交谊的根基，后文中我们会专门论及他们对待中西文化态度上的一致性。

胡适与张元济也是有交往的，但是他们的交往主要集中在学术往来，

---

① 王建辉. 文化的商务：王云五专题研究 [M]. 北京：商务印书馆，2000：198.
② 耿云志. 胡适遗稿及秘藏书信：第24卷 [M]. 合肥：黄山书社，1994：280-281.
③ 王建辉. 文化的商务：王云五专题研究 [M]. 北京：商务印书馆，2000：223-225.
④ 王学哲. 岫庐八十自述：节录本 [M]. 上海：上海人民出版社，2007：54.

并没有像与王云五那样深交。张元济认识胡适是学术论文为媒介的。胡适是新文化运动的代表人物，他在商务创办的《东方杂志》上接连发表了几篇关于中国古代哲学研究的论文，还在商务出版了由蔡元培作序的著作《中国哲学史大纲》，吸引了较为爱才的张元济的注意。1919 年，五四运动的浪潮将张元济及商务印书馆推到新文化运动的浪尖，吸收新人、聘用年轻人成为张元济的选择。1919 年 4 月 8 日，张元济请商务印书馆北京分馆的经理孙壮转托陈筱庄代为约聘胡适至商务工作，月薪三百元。① 胡适因事务繁忙，并没有正面回答商务印书馆的邀请。随后，张元济与高梦旦商议，拟在北京设立第二编译所，专办新事，打算请胡适主持。② 但是最后也是没有实行。张元济和高梦旦为了应对新文化运动的影响，改正商务编译所的弊病，迫切需要胡适到商务编译所主持工作。高梦旦还曾专门去北京邀请胡适，最后胡适才勉强答应到商务印书馆考察。胡适是比张元济年轻的学者，二者可以说是两代人，但是从商务早期对胡适的邀请来看，张元济肯定是欣赏胡适的才华，才屡次邀请其为商务做事的。但是胡适最后还是婉拒了张元济及商务的邀请，不愿意去办那"完全为人的事"。这与张元济全身心投入图书事业不同，胡适更愿意做的是学术研究，而不愿参与到对商务的管理之中。虽然他已经认识到，"这个编译所确是很要紧的一个教育机关，——一种教育大势力"，但是他最终还是选择回到北京大学，不放弃自己的事。③ 此后的张元济开始逐渐退居二线，王云五开始慢慢接班，张元济与胡适交往的情况多被王云五与胡适的交往所掩盖。从张元济与胡适的书札内容来看，他们二人的交往主要是开展学术交流，很少论及其他事宜，但是他们还是对彼此的学问较为认可。

---

① 张元济. 张元济日记：下册 [G]. 北京：商务印书馆，1981：564.
② 张元济. 张元济日记：下册 [G]. 北京：商务印书馆，1981：719.
③ 转引自陈达文. 胡适与商务印书馆：胡适日记和书信中的商务资料 [G] //1897—1987 商务印书馆九十年：我和商务印书馆. 北京：商务印书馆，1987：575.

张元济、王云五与中国近现代学术思想文化界代表人物蔡元培、胡适的交往是本节考察的重点。从他们彼此均有交集的线索中，我们不难发现，张元济与蔡元培属于更早一代的知识分子，他们国学功底深厚，有着共同的教育理念、事业理念，民族情怀较为浓厚，在传统中兼顾开明。王云五与胡适属于晚一辈的知识分子，他们更加靠近西学，有着更加浓郁的西学情结，对待事业的态度更加理性和职业化，而且二者都更为接近政治圈，因此商务内部的同人对他们的评价也有明显差别。张元济一直被商务同人尊称为"菊老"，而王云五却总是被直呼其名，其间包含的情感色彩已经不言而喻了。

小　结

本章主要对张元济、王云五的人际关系网络进行了考察，并没有局限在对商务印书馆内部职工关系的探讨，还对他们与馆外作者群体建立联系、密切合作，与读者群体互相满足、不断迎合与塑造等进行了分析。在对待商务印书馆内部群体的问题上，张元济主要是利用自己的亲缘、乡缘、地缘、学缘等因素为早期商务印书馆引进大批优秀人才，从而奠定了商务印书馆在近代的学术地位及社会影响力；而王云五更关注近代逐渐成长起来的新兴知识分子群体和以胡适为代表的文化学术界名人的支持，进而实现对商务印书馆人才群体的更新换代。在对待商务印书馆作者、读者群体上，张元济还是试图通过他自己的人际关系用感性方式来维系逐渐建立起来的作者、读者关系，而王云五倾向于用更为实际和职业的方式来明晰与作者、读者之间的关系。

第六章

不同的认识　差别的理念

——张元济与王云五图书事业观的比较

　　张元济、王云五的图书事业观是围绕图书事业所产生或由其所引发的价值理念。通过对他们作为出版人、图书馆人双重身份的事业比较，我们发现有某些特殊的思想或理念在引领着他们不断深入各自的身份角色。这些思想或理念并没有密切的逻辑关系和系统性，我们把这些没有密切逻辑关系和系统性的思想或理念统称为"图书事业观"，包括对教育普及的差异认识、对中西文化的不同认知、对商品与文化的区别理解、对从商与从政的逆向把握等，并以此来阐释张元济、王云五投身图书事业的初衷、立场和旨意。

第一节　对教育普及的差异认识

　　张元济和王云五的图书事业始终充满"教育"色彩，甚至与他们的图书事业互为补充、互相影响。他们对教育如此情有独钟，除了跟个人成长和受教育经历有关，更与时代的教育思潮有很大关系，也正因此，在对"教育普及"的认识上，二者有着一定的差异。

一、张元济：从精英教育到学校教育

张元济一生的成就很大程度上归功于其所受的良好教育，包括前期的传统教育和后期的社会教育，使其对 20 世纪前后的各种教育理念及思潮有着较为深刻的认识和理解。戊戌维新时期的张元济就和当时中国众多仁人志士一起为寻求强国御侮之道而立志变法图强。以康有为、梁启超为首的维新人士为变法提出了"振兴教育、培育人才、开通民智"的主张。1897年 4 月 16 日，张元济在给好友汪康年的信中，把"鼓动人心"作为第一要义，其次才为"培植人才"。① 时隔一年左右，张元济已经把人才问题放在了首要位置："时至今日，培养人材，最为急务。"② 此时张元济的人才观主要与维新变法的政治运动紧密联系，所依靠的人才主要是指接受过西方近现代科学文化教育的新式知识分子。但是，当时科举取士的人才选拔途径并未消亡，张元济所寄希望的新式知识分子并不多，主要集中在当时的社会精英群体和归国留学生中。虽然张元济是受传统教育成长，通过科举考试走上历史舞台的，但他却极力主张废除科举制度。他认为："科举不改，转移难望。吾辈不操尺寸，唯有以身先之，逢人说法，能醒悟一人，即能救一人。"③ 因此，张元济试图通过创办新式学堂培养"贯通中西，兼知他项西学"的精英人才。通艺学堂的创办正是基于此目的。

张元济创办通艺学堂与当时的教育救国理念不谋而合，包括在学堂中附设图书馆。该学堂虽以"通艺"冠名，但实际上"专讲泰西诸种实学"，

---

① 张元济. 致汪康年 穰卿 [G] //张元济书札. 北京：商务印书馆，1981：16.
② 张元济. 致汪康年 穰卿 [G] //张元济书札. 北京：商务印书馆，1981：20.
③ 张元济. 致汪康年 穰卿 [G] //张元济书札. 北京：商务印书馆，1981：9.

所招收的学员主要是年轻京官和资质聪颖的官绅子弟，其目的是"艺可从政"，为清政府培养外交人才。① 即便是张元济因受戊戌变法牵连被革职后，赴盛宣怀开设的南洋公学任职，他仍呈请盛宣怀开设南洋公学经济特班，旨在"以待成材之彦士有志西学"。② 无论是通艺学堂，还是南洋公学经济特班，所招收学员均只有四十余人，而且都是为培养时代精英而准备的。因此，我们认为这一时期的张元济创办学堂的宗旨是培养社会精英人才。

戊戌变法的失败和盛宣怀在南洋公学事务上的敷衍，让张元济认识到仅仅依靠社会精英参与的变革无法实现其改造社会的梦想，因此他立志昌明教育、开启民智。我们所见引用最多的例证材料是他 1902 年 1 月的《答友人问学堂事书》一文。文中阐明："泰西人罕不学，非必皆人才也。然于人当知之事无不知之，而民智大开。在上者有所施行，亦不至于妄为阻抗。此善政之所以能行也。……德被法败、日本维新，均汲汲于教育之普及者。无良无贱、无智无愚、无少无长、无城无乡，无不在教育之列也。本此意以立学，则必重普通而不可言专门，则必先初级而不可亟高等。"③ 不少学者以此材料证明张元济完成了从精英教育向社会教育或国民教育的转变，笔者也曾在所撰写的一篇论文中持此观点。通过深入研究，我们发现事实并非如此。张元济《答友人问学堂事书》一文作于 1902 年 1 月，其思路形成应该在 1902 年以前。郭海鹰在其硕士论文中引用了一则材料——《内藤湖南同张元济的一次会晤》，材料中记述了张元济 1899 年 11 月会见正在上海的日本汉学家内藤湖南一事，并表达了对兴办教育事业的观点：首先要把精力放在对学校广大学生的关心和教育上，那是培养人才的前提。④ 因为这则材料的原文我们没有找到，这里不展开论述。但是，在 1901 年 10 月，

① 张元济. 张元济诗文 [G]. 北京：商务印书馆，1986：100.
② 张树年. 张元济年谱 [M]. 北京：商务印书馆，1991：36.
③ 张元济. 答友人问学堂事书 [G] //张元济诗文. 北京：商务印书馆，1986：170.
④ 郭海鹰. "以扶助教育为己任"：张元济教育实践及教育主张探析 [D]. 南昌：江西师范大学，2005：23.

张元济在致盛宣怀的信函中说："中国号称四万万人，其受教育者度不过四十万人，是才得千分之一耳。且此四十万人者，亦不过能背诵四书五经，能写几句八股八韵而已，于今世界所应知之事，茫然无所知也。……历数年之愚，渐悟其非，以洋文不能尽人皆晓，专门更非尽人能习也。今设学堂者，动曰造就人才。元济则以为此尚非要，要者在使人能稍稍明白耳。"①言辞之间，大致可以领略出不同于精英教育的思路，因此在其后的《答友人问学堂事书》中，张元济阐明了这一思路的方向："无良无贱、无智无愚、无少无长、无城无乡，无不在教育之列"，"必重普通而不可言专门，则必先初级而不可亟高等"。这一表达说明张元济基本完成了精英教育思想的转变，但并非转变到社会教育或国民教育或普及教育的方向，准确地说，应该是普及学校教育的方向。

一般意义上的教育主要分为家庭教育、学校教育、社会教育三种。显然，社会教育是区别于学校教育和家庭教育的另一种方式，不同于张元济所倡导的"初级"或"高等"学校教育概念。"国民教育"一词亦是出现于19世纪末20世纪初，中心思想即是广开民智、普及教育。张元济也曾表达过其理解的国民教育："国民教育之旨，即是尽皆学，所学亦无须高深，但求能知处今世界不可不知之事，便可立于地球之上。否则岂有不为人奴、不就消灭者也。"②这里的"国民教育"与普及教育的内涵大致相当，所要教育的对象指的是全部国民。后来张元济投身商务印书馆，便以扶助教育作为办出版的指导方针。他在主持商务期间，主要以出版中小学教科书和教辅用书（包括工具书）为主，其次是刊印古籍。③因此，我们认为张元济的国民教育更加倾向于中小学的学校教育，并未囊括类似于其后陶行知、晏阳初等人开展的平民教育的部分。倒是在20世纪二三十年代，张元济的

① 张元济. 张元济全集：第3卷 书信 [G]. 北京：商务印书馆，2007：204.
② 张树年. 张元济年谱 [M]. 北京：商务印书馆，1991：38.
③ 王学哲. 岫庐八十自述：节录本 [M]. 上海：上海人民出版社，2007：56-57.

学校教育理念又有了新的发展。他提出："我们的教育不要贵族化，要贫（平字还不够）民化；不要都市化，要乡村化；不要外洋化，要内地化。"①可见，此前的国民教育并不是面向全民的，主要是指中小学生。综上所述，在精英教育之后，张元济倡导的应该是普及学校教育。

二、王云五：从学校教育到社会教育

王云五接受学校教育的经历很短暂，主要是通过自学成才的。因此，他对学校教育重要性的认识没有张元济那样深刻。如果一定要把王云五与商务印书馆"扶助教育"的指导思想联系在一起，那么继承张元济事业的王云五所能接受和贯彻的依然是"普及学校教育"的理念。

张元济时代是以教科书和工具书开拓商务出版新局面的。王云五进入商务之初，所遵循的还是张元济时代的出版方针。作为刚进入商务印书馆的新人，王云五暂时无法改变商务印书馆一直以来贯彻和执行的出版导向。因此他继续在教科书和工具书领域挖掘，试图通过大学教科书及相关教辅用书来进一步强化商务印书馆在教育领域的出版地位。不可否认的是，中小学教科书出版的强化和《大学丛书》出版的补充，使商务印书馆继续在民国时期牢牢占据教科书出版市场的主导地位。所以，我们认为，王云五在进入商务印书馆之后，主要是接受了商务印书馆以出版"扶助教育"的理念，重点是通过教育类出版物的出版来体现其普及学校教育的思想。需要进一步说明的是，王云五的普及学校教育思想并非出自对国家、社会的责任感，它迥异于张元济试图通过教育达到救国救民的理想。可以说，这一时期王云五的普及学校教育思想是被强加的，是在贯彻和执行张元济时代的政策，并非他主动认识和承担的，但是其后续的出版实践确实达到了"扶助教育"的效果和社会影响力。

---

① 张元济. 张元济诗文 [G]. 北京：商务印书馆，1986：223.

与张元济时代商务印书馆所处的社会背景不同，王云五进入商务印书馆之时，五四运动的影响已经波及全国，社会民众的文化需求剧增。为了进一步满足市场需求，王云五在主持商务编译所之后，逐步调整张元济时代以教科书和工具书为主的出版方针，加大一般图书的出版比重，将教科书出版与一般图书出版放在同等重要的位置。这就意味着王云五开始注意到社会教育的重要性。将商务出版教科书的"学校教育"和出版一般丛书的"社会教育"放在同等重要的位置，总体上展现了一种普及教育的社会情怀。正如王云五在《万有文库》出版时所言，他出版《万有文库》的动机是"推己及人"，弥补其儿时渴望读书而不可得的遗憾。他希望将"整个的大规模东方图书馆化身为千万个小图书馆，使散在于全国各地方、各学校、各机关，而且可能还散在许多的家庭"，并在"很短的时期建立万千所的新图书馆，使穷乡僻壤中有志读书之士，皆获有图书馆服务的便利"。①其内在之意就是希望通过出版《万有文库》建立起有助于教育普及的社会学校。从王云五主持商务期间所出版的图书类别来看，商务印书馆出版的教科书及辅助用书不仅有适合儿童、青少年、学者的图书，亦有适合基层民众、普通读者的通俗类图书。哪怕是在台湾从政担任台湾人力资源管理机构负责人和台湾行政管理机构负责人期间，王云五仍在为教育普及和教育均等问题建言献策。②因此我们认为，在王云五加强一般图书出版比重时，他的学校教育理念已经向社会教育方向转变。当然，这是我们的总结和推断，目前尚无任何资料证明，王云五在后期对教育事业异常热心的根本原因，是追求图书出版的市场价值，或是通过参与教育事业扩大其社会影响力，进而谋求政治资本，抑或是受到出版事业崇高使命的感染，真心实意地想为教育事业贡献一份力量。我们仅能通过其参与教育事业的实际行动，来展现其教育理念的直观变化。

---

① 王云五. 商务印书馆与新教育年谱：上册 [M]. 南昌：江西教育出版社，2008：267、268.
② 王云五. 岫庐论教育 [M]. 台北：台湾商务印书馆，1965：214-218.

第二节 对中西文化的不同认知

张元济和王云五因为自身经历和受教育方式不同，对中西文化也有着各自不同的认知。从他们对中西文化的不同解读中，能够推断他们在图书事业面临相关问题时，做出不同应对的根源，进而解释他们为什么采取不同的经营管理策略及其思路。

一、张元济：中学为体、西学为用

在西学东渐的过程中，对中西文化的认识及选择是中国知识分子必然会面对的问题。在西方强大资本主义文化的冲击面前，以四书五经之学和封建伦理道德为核心的中国传统文化，显露出节节败退、软弱无力的"劣势"，中西文化的冲突融合拉开了帷幕。从"恐慌而遏制"到"师夷长技以制夷"，再到"中体西用"说或"中西会通"论，应该说在对待西方文化的态度上，中国知识分子的认识在不断变化和深化。尤其是中日甲午战争失败后，对学习西方的态度和程度的讨论达到高潮，不同的人基于不同的中西学基础、思维方式、社会价值、思想政治观念等，最终形成了不同的文化观。

张元济身受传统教育熏陶，又因科举取士进入仕途，应该说具有深厚的中学基础和浓郁的中学情结。但是，甲午战争的惨败让年轻的张元济认识到中学的不足和西学的先进。于是他开始尝试向西方学习，参加友人陈昭常、张荫棠等组织的"健社"，与他们"约为有用之学，盖以自强不息交相勉，冀稍挽夫苟且畏缩之风"①。这里的"有用之学"就是西学的内容，

---

① 张元济. 张元济全集：第5卷 诗文 [G]. 北京：商务印书馆，2008：443-444.

主要指英语和算术。后来经张元济的努力和运作，健社发展为后来的通艺学堂。该学堂虽以"通艺"冠名，但实际上也是"专讲泰西诸种实用之学"。从张元济早期的这些情况和经历来看，张元济是接受和认可西学的。那么他对中学又是作何认识呢？在1902年的《答友人问学堂事书》中，张元济认为："中国开化甚早，立国已数千年，亦自有其不可不学之事，何必舍己芸人？"可见他并未全部否定中学，而他的本意是"欲取泰西种种学术，以与吾国之民质、俗尚、教宗、政体相为调剂，扫腐儒之陈说，而振新吾国民之精神耳"①。同时，他又否认自己的观点是中学为体、西学为用。这里有必要适当解释一下"中体西用"的内涵。

早在洋务运动时期就有代表人物王韬提出"器可变道不可变"的早期中体西用观，也有人以本末论的传统范畴来界定中西文化，但中体西用说正式形成还是源自1898年张之洞《劝学篇》中的论述："旧学为体，新学为用，不使偏废。""中学为内学，西学为外学；中学治身心，西学应世事。"② 这一学说在中国近代影响极深，在一定程度上有效平衡了守旧派和西化派之间尖锐对立的矛盾，但是这一学说的内涵和外延，仍在二者的争辩和斗争中，不断地变化着。梁漱溟在《东西文化及其哲学》中描绘了"中体西用"在具体内容上变化的大致过程："到咸同年间，因西方化的输入，大家看见西洋火炮、铁甲、声、光、化、电的奇妙，因为此种是中国所不会的，我们不可不采取它的长处，将此种学来。此时对于西方化的态度亦仅此而已。……这种态度差不多有几十年之久，直到光绪二十几年仍是如此。……这时候全然没有留意西洋这些东西并非凭空来的，却有它们的来源。……及至甲午之役，海军全体覆没，于是大家始晓得火炮、铁甲、声、光、化、电，不是如此可以拿过来的，这些东西后面还有根本的东西。乃提倡废科举、兴学校、建铁路、办实业。……这种运动的结果，科举废、

① 张元济. 答友人问学堂事书［G］//张元济诗文. 北京：商务印书馆，1986：170-171.
② 张之洞. 劝学篇［M］. 上海：上海书店出版社，2002：41、71.

学校兴。大家又逐渐着意到政治制度上面，以为西方化之所以为西方化，不单在办实业、兴学校，而在西洋的立宪制度、代议制度。"① 从梁漱溟的论述中我们可以清楚地看到西学之"用"发生的由"器物"到"制度"层面的变化。与之相对应，"中体"也远不是早期的"三纲五常""旧学"所能解释的，更多的是内化为更高精神层面，包括道德规范、价值情趣、宗教信仰等等。可以说，中体西用说作为当时流行的思维方式或原则，深刻影响着 20 世纪前后的中国思想文化界，并且具有相当的稳定性，但是其内容和外延却是不断发展变化的。

回到张元济否认中体西用的看法上。他已经认识到"泰西教育之法，莫不就其本国之民质、俗尚、教宗、政体以为基础，各有其独立之道而不可以强同"，其后更是倡导教育以提升民智。由此看来，张元济的文化观应该仍是在中体西用的框架之内，只不过是升华了的中体西用，"中体"已经不是为了维护晚清封建统治，而是在提升民智进而达到救国救民的目的；"西用"也不仅仅是学习器物层面，而是达到学习制度层面。但是终归来说，张元济的中西文化观仍是"中学为体、西学为用"，并不像他自己所否认的那样。他所否认的是此前较为浅显的层面，从他后来投身商务印书馆，从事图书事业数十载的历程来看，他以出版扶助教育为终生追求，目的就是希望通过图书的媒介作用提升民众的素质，而他始终坚持创办图书馆和整理、刊印古籍，恰恰证明其骨子里不可割舍的中学情怀——传承和发扬中华民族优秀的传统文化。

二、王云五：浓厚的西学情结

王云五对中西学的认识与自身教育环境和人生经历有很大关系。幼年王云五接受传统教育的时间并不长，而且时有中断。又因长兄中生员才两

---

① 梁漱溟. 东西文化及其哲学 [M]. 北京：中华书局，2013：5.

三个月就不幸病逝，被人说是家族"风水不好"，不宜出读书人，于是王云五所能接受的学校教育，不得不远离中学。唯一能证明少年王云五对中学有一定天赋的例子是，王云五以未满十四岁的私塾学生身份在上海虹口青云堂一带的里弄，获得由某某文社悬赏征求对联下联的冠军。王云五自己曾回忆："像这样近乎投考方式而静候发榜的事，在我过去八十年的生涯中，固然是第一次，也就是第末次。"① 此后的王云五便开始半工半读的学习生涯。"半工"就是到一家五金店做学徒，学习商业；"半读"就是在一所英文学校的夜班学英文。就是因为学习英文，王云五对"西学"产生了浓厚兴趣。可以说，王云五此后的社会经历在很大程度上依赖其较高的英文水平。这期间，王云五也曾对中国文史有过广泛的涉猎，至于实际水平如何，尚无从得知。可以说，在王云五进入商务印书馆之前，他得以谋生立命主要依靠的是"英文"。换句话说，他的潜意识之中，对西学的兴趣和偏爱是占据主流的。

王云五进入商务印书馆之后，无论是对编译所内部的改组，还是在担任总经理之后推行"科学管理"的理念和尝试，都是带有浓厚的西学情结的。这里需要另外引入胡适加以佐证。我们知道，王云五是经胡适推荐加入商务印书馆的，而王云五更是将胡适奉为他在商务的精神支柱和精神导师，基本上是事事都与胡适沟通，大体上是对胡适言听计从。如王云五初进商务时对编译所的改革计划就是在胡适考察意见的基础上产生的。王云五还专门去信向胡适报告："你所计划的事，除却'所内人著译乃给稿费'一层外，都可陆续施行。"② 胡适也以其在学术界及思想文化界的地位和影响力对商务时期的王云五大力支持，几乎全面介入商务的出版过程。胡适是中国近现代著名学者，在思想文化界有着崇高的地位和影响力。他对中西文化的思想和认识一直是后世学者们研究的重点和热点。当代学者对胡

---

① 王学哲. 岫庐八十自述：节录本 [M]. 上海：上海人民出版社，2007：12-13.
② 耿云志. 胡适遗稿及秘藏书信：第24卷 [M]. 合肥：黄山书社，1994：280-281.

适中西文化观的研究存在争议，争论的焦点是"全盘西化"和"充分世界化"。我们没有对胡适开展过深入研究，在此不便妄加揣测和推论，但是能与众多学者达成一致认识的是，胡适对西方文化持有非常开放的态度，希望通过西方文化大力改良中国文化。从王云五和胡适之间的关系及彼此之间的支持和影响来看，王云五对西方文化的态度应该也是开放的，而且非常倾慕。从王云五对商务印书馆的几次改革来看，在用人方面，他不断裁汰"老人"，大力引进新式知识分子及留学生；在组织管理上，着力推行从西方考察归来总结的"科学管理计划"，试图嫁接西方企业的现代化管理模式；在编辑出版上，加大一般图书的比重，大量翻译引进西方著作，据统计，1926—1946 年间，商务印书馆的翻译作品占全部出版物的 20% ~ 30%。① 可以说王云五的理念和实践都更为接近西方文化。当然，在王云五的主持下，商务印书馆也编辑出版了不少国学性质的图书，如《国学小丛书》《丛书集成》等，但是其中顺应"整理国故"时势和参与同行业竞争的目的性更为明显，是否为本人理念的真实表达，尚难以考证。但是总体上，我们还是认为王云五更倾向于新学、新知，在对待中西文化的态度上更偏向于西方文化。

当然，人的思想是会随着时间的推移和个人经验、教训的积累等因素而发生变化的。胡适、王云五不例外，处在同时代的其他知识分子也不例外。应该说在中国近现代复杂的社会环境下，思想文化界的争鸣异常激烈，个人的思想认识也不断在大环境中接受洗礼和沉淀。但是，归根结底，任何一种思想认识的形成总是受主流价值认识的支配，或坚定或折中或趋同，很难完全摆脱自身已经认定的某种价值取向。1966 年，《东方杂志》在台湾复刊，王云五专门写了一篇《东方杂志复刊告各界书》，集中表达了他关于中国社会和中外文化的观念："世界文化已形成，没有一个国家能够付得起

---

① 戴仁. 上海商务印书馆：1897—1949 [M]. 李桐实，译. 北京：商务印书馆，2000：107.

自绝于世界知识之门外的代价。中国的文化复兴，不止应向后回顾，亦应向前远瞻；不止应向内透视，亦应向外审度；返本开新固有必要，会通超胜尤所期望。作为一个现代的中国知识分子，不但应将自信力寄于过去，更应将自信力寄于未来；不但应忠于中国之过去，更应忠于中国之未来，这是新中国必不可缺的新的文化取向。因此，我们认为积极地、深入地介绍西方的新思潮、新方法是基本而迫切的。中国文化唯有自觉地开诚地迎接西方的新知识，才能丰润她的生命而不致趋于枯萎；中国文化也唯有经过严格的客观的现代评鉴，才能突破她原有的制限与格局而迈向一个历史的新境界。"① 可以说，这是王云五晚年对中西文化最直接、最精辟的集中表达，应该是他一生对中西文化认识的经验积累和思想沉淀。其认识已经不同于商务印书馆时期较为明显倾向西学的选择，看似更为科学、理性，言辞之间也有明显折中，但是对西方文化的开放态度和主动接纳仍然是其文化观的有力佐证，与张元济一边主动学习、接受西方文化，一边用毕生精力从事着中华古籍的整理研究，形成鲜明的对照。

第三节　对商品与文化的区别理解

中国近代图书市场的勃兴，昭示着出版业正逐步走向商品化的轨道，但是图书是兼具"文化性"的特殊商品，出版商对图书题材和内容的选择，以及对图书营销过程的把握，本身包含了对图书事业作为文化事业的充分理解，对文化的传承和流布是极具影响的。"经营企业而注重文化性，经营文化而注重商业性，是近代化过程中出现的一种新的发展理念。"② 让文化经营和商业运作相得益彰是张元济、王云五图书事业观的充分体现。

---

① 王云五. 商务印书馆与新教育年谱：下册 [G]. 南昌：江西教育出版社，2008：1026.
② 王建辉. 文化的商务：王云五专题研究 [M]. 北京：商务印书馆，2000：序言3.

一、张元济：义利兼顾，注重图书的文化性

张元济加入商务印书馆之初，就和商务创始人之一的夏瑞芳约定"以扶助教育为己任"。这是张元济从事出版业的最直接目的和根本动机。有学者将张元济"扶助教育"的理念理解为"不以赢利为目的"，这是不恰当的。商务印书馆本身作为私营企业不可能不考虑赢利问题，因此，在"扶助教育"的义与"获取利益"的利之间如何权衡，是张元济必须明确区分的。

近代以前，中国的图书市场已经发展到一定程度，南京、苏州、扬州、北京等地书坊林立，诸如童蒙读物、士子应试及民间日常生活所需的常用书籍均有刊印出售。① 虽然近代民间图书市场繁荣，图书内容及种类也是丰富多彩，但是图书流通的目的并非传播知识、开启民智，更多是为了追逐利润，这类图书的校对、装订、刊印大多草率而错误百出，留存及收藏的价值极低，读者对象多以普通民众为主。② 此种状况一直延续至清末，造成了非常不良的社会影响。张元济对此类行业状况是极为反对的。他主持商务编译所之后，首先是高薪聘请当时比较知名的学者士人从事编辑工作，并在稿酬和版税上尽量满足作者要求，力求保证书稿质量，使得商务印书馆在著译者水平及书稿质量上一直领先于同行业，并成为商务印书馆出版的传统，奠定了商务印书馆在出版业的社会地位和影响力。这样的付出和投入在当时是需要勇气和承担一定责任的，毕竟商务印书馆还在起步阶段，没有雄厚的资金保障，稍有不慎，就可能导致资金运转不灵，走向破产。张元济在从事出版业之初就在义利面前选择前者，并将商务印书馆作为文化事业来经营，实属难能可贵。

张元济在从事图书事业的几十年间，不仅努力经营出版业务，还积极

---

① 来新夏，等. 中国近代图书事业史 [M]. 上海：上海人民出版社，2000：21.
② 来新夏，等. 中国近代图书事业史 [M]. 上海：上海人民出版社，2000：174-175.

筹办、建设涵芬楼、东方图书馆，甚至为了满足社会需求，不惜亏本，从事学校、文教用品、仪器、电影等事业，开创了商务"文化集团"的经营模式——这是近现代乃至当代都少有的文化情怀和经营模式，当时就有人说他是"略牺牲营业主义"①。张元济自己少有著作传世，一生致力于古籍整理。我们知道，哪怕是在当代社会，出版机构整理出版古籍文献也是要冒很大风险的，不仅因为前期投入大，所需周期长，质量要求高，更因为利润极低，市场需求也极小。但是张元济从未动摇和放弃过，哪怕蚀本也在所不惜，为传承中国文化、推进学术研究做出了不朽贡献。商务印书馆在张元济主持期间获得较大发展，可见他是善于经营的，值得借鉴和思索的是，张元济在兼顾义利的同时，总是将推动文化事业发展的大义摆在利益之前，难怪当时的商务印书馆同人都敬称张元济为"菊老"，这应是发自内心对这位领军人的敬佩和赞叹。

二、王云五：义利兼顾，注重图书的商品性

与张元济不同，王云五对图书事业有着不一样的理解和贡献。他所出身的商人家庭，造就了他精于计算的精明性格。虽然我们不应该总是纠结于张元济和王云五的出身来评判或揣测二者的个性，但是"精于计算"是王云五自己承认且认可的，而且是"一生养成计算的习惯"，正如他所说："无论做任何事，须要计算其利害得失，究竟利与害孰多，藉为判断的标准。"②

王云五投身商务印书馆是经胡适介绍的，他入馆之初并未深刻认识到出版事业本身的文化性，而仅仅是当作自己所从事的另外一种工作或职业。在主持商务印书馆期间，王云五"精于计算"的理念更为明显地展现出来。他对商务的大力改革，极大地推动了商务的发展，并使商务达到事业发展

① 张元济. 张元济日记：下册［G］. 北京：商务印书馆，1981：465.
② 王学哲. 岫庐八十自述：节录本［M］. 上海：上海人民出版社，2007：9.

的顶峰。王云五时代，商务印书馆图书出版的种类和数量都有较大增加，所获取的利润更是较之前有巨大提高。但是相比张元济时代的"文化集团"模式，王云五采取收缩策略，始终抱定以出版为本业的主张。① 当然，这与商务印书馆历经战乱，无力多方面发展有关，但是也无法排除王云五对"文化集团"经营模式的不认同。

对于王云五的"科学管理"，当代学者褒贬不一。我们毫不怀疑王云五的"科学管理"在当时的先进性和合理性，这对作为企业的商务印书馆而言，无疑是更为直接有效的经营管理模式，但是对作为经营文化事业的出版机构而言，似乎缺了一些人文关怀。其简单粗暴地推行实施，进而引起职工的群体反对就证实了这一点。企业追逐利润无可厚非，"科学管理计划"的推行也是以改革商务陈弊、提高生产效率、推动企业发展为出发点的，但当时上海工人运动正处于风起潮涌的关键时期，工人阶级正在发展壮大，进而希望通过社会运动实现自己的薪资需求和权利诉求。这也同样发生在从事编译工作的编辑人员身上。因此，王云五试图推行"科学管理"而追逐的"利"在某种程度上似乎超过了民众需求的"义"。

事实上，王云五也并非像张元济那样全心投入图书事业。他主持商务的二十五年间，出版了几十种自己的书，其中不少图书还以他自己的名字命名。如《王云五大辞典》《王云五小辞典》《王云五新辞典》等。他也爱好"发明创造"，四角号码检字法和中外图书统一分类法是他炫耀的资本。《万有文库》的出版更是让他骄傲地表示："我不是职业的图书馆馆员……而与我有关系的图书馆至少有几千所。"② 在商务出版的文化性和商业性之间，他更看重商业性，并且善于发现商机。就连商务印书馆的老职工在回答新人疑问时都直言不讳地说："你以为我馆是国内的文化机关？它是做商

---

① 王寿南. 王云五先生年谱初稿：第一册 ［M］. 台北：台湾商务印书馆，1987：375.

② 王云五. 我的图书馆生涯 ［G］//杨扬，陈引驰，傅杰. 学人自述. 杭州：杭州大学出版社，1998：86.

业，要赚钱的，提倡文化，那不过是一块招牌罢了。"① 但是王云五始终是不承认这一点的，在他的回忆录中，他总是把商务出版的"文化性"放在嘴边，甚至提出"为国难而牺牲，为文化而奋斗"的口号。② 我们一再强调的是，作为企业的商务印书馆追逐利益是正当且理所当然的。吕思勉对出版业的经营状况早就有过客观评论。他在1923年的《三十年来之出版界（1894—1923）》中说："书店以营业为目的，与一切商店同。岂能责其只顾公益，不顾血本？苟如是，彼其资本，亦不转瞬而尽耳，所能为者几何？然虽如是，在无碍销场之范围内，书店亦应尽相当之责任。"③ 而在王云五遮遮掩掩大谈"文化性"的同时，《良友》画报的创办人伍联德就明确表示："以商业的方式而努力于民众的教育文化事业，这就是我们的旨趣。"④对比二者对出版"商业性"和"文化性"的认识，相信大家会觉得伍联德的说法更加坦率和落落大方。我们认为王云五更注重"商业性"，不是要指责王云五作为商务领军人理性且正当的经营理念及模式，而是要明确区分在王云五眼中，出版的"商业性"和"文化性"孰重孰轻的问题。

需要补充的一点是，我们要正确认识出版行业本身客观的文化性和出版人对出版业发展引导上主观的文化性。所有出版业都有着本身客观的文化性，这并不代表出版人在主观上也存在文化性。从古至今，有很多出版业经营者单纯是以追求经济利益而从事出版的，我们不能因为他们从事的是文化事业而认定其理念上有文化性。张元济是以"扶助教育"的文化理念而投身出版的，并且以"略牺牲营业主义"来经营出版，从而造就了商

---

① 卢天白. 我在商务印书馆四年见闻 [G] //中华文史资料文库：第16辑. 北京：中国文史出版社，1996：518-525.

② 王寿南. 王云五先生与商务印书馆 [G] //1897—1992商务印书馆九十五年：我和商务印书馆. 北京：商务印书馆，1992：499.

③ 吕思勉. 三十年来之出版界（1894—1923）[G] //顾廷龙. 吕思勉遗文集：上. 上海：华东师范大学出版社，1997：383.

④ 伍联德. 再为良友发言 [J]. 良友，1929（37）：37.

务印书馆在民国文化教育界的领军地位和社会影响力。王云五进入商务时并没有如张元济那般的文化教育情结，他后来所充当的角色更接近现代的"职业经理人"，可以说他的文化性在很大程度上要归功于商务印书馆本身已经形成的文化氛围和文化地位，而且在这样的环境氛围下，王云五不会也不可能全然不顾地去推翻如此大好、有利的条件和无形的社会资本。当然，他以知识普及的实际出版经营思路推动商务发展，在客观上也契合了商务出版的文化性。因此，我们认为王云五同样是"义利兼顾"，但"商品性"是首先、优先的，这样才符合他"职业经理人"的角色。

第四节　对从商与从政的逆向把握

"从商"与"从政"的职业选择看似与张元济、王云五的图书事业观没有直接的关联，但是能从他们对从商与从政的方向把握上窥探影响他们图书事业观的隐性因子。张元济、王云五的职业道路都有从政、从商的经历，但是二者最终的选择方向是相反的，在某种程度上反映了他们内心深处的价值选择和对投身图书事业的初衷及认同感。

一、张元济：从晚清翰林走向文化出版

"学而优则仕"是中国传统知识分子人生发展的首选方向。身受传统教育、背负家族期望的张元济人生之初的轨迹也大抵不过如此，但是他并非就此成为晚清的忠臣遗老。张元济进入仕途后，是抱有满腔的热情和理想的，希望自己成为对国家、社会有用的人才。为了实现个人的理想，年轻的张元济不仅参加了当时比较进步的陶然亭集会、健社组织，发起创办通艺学堂，还边学习英文、办理通艺学堂事务，边报考办理外交的总理各国事务衙门，可见张元济早期对政治生涯是积极主动、满含期望的。张元济

之所以想考进总理各国事务衙门，主要因为近代中国在外交上屡屡吃亏受辱，他想通过自己的努力改善这一状况，在外交上做一番事业。但是总理衙门并非如他想象的那般简单，他进去后处处受排挤、刁难。"在总署，无可进言之处"，让他逐渐认识到清朝的腐败。① 然而，光绪皇帝在戊戌维新期间对张元济的破格召见，似乎又给迷惘中的张元济打了一剂强心针。参与之后，张元济才发现所谓的变法"亦不过是一纸诏书而已"②。戊戌政变之后，张元济便受到"革职永不叙用"的处分。

被革职后的张元济并非像许多旧式士大夫那样"非官即隐"，而是开始尝试其他可以济世救民的道路，直至选定商务印书馆，从事图书事业矢志不渝。并不是张元济没有再次进入仕途的机会，相反，机会还很多。1904年，慈禧太后七十大寿"恩泽天下"，对戊戌期间革职者（除康梁外）一律官复原职，不少官员举荐张元济到各部任职，好友汪康年也劝说张元济出来任职。张元济却认为："如今时势，断非我一无知者所可补救。若复旅进旅退，但图侥幸一官，则非所以自待……弟近为商务印书馆编纂小学教科书，颇自谓可尽我国民义务。平心思之，视浮沉郎署，终日作纸上空谈者，不可谓不高出一层也。"③ 把在商务编辑出版小学教科书的工作看得比当官还要"高出一层"，说明此时张元济的心思已经完全投入到图书事业当中，对从政已经毫无兴趣。此后的他也是这样做的。不仅清政府的官不就任，民国时期熊希龄邀请他出任教育总长，他也是坚辞不就，可以说张元济自己在心底已经彻底关闭了从政的大门。

张元济坚决不从政，主要是想通过扶助教育、发展出版的途径来实现启迪民智、改造社会的目的，并不意味着他毫不关心时局政治。在张元济的书札、诗文中我们经常能看到他对时局的感叹和关注。张元济曾经进入

---

① 张元济. 致汪康年 穰卿 [G] //张元济书札. 北京：商务印书馆，1981：45.

② 张元济. 张元济全集：第 2 卷 书信 [G]. 北京：商务印书馆，2007：225.

③ 张树年，张人凤. 张元济书札：中册 [G]. 北京：商务印书馆，1997：654.

过政治的中心，但他晚年回忆说"戊戌时我在外围"，毫不居功；他不再从政，却关注政局；他坚持与政治保持距离，却心忧国民境遇：这些看似矛盾，却又无处不暗合知识分子"心忧天下"的社会情怀。他所能做的和愿意去做的是，把从图书中学到的知识，回馈到图书事业当中去。在从商与从政之间，张元济选择了从商；而在从商当中，他选择的是"文化经"而非"生意经"。

二、王云五：以实业出版步入民国政坛

与张元济以"扶助教育"理念投身出版不同，王云五最早进入社会就是从事教育事业，主要职业就是英文老师。因为偶然的机会结缘于孙中山先生，被其邀请担任临时大总统的一名秘书，亦在其后的北京政府中担任教育部的"公务员"。在此期间，王云五加入了国民党，还在国民党机关报《民主日报》及国民党所设大学国民大学任事。这样看来，王云五早期的方向应该就是要走从政之路。

王云五早期的仕途是不顺的，既没有担任过位置较高的实权职务，亦受到过官场斗争的倾轧，蒙受冤屈，但是从他之后的经历来看，他是没有放弃过从政的念头的。根据王云五的回忆，他不仅在袁世凯统治时期顶住压力，常常与国民党员秘密集会，筹商反帝反袁对策，还在加入商务印书馆之后，借商务为掩护，为各地国民党员尽秘密联系之责，直至上海光复。[①] 至于说王云五在 1927 年国民党党员重新登记时脱离党籍，其间的原因难以考证，但是值得揣测。有说他是难以忍受考问、挖苦而负气脱党。仅仅因为一时负气就脱党，不应该是王云五的性格。首先，他此前身在官场时，应该早已见惯了官场上的是是非非，不太可能因为负气而与他为之冒过生命危险的国民党身份划清界限，否则也无法解释王云五后来积极向

---

① 王学哲. 岫庐八十自述：节录本 [M]. 上海：上海人民出版社，2007：44.

国民党靠拢的原因和动机。我们不妨这样来理解：张元济时代已经为商务树立了一个不成文的规矩——"远离政治"，王云五作为当时商务核心部门的领导，而且事业正处在上升阶段，继续保留"国民党党员"的身份是否合适？其次，1927年的上海形势异常复杂，国民党与共产党在台上台下的争斗已经非常明显，而商务印书馆的工人运动在上海一直蓬勃开展，尤其是王云五逐渐开始负责处理商务的工潮事件，继续保留国民党党员身份也不便于王云五在馆内开展工作。再次，王云五是精于计算的，他对当时的时局和商务的地位应该有充分的认识，退出党争，拥有一个无党无派的身份更符合商务发展方针和自由知识分子的定位，而且以退为进，"遇事仍不断以无党之身为党相助"或许能获得更广阔的政治前途。虽然我们只是揣测，但是王云五此后的人生轨迹大抵也是如此。

商务印书馆在王云五时代获得巨大发展，王云五也由此获得很高的社会评价和社会影响力，积累了一定的政治资本。1937年8月，蒋介石发表著名的"庐山谈话"，王云五以无党派社会贤达身份参与了国民政府的议政，此后更是连任四届国民参政会参政员，在很多政治事件及活动上，坚决站在了国民政府一边，并深得蒋介石的器重。可以说，王云五在抗战胜利后迅速走上政治舞台，身居国民政府及后来台湾地区高官，与他在民国时期积累的社会学术地位和商务印书馆的社会影响力有极大关系，无党无派的社会贤达身份亦起到了非常重要的作用，因此我们认为王云五从政的意念并非在商务后期才萌发，应该说从未间断，只是采取的方法和策略有所变化。

与张元济的"文化出版"之路不同，王云五走的是一条"实业出版"之路。虽然他多次挽救商务印书馆于危难之中，并凭借自身的努力和智慧将商务的发展推向高潮，但是我们仍然认为王云五的从商经历是带有政治目的性的。客观上的功劳和成绩不容抹杀，主观上的目的也不宜曲笔回避。王云五靠近政治的最后结果正如茅盾在回忆抗战胜利初期的出版情况时所说的，"商务印书馆的王云五这时正官运亨通，飞黄腾达，继被蒋介石指定为'社会贤达'之后，又积极参加蒋记国民大会，当上了国民党政府的行政院副院长，后来甚至当上了行政院代院长，为蒋介石发动全面内战以及后来的垂死挣扎尽了犬马之劳"①。对于王云五的从政经历，我们不作深入评论，仅就他从主政商务到走进仕途的转变进行简要陈述，从而表明王云五的图书事业观带有一定的政治色彩。

小　结

本章通过对张元济、王云五图书事业观的整体比较，进一步丰富了他们各自的人物形象，并在一定程度上剖析了他们不同价值理念选择的内心世界。张元济以"扶助教育"为目的投身图书事业，其对教育的认识是从"精英教育"向"学校教育"转变的，王云五则是将"学校教育"推向"社会教育"。他们对教育内涵及范围的差异性认识是受 20 世纪初各种社会思潮、教育理念的影响和商务印书馆所面对的市场需求而变化的，并进而引导他们在各自的事业历程中采取不同经营策略和营销手段。在对待中西文化的态度上，张元济、王云五都表现出了开明的一面，但在最终的认知中，我们发现其中的差异：张元济内心有无法割舍的"中学"情怀，并未超出过渡时期知识分子"中学为体、西学为用"的认识范畴；王云五在其经历和认识上更靠近"西学"，在受到胡适的影响和出国考察后，对"西学"的倾向性更加明显。他们不同的倾向反映到出版思路上，是张元济力促古籍出版和图书收藏，王云五加大译书出版力度。在对图书"商品性"和"文化性"的理解上，他们都兼顾义利，张元济在兼顾义利的同时，总

---

① 茅盾. 我走过的道路：下 [M]. 人民文学出版社，1981：413.

是将推动文化事业发展的"义"摆在"利"之前；王云五同样是义利兼顾，但是"利"是首先、优先的，符合他作为"职业经理人"的角色。最后，在"从政"与"从商"的把握上，虽然二者都有从政的经历，但是张元济的终极选择更加单纯，始终坚持文化出版未再动摇；王云五的选择更加复杂，尽管晚年在台湾还是回到出版事业当中，但是其在民国商务后期表现出的明显的从政志趣，显露出他投身图书事业不太纯粹的目的和内心。

第七章

殊途同归

——近代知识分子的文化追求及其影响

无论是张元济时代还是王云五时代，商务印书馆的事业发展以及商务人的事业经历都与当今相去甚远。随着社会环境、经济条件、文化水平、科技发展等因素的变化，中国图书市场和公共图书馆体系的变化早已超出前人的想象和预期，出版人、图书馆人的职业分工和角色定位更是变得愈发精细准确，但是两代商务主政人代表的近代知识分子对文化追求和对图书事业的经营管理经验，以及通过图书所形成或产生的文化作用和社会影响力，仍然值得我们借鉴学习。透过这些宝贵的经验和文化价值，结合当前的图书市场、时代背景和文化环境，我们可以获得一些新的思考、新的启发。

第一节　近代知识分子的文化追求

近代知识分子的转型与出版业的知识分子职业化的成熟，标志着近代出版业的专业化程度和近代知识分子的职业化。他们"左手编书右手执笔"，通过建立自己的代言组织，在传统与现代、黑暗与光明、保守与进步、商业与文化的天平中，"依循着文化理想和学术传统对于社会人生的道义"，开始掌握自己以及这个时代的文化和思想话语权，赋予近代出版深厚的生命力。也正是在他们的文化追求与实业救国的理想实践中，完成了近代中国图书事业的近代化过程，将近代中国出版业纳入到了新的生产力与生产关系中。

一、传统知识分子的职业志趣

本书中"传统知识分子"主要指清末受过传统文化洗礼的士大夫阶层。对于清末形成的知识分子群体，曾有学者归纳其特点：第一，他们没有政治传统的阶级性，而是凭借个人的各项有利发展条件成为社会领导分子；第二，他们是受教育的人，但他们受的教育仅限于正统的知识灌输；第三，他们是传统职性分类士、农、工、商中的"士"；第四，他们对于身份立场有一定的自我认知，既有开拓并延续民族文化的使命，又有担负国家政治责任和过问政治的兴趣，还有谋致全民幸福乐利的抱负和悲天悯人之情怀，淑世之热肠。① 对照这四点特性，我们发现，清末知识分子与西方马克思主义创始人之一安东尼奥·葛兰西所定义的"传统知识分子"（traditional intellectuals）——"在社会变动过程中，仍然凭借文化的持续传承而保持相对稳定地位的知识群体"有很大的相似之处。他们在其所处时代的旧有的生产方式没落或退出历史舞台后，仍然作为一种独立的社会力量存在，代表着一种历史的延续性，比如欧洲的教士阶层。② 余英时认为，"士"作为"社会的良心"，不但理论上必须而且实际上可能超越于个人的或集体的私

① 王尔敏. 清季知识分子的自觉［G］//中国近代思想史论. 北京：社会科学文献出版社，2003：81-82.

② ［意］安东尼奥·葛兰西. 狱中札记［M］. 曹雷雨，姜丽，张跣，译. 郑州：河南大学出版社，2016：2-3.

利，因此不能用社会属性决定论来抹杀"士"的超越性，即"士"有社会属性但并非为社会属性所完全决定而绝对不能超越者。最后他指出，从士大夫蜕变而来的不少知识分子都带有一定的传统知识分子的色彩。①

中国传统知识分子的职业志趣，大体上是希冀通过自身所学而实现人生价值，其实现途径首先是学而优则仕，退而求其次是著书立说、传道解惑。但是清末科举制度的废除彻底切断了传统知识分子"学而优则仕"的首选途径，从事学术研究、出版、教育、办图书馆等文化事业成为传统知识分子实现理想的主要途径。近代图书事业为传统知识分子提供了失去权力空间后的生存依附和价值实现路径，而他们也成为推动近代图书事业转型的人才基础和精神动力。在清末民初社会转型的剧烈变动中，传统知识分子带着浓烈的忧患意识、家国情怀和人文精神，纷纷投入到唤醒国民、开展启蒙、改造社会的进程当中。他们在国家权力的夹缝中，找到尚能保持"独立人格和基本自由"的图书事业，并且没有被商业性气息所挟持，成为塑造转型时期近代文化的先驱。比如张元济、高梦旦、杜亚泉、蒋维乔、庄俞等传统知识分子和商务印书馆编译所的编辑群体。

传统知识分子因投身图书事业尚能保持"独立人格和基本自由"，因此在时代转型的潮流中，能够保持独立性和比较清醒的认知，并且与政府、政治保持适当的距离，表现在事业中往往更加务实、稳健。也正因为如此，传统知识分子往往容易被贴上"精英主义""保守主义"的标签。比如，张元济进入商务印书馆之后从最基础最有紧迫性和实用性的教科书、工具书出版入手，开拓商务印书馆出版新局面，并且不惜花费大量精力和人、财、物对古籍进行整理出版，其身后更有高梦旦、孙毓修等同人的全力支持。但是自从被清政府革职之后，张元济一直与政府保持一定的距离，有时不

---

① 余英时. 士与中国文化 [M]. 上海：上海人民出版社，1987：自序 10-11.

免被人视为保守派乃至保皇派的残渣余孽。① 有学者在探讨张元济政治态度时，举例说张元济曾经以"政府横暴，言论出版太不自由，敝处难与抗，只可从缓"②婉拒过孙中山著作的出版，以此例证来判断张元济的政治立场可能过于草率，但是间接证明张元济想尽量避免卷入复杂的政治旋涡，存在一定的保守性。王元化在为《杜亚泉文选》作序时，曾经这样评价杜亚泉："百余年来不断更迭的改革运动，很容易使人认为每次改革失败的原因，都在于不够彻底，因而普遍形成了一种越彻底越好的急躁心态。在这样的气候之下，杜亚泉就显得过于稳健、过于持重、过于保守了。"③ 同样，这样的评价可适用于多数旧式文人出身的知识分子，但是并不能完全以"保守"来评判他们客观上的贡献。因为传统知识分子的内心深处始终与传统紧密相连，无法割裂，他们在思想的理性认知和精神的价值判断上难以摆脱传统的束缚，这造成了他们在与时俱进、把握时代脉搏时的迟疑，但并不等同于他们不愿意、也不再会做出突破或改进，只是他们以另外一种更加务实、稳健的方式践行着传统知识分子对于传承文化、开启民智、推动社会的价值使命。

二、新兴知识分子的职业理想

受五四新文化运动的熏陶和海外留学浪潮的影响，一批新兴知识分子成长起来。与他们的前辈相比，新兴知识分子接受了近代新式教育，对封建传统的社会习性、纲常伦理较为抵触，试图摆脱传统文化权势的阴影，并深受西方科学、民主、自由理念的影响，因此，他们拥有更加强烈的公平、民主意识，希望通过更多的文化话语权来批判旧制，改进社会。1923

---

① ［美］周策纵. 五四运动：现代中国的思想革命 ［M］. 周子平，等译. 南京：江苏人民出版社，1996：250.

② 张元济. 张元济日记：下册 ［G］. 北京：商务印书馆：1981：567.

③ 王元化. 序：杜亚泉与东西文化问题论战 ［G］//田建业，等. 杜亚泉文选. 上海：华东师范大学出版社，1993：4-5.

年，丁文江（笔名"宗淹"）在燕京大学发表题为"少数人的责任"的演讲说："中国的人民，号称有四万万……晓得一点科学，看过几本外国书的，不过八万。我们不是少数的优秀份子，谁是少数的优秀份子？我们没有责任心，谁有责任心？我们没有负责任的能力，谁有负责任的能力？"①这种强烈的责任意识和话语倾向在五四运动之后表现得越来越明显。虽然在五四运动后期，新兴知识分子受资本主义和社会主义思想的影响，内部意识形态和政治立场逐渐发生分化，但是"少数人的责任"仍然是分化后各派别知识分子共同的价值认知。

那么，各种分化的知识分子的职业理想到底是怎样的呢？我们知道，五四新文化运动是近代中国思想的一次大解放，中国知识分子受到西方民主和科学思想的洗礼。尤其是后期社会主义思想传播，拉开了新民主主义革命的序幕，一部分先进的知识分子选择和接受了马克思主义作为拯救国家、改造社会和推进革命的思想武器，试图建立一个独立统一的现代民主国家。但是旧民主主义革命的失败证明，近代中国还没有一个社会阶层能够独立完成建立现代国家的重任，而且经过多次改良、革新、革命的旧中国缺失能够为全社会共同接受的精神信仰。于是用各种"主义"来重塑精神信仰和借助政治的力量来完成现代国家重建的历史使命成为当时社会首要而迫切的任务。综观中国历代知识分子的学思历程，我们不难发现，中国知识分子内心深处始终具备"参政"情结。前文中提到以张元济为代表的清末传统知识分子有保守与远离政治的一面，但是并不意味着他们完全脱离政治。事实上，张元济一直关注着时局变化。在社会变革未呈现出明显趋势时，他是保守谨慎的，但是到抗战后期，已经步入晚年的张元济思想却日趋激进。他逐渐认识到蒋介石集团的真实面目，选择向人民靠近，成为公开批评国民党政府的进步知识分子。他的挚友蔡元培明显感受到这

---

① 宗淹. 少数人的责任 [N]. 努力周报，1923-08-26 (4).

一变化："此老久不干涉政治问题，近渐渐热心。"① 而进步的知识分子在各种思潮与主义中选择了社会主义作为社会的精神信仰和建设现代国家的有力基石，试图将"少数人的责任"扩大到最广大人民的责任，有学者将这些新兴知识分子在新的社会形态的表现总结为：在市民社会中表现出明显的亲民性，即知识分子与大众之间互相沟通，进行情感联系，传播意识形态文化；在政治社会中则表现出明显的参政性；在思想文化领域则通过进入上层建筑争取文化领导权。② 从这几个方面来看，与图书事业的结合是最为恰当的，因为通过图书所掌握的思想舆论平台是当时主流的话语权，这也是新兴知识分子重视图书事业的原因所在。王云五的事业经历明显与特征契合，只不过他并没有选择社会主义的阵营，而是走向了对立面，因此前文才将他从文化领域步入民国政坛的经历称为"错位从政"；但是他作为新兴知识分子的文化理想和民族情怀不容忽视，依旧值得敬佩。

三、殊途同归的文化追求

在中国近代社会的剧变中，无论任何个人或阶层都无法摆脱社会进程的洪流，被卷入者或被动或主动地参与着社会转型发展的进程。传统知识分子也好，新兴知识分子也罢，他们在各自所处的社会形态中将自己的职业志趣和职业理想与近代中国命运紧密联系在一起，都表现出他们应有的文化自觉和文化担当。

传统知识分子在各种思潮和运动面前有着谨慎保守的一面，但依旧务实、稳健地参与社会发展进程，并且适时地反思、调整、革新自己的职业选择和文化追求，在人生的某个阶段或某一时期表现得与新兴知识分子极为接近或类似。而新兴知识分子在参政和入世过程中遭受打击或挫折后，

① 高平叔. 蔡元培与张元济 [G] //1897—1992 商务印书馆九十五年：我和商务印书馆. 北京：商务印书馆，1992：584.

② 张雨晗. 近代出版人：传统知识分子与有机知识分子 [J]. 现代出版，2014 (6)：64.

也会表现得更加谨慎和保守，趋同于传统知识分子。尤其是在改造社会的进程中，精神信仰的缺失所带来的文化缺陷也曾迫使新兴知识分子重新反思中国传统文化对国民思想认知的重要性，进而开展中西文化论战、"整理国故"运动等对传统文化进行阐释和重建。因此，将传统知识分子和新兴知识分子完全地割裂区分开来是不准确的，他们只不过是代表着不同类型知识分子的主流特征和职业倾向。

胡适曾经在《独立评论》发表自己的看法："一个时代有一个时代的'士大夫'。"① 意思是说不同时代都有代表不同时代的知识分子，但他们都有"士大夫"的特征，只不过因为时代不同而选择了不同的道路，最终却殊途同归，有着共同的文化追求。我们将这种文化追求归纳为"为社会进步和人类文明贡献出作为知识分子的道义和责任"。正是在各种类型知识分子的共同努力下，近代中国图书事业才在国家与社会的转型时期发挥了不可替代的作用。

第二节 围绕"图书"的文化空间

商务印书馆两代主政人张元济、王云五的图书事业之间的比较构成本研究的本体，将他们二者图书事业合在一起则构成商务印书馆近代图书事业的整体发展脉络。图书事业不仅承载着记录、传播、保存、发扬人类文明的社会职责，更是衡量人类社会进步的标尺。它的发展状况和文化成就不是单一取决于企业自身的经营状况，更取决于商品市场和社会民众对文化生活的现实需求。比较张元济、王云五的图书事业，正是为了更加全面地理解和掌握商务印书馆两代主政人所代表的中国近代知识分子阶层，在

---

① 胡适. 领袖人才的来源 [J]. 领导文萃, 1996 (1): 16.

推动和引领近代社会文化的发展进程中所产生的作用和影响，进而了解他们在不同时代背景下营造的图书世界所构建的文化空间及社会价值。

一、图书本身的文化内涵

图书作为人类文明的产物，记录了人类文明的历史，是人类文明的结晶和载体。作为人类知识储藏最基本、最稳固的载体形式，图书最先展示给我们的是一种物质形态，其次是蕴藏的文化内涵。当然，图书最具价值的属性就是其本身蕴藏的文化内涵。

当我们从物化的图书角度看，它体现的仅仅是纸张、油墨、印刷、装帧、运输等方面产生的成本价值，此种能以最直观的表象为我们所理解的价值往往最容易让接受图书的人们所忽略，因为图书流传至今的最大价值是其中书写的文字及其反映的知识、信息和智慧。无论是在中国古代还是在中世纪的欧洲，购买收藏图书均是身份、地位的象征。"书中自有黄金屋，书中自有颜如玉"是中国古代民众对图书的认识和崇拜，而事实上，他们所认识和崇拜的并非是图书本身，而是图书中所蕴含的知识和文化。可以说，在某种程度上，图书早已超脱出商品和文化两种属性，衍生出更多令人充满期待且能带给人们无限希望的附加属性。

张元济、王云五所从事的图书事业并非如我们所探讨的综合因素那般简单，他们的事业历程是中国近代众多知识分子事业追求的部分价值反映和理想折射，最显而易见的目的还是希望通过图书这一中介，实现各自不同的人生价值。张元济因为家学渊源的影响与图书天然亲近，进而获取仕途捷径，虽然受挫，但转而走上图书事业的道路，最终实现开启民智、承扬文化的人生理想。王云五因为借助图书自学成才，进而与图书结下不解之缘，爱书、藏书、出书，成为著名出版家，还借助图书所形成的社会影响力获得政治资本，达到仕途晋升的目的。

当然，我们还看到，无论是张元济还是王云五，他们都关注图书的品质。图书的品质不仅体现在编辑、印刷、装帧等环节，图书的内容往往占据较为重要的分量。他们的事业之所以成功，很大程度上是牢牢把握住了图书品质关。主要体现在：注意新设备的购置和新式印刷技术的引进；契合市场需求，多出新书、出好书；主动吸纳更高层次水准的编译人员；等等。因此，商务印书馆编印或撰著的图书成为近代图书市场的金字招牌，无论是教科书、工具书还是古籍、一般图书等，都取得了较好的社会反响。

我们认为图书具有众多隐含的社会属性，绝不等同于一般的商品，图书的生产、销售以及使用具有极大的操作空间，有效的控制和引导能让图书产生无限的社会价值和社会影响力。当然，随着社会的发展和科技的进步，图书的物质形态开始多元化，图书的商品属性以及众多的附加属性也日渐削弱，但是图书作为最基本的文化载体，仍然发挥着重要的文化功能和社会影响力，依旧值得我们进一步探索和挖掘其社会潜能。

二、图书生产营造的文化自觉

1997 年，费孝通先生首次提出"文化自觉"的概念："指生活在一定文化中的人对其文化有'自知之明'，明白它的来历，形成过程，所具的特色和它发展的趋向。""自知之明是为了加强对文化转型的自主能力，取得决定适应新环境、新时代文化选择的自主地位。"[①] 换句话说就是，文化的自我觉醒、自我反省、自我创建。这一概念是在经济全球化的同时出现"文化多元性"的背景下提出来的，其内涵主要有三点：一是文化自觉建立在对"根"的探寻和继承上；二是建立在对"真"的批判和发展上；三是对文化发展趋势的规律把握和持续指引上。这种文化自觉是对文化地位作用的深刻认识、对文化发展规律的正确把握、对发展文化历史责任的主动担当。

---

① 费孝通. 反思·对话·文化自觉 [J]. 北京大学学报（哲学社会科学版），1997（3）：22.

　　图书自诞生之日起就有着记录历史、传承文化的功能，通过经典图书所传承下来的中国传统文化构成中国古代社会的价值体系和精神内核。及至近代，中国闭关自守的大门在西方文化的冲击下一步步被打开，西方先进的技术、制度及价值理念几乎颠覆了中国古代的文化价值体系。与此同时，中国近代知识分子也开始对中华传统文化进行反思和反省。在这一过程中，曾产生过"中体西用""西体中用""全盘西化""儒学复兴"等观点，也出现过文化论战、"整理国故"运动、新文化运动等方式，试图达到改良、重建或重塑中国文化价值体系的目的，并且都产生过深远的影响，这其中图书起到了至关重要的作用。

　　诞生于上海的商务印书馆经过张元济、王云五两代主政人的发展经营，逐渐成为中国近代文化领域的骨干力量和引领文化潮流的中流砥柱，在重构中国近代社会文化和培育近代知识分子群体中扮演着重要角色。上海特殊的政治、地理优势以及战乱带来的人才流动促成了一个新文化中心的产生。在更具开放性和更现代化、市场化的环境中，商务印书馆从典型的传统式手工作坊逐步发展成为具有现代公司雏形的大型文化企业，不仅意味着中国以士绅阶层、传统书业以及藏书楼构成的旧式文化传播和流布体系的全面瓦解，更意味着一种融合中西且有民营企业参与的新式文化传播和流布机制的诞生。张元济、王云五经营管理下的商务印书馆从兴起到成功的过程，大致勾勒出中国近代社会文化重构的动态过程，而以他们为首的知识分子群体则体现了，在旧式人才选拔机制崩塌之后知识分子的又一次社会分工和职业抉择。我们将中国近代社会文化的重构过程看作"自下而上"的文化重塑，是因为中国文化话语权的先天畸形——掌握在少数精英阶层手中，在晚清时期已经严重束缚普通民众参与社会进程的本能诉求。"历史是由人民群众创造的"这一表述，无疑是对旧式文化传播和流布机制的有力回击。

　　张元济和王云五所从事的图书事业是将充满文化积淀的图书通过出版

和对外开放的图书馆一步步传递到普通民众的手中，在客观上完成了"自下而上"文化重塑的重要步骤。他们契合时代发展和市场需求编辑、加工、出版图书的过程，体现了近代知识分子对中国文化的反思和反省，折射出近代出版人应有的文化职责和担当，体现出近代知识分子的文化自觉。另外，张元济、王云五通过各种方式招纳的知识分子群体，并非只是他们个人魅力或影响以及提供的薪水所集结起来的。从众多商务人的回忆文章中我们不难发现，志同道合、希望通过图书事业实现人生理想的职业志趣，也是将他们联结在一起的重要纽带。这些知识分子群体不仅生产图书，还加工、销售图书，甚至有不少人另外创办出版社或担任其他书业机构的经营管理者，形成围绕图书的文化群体。可以说，他们是中国近代文化传播的使者和中坚力量，他们所产生的文化作用和社会影响力，难以估量。

三、图书流布激发的文化自信

"文化自信"是习近平总书记自党的十八大以来多次提及的概念，深刻传递出他的文化理念和文化观。习总书记提出的"文化自信"是基于中国数千年文化传承所保留下来，已经浸润到每个国民心中并自觉沿用的独特价值观。正如习总书记所说，中国传统思想文化"体现着中华民族世世代代在生产生活中形成和传承的世界观、人生观、价值观、审美观等，其中最核心的内容已经成为中华民族最基本的文化基因。这些最基本的文化基因，是中华民族和中国人民在修齐治平、尊时守位、知常达变、开物成务、建功立业过程中逐渐形成的有别于其他民族的独特标识"[①]。在中国近代，社会政局剧变和各种思想碰撞交织的过程中，中国优秀传统文化的传承很大程度上依靠图书的传播。商务印书馆之所以成为中国近代出版业的代表，是其在近代思想文化界所起到的作用所决定的。商务印书馆出版和收藏的

---

① 习近平出席纪念孔子诞辰 2565 周年国际学术研讨会并讲话 [EB/OL]. （2014-09-24）[2024-04-28]. http：//politics. people. com. cn/n/2014/0924/c70731-25728128. html.

图书通过传播和使用树立起近代国人的文化价值观，架起沟通"文化"和"自信"桥梁。

前文中，我们专设章节探讨了张元济与王云五的人际关系网络，关注到了作者、读者群体在商务印书馆发展过程中所起的作用及其互动关系。我们发现，在张元济、王云五以及商务印书馆人才群体的努力和作用下，契合市场的出版和满足读者需求的图书，有力地推动了近现代阅读风尚和文化氛围的形成。

商务印书馆的出版选题最早从市民社会的读者需求入手，出版满足上海市民阶层急需的英文字典及其他图书。在张元济时代，商务印书馆的读者对象逐步扩展到学生、普通民众以及知识分子，其独到的眼光和敏锐的市场洞察使商务迅速占据市场的较大份额。通过前文的研究得知，19世纪末20世纪初中国社会发生了巨大变化。从学校教育的兴起和普及、白话文的推广、新文化运动的开展以及"新图书馆运动"的深入等重要文化事件可以推断，中国近代图书市场为契合时代潮流，正发生着翻天覆地的变化。读者人数不断增加，读者层面亦是在不断扩大而且愈来愈广，最为关键的是阅读需求也日趋多样化，这些我们可以通过商务印书馆以及其他机构出版图书的数量、品种、销量以及营业额等加以佐证。可以说，曾经以科举考试为目的的"经史子集"类图书一统天下的局面已经一去不复返了，取而代之的是具有启蒙作用、实用性较强、可操作性更为明显的社会科学类、自然科学类图书。商务印书馆在张元济、王云五及商务人才群体的共同努力和作用下，极大地改变了中国近代图书市场及读者群体的整体布局，为民国以后社会文化风气的形成以及众多政治文化运动的开展提供了丰富的土壤、养分和充足的人才储备。

以上围绕图书形成的作者、读者群体以及文化氛围逐渐演变成一种"文化空间"，它与现实存在的"物化空间"构成中国近代市民社会最基础的主体，共同成为社会转型与发展的重要推手。这是张元济和王云五在商务印书馆这一旗帜下共同形成的合力与影响。最后，我们将研究主旨回到张元济与王云五图书事业进行比较之后所得的启示上。虽然张元济、王云五的时代已经成为过去，但是他们推动图书事业发展的经验仍然有值得后人学习和借鉴的地方。

第三节 张元济、 王云五的事业经验

一、优秀主政人——事业发展的核心与灵魂

优秀主政人相较于强调个人能力和贡献的"精英人物"，更强调在团队中的核心作用和灵魂能力，并在本行业、本领域获得广泛认可。相较于同时代的其他出版机构、图书馆，张元济、王云五所领导的商务印书馆和创建的东方图书馆都远超其他，且围绕他们所形成的不同业态模式的职业团体更是凸显了他们的核心作用和灵魂能力，因此本研究将他们定义为"优秀主政人"。

如俗语所言，"千军易得，一将难求"。一个优秀的主政人，不仅能够带动一个企业崛起，甚至可以推动一个行业、产业的兴盛。从商务印书馆的发展脉络可以清楚地发现，张元济、王云五之于不同时期商务印书馆的重要作用，是他们无论在出版管理、出版经营的创新上，还是在对图书馆事业的贡献上，都充分展示了人才价值对于事业发展的意义。如果说商务印书馆中众多的优秀人才是构建商务印书馆核心竞争力的重要基础，那么张元济、王云五则是提升商务印书馆核心竞争力的关键因素。在中国近代复杂的时代背景和日趋激烈的市场竞争下，刚刚崛起的近代民族企业必须拥有有远见、有视野、有情怀的优秀主政人，才能在夹缝中谋得生存和发展。他们不仅能引导企业的发展方向，把握企业发展的先机，还维系着企

业的凝聚力和发展动力，影响企业的文化氛围，塑造企业精神，成为企业灵魂，同时还能培育、吸引一批优秀企业人才，成为企业持续发展的基石。张元济时代是如此，王云五时代亦是如此。正是王云五在民国后期的从政选择，放弃了继续作为商务印书馆的核心与灵魂人物，才在相当程度上导致了商务印书馆的分崩离析。

虽然本书所述的图书事业已经随着时代发展和行业分工，分化成多种事业形态，但是其对于"优秀主政人"的行业需求并未发生变化，甚至在内涵上有了延伸和拓展，变得更加丰富。在分析张元济、王云五投身图书事业的原因及总结他们适合图书事业的优秀品质时，我们注意到，他们无论是作为出版人还是图书馆人，都有明显优于其他出版人或图书馆人的综合素质。如他们不仅爱书，还有着不同程度的文化情怀；不仅懂管理，还善于经营；不仅熟悉技术，还擅长资本运作；不仅能发现人才，还能培养人才；等等。如此优秀的主政人在任何时候都是缺乏的。在出版业、图书馆事业快速发展的当今，因为市场需要和分工细化，出版人、图书馆人的职业素养和专业技能已经被局限至很小的专业范围内，很难再出现诸如张元济、王云五此类有深厚文化底蕴的主政人才，尤其是数字出版、数字图书馆的发展需求，对领军人才提出更高要求。北京大学新闻与传播学院肖东发教授在与中国出版集团公司副总裁聂震宁和中国出版科研所郝振省所长交流后，总结归纳认为，出版业起码需要十种人才：职业经理人；内容策划者；懂市场、熟悉行情的营销人才；版权贸易人才；出版产品形态的整体设计者；古籍整理人才；信息情报人员；熟悉计算机技术又懂出版的网络出版人才；出版经纪人；出版产业评介者。① 如果要成为优秀的领军人物，就需要具备这十种人才中的大部分人才技能，可以说是"多功能复合型人才"了。至于说如何塑造和培育，还需出版界和出版教育界继续思考和探索。

---

① 肖东发. 出版人才的需求和出版教育改革 [J]. 科技与出版，2007（4）：52.

二、契合市场 激动潮流——引领事业发展的关键

20世纪前后的近代中国发生着深刻变化，图书市场也随之不断变化。虽然印刷技术的革新和西学的大量涌入早已潜移默化地改变着中国传统的图书市场，尤其是维新思潮兴起后，办新式学堂、振兴教育等社会理念已然营造出一种新教育大势，但是以经史子集为主要内容的教育体系并未被完全摧毁，直到科举制度的废除给出致命一击，中国传统图书市场才迅速崩塌并开始转型重建。

加入商务印书馆的张元济正是最早抓住这个时机与时代潮流及市场需求相契合，从而开始了商务印书馆早期发展的辉煌经历。除了重视新式教育，紧跟教科书市场符合民国时期教育转型的时代需求外，张元济时代的商务印书馆也懂得顺应时势，不断调整自身出版的方向和策略。如配合"新图书馆运动"满足图书馆收藏和民众需求的图书编辑出版；积极回应新文化运动，加入以"介绍新思潮，改造社会为己任"的社会大潮，满足民众对新文化、新知识的迫切需求；关注白话文运动和"整理国故"运动，出版国学书籍和经典古籍；等等。这些与市场需求同步，很好地契合了当时的图书市场。至王云五加入时，商务印书馆已经奠定了在民国出版业的基础。王云五在继续秉承张元济时代契合市场的事业方向的同时，还以打造一般图书的新品牌"激动潮流"。因为在王云五入馆时，社会环境和图书市场发生了更多变化，尤其是在教科书市场竞争激烈和新文化运动的蓬勃深入下，精英教育、学校教育正在向全民教育转变，高等教育也已经逐渐发展起来，一般图书和学术著作有了更加广阔的市场。王云五迅速抓住这一趋势，不仅坚持每日至少出版1种新书，还要求保证图书质量，引领文化潮流，从而打开了一般图书的市场，引领了学术出版的方向，将商务印书馆推向事业发展的顶峰。

"契合市场，激动潮流"说起来很容易，要做到还是很难的。商务印书

馆的事业历程伴随着众多书业同行的竞争，如中华、世界、大东、开明等，稍有不慎，与市场需求脱节，就可能被排挤出市场，更不用谈如何"激动潮流"了。首先，"契合市场"需要敏锐的感知力洞察市场。商务早期凭借张元济等人敏锐的感知力，以"最新教科书"迅速打开教科书市场，奠定了商务印书馆在教科书出版领域的地位，从而实现了其由传统印刷业向现代出版业的转型。但是，在辛亥革命风起潮涌时，"商务同人有远见者，均劝菊生，应预备一套适用于革命后之教科书。菊生向来精明强干，一切措施，罔不中肯。然圣人千虑，必有一失，彼本有保皇党臭味，提及革命，总是摇首。遂肯定的下断语，以为革命必不能成功，教科书不必改"①。在这样的情况下，商务印书馆出版部主任陆费逵从商务走出，注册成立中华书局并推出符合中华民国需要的"中华教科书"，在民国教科书市场抢得先机，致使商务印书馆深陷被动。后来在新文化运动的浪潮中，商务印书馆又一次后知后觉，以致成为文化界批判的标靶，引出王云五的进馆。可见，只有具备敏锐的感知力，洞察市场，紧跟时代的方向和脉搏，才能在市场上占据制高点。其次，出版业"契合市场"要植根于内容和出版质量。民国初年的出版业竞争激烈，以至于有人戏称20世纪二三十年代的图书"无错不成书"，但这种情况主要存在于中小出版机构，大型出版机构还是比较注重质量的。孙犁曾评价商务印书馆说："商务印书馆对传播中文文化，甚有功绩。所印书讲究质量，不惜小费。"② 汪原放回忆说，胡适的《先秦名学史》由亚东图书馆出版，"这部英文书是托商务印书馆印刷所排印的，真排校得又快又好。末校送来时，我们也细校一过，可是竟不曾校出几个错字。我觉得商务的组织真很严密而精良，非常佩服"③。委托印件都能让同行如此评价，其自身出版印刷的图书质量必然更加上乘。尽管中华书局在

---

① 宋原放. 中国出版史料·近代部分：第3卷 [G]. 武汉：湖北教育出版社，2004：195.
② 俞润生. 实用编辑学概要 [M]. 天津：天津人民出版社，1987：405.
③ 汪原放. 回忆亚东图书馆 [M]. 上海：学林出版社，1983：79.

与商务印书馆的教科书竞争中咄咄逼人，在某些地区的市场占有率甚至超过商务版教科书，如杭州的小学用书，中华版一度占到了十分之八，① 但是1932 年陆费逵指出："全国所用之教科书，商务供给什六，中华供给什三。"② 可见，商务印书馆除了财力雄厚和经验丰富外，其教科书无论在质量上还是数量上都要胜中华版教科书一筹。

21 世纪的当下，中国出版业再次步入转型期，数量众多、规模不一的现代出版机构所面临的发展环境已远不同于晚清民国时期。民众的生活水平、综合素质、受教育程度等都达到相对较高的程度，其文化需求也发生着日新月异的变化。如何做到真正满足民众文化需求、契合市场甚至是激动潮流，也是出版业仍在不断探索的时代问题。事实上，本研究对商务印书馆"契合市场，激动潮流"的评价并非商务印书馆当时所预料或设定的方向，也不是张元济、王云五等优秀主政人预设的目标，而是他们充分熟悉、洞察民众需求和市场变化后，脚踏实地一步步通过编辑出版图书逐渐累积起的社会影响力所形成的。我们与其他学者对商务印书馆的类似评价或定位是对其发展状况的综合表述，是归纳总结性的表达，并不是建议的方向和目标。当代出版机构应该和能够借鉴的是充分调研读者需求，敏锐洞察市场，紧跟时代的方向和脉搏，确保出版物的内容和质量达到更高的水平。只有这样，才能在市场化的洪流中立于不败之地。

三、科学管理 创新经营——助力事业发展的推手

在张元济、王云五的带领下，商务印书馆成为中国近代出版史上率先进行企业化经营和管理的出版企业。它不仅在人、财、物等方面形成了较为规范、科学的管理制度，还在日常经营中严格贯彻执行，不断突破创新，

---

① 张元济. 张元济日记：上册［G］. 北京：商务印书馆，1981：165.
② 陆费逵. 六十年来中国之出版业与印刷业［G］//俞筱尧，刘彦捷. 陆费逵与中华书局. 北京：中华书局，2002：476.

发展壮大。

在企业的管理上，需要加强制度建设和人才管理。张元济在商务印书馆发展的早期更多依靠的是自身对企业管理的主观性判断和改良，在人才的选拔和使用方面也受制于长期以来的传统人际关系处理方式，其结果是受到来自管理层方面的掣肘和普通员工的质疑，以至于张元济哪怕是"费尽心力"，仍然得不到理解和原谅，不得不数次提出辞职，最终在矛盾重重的困难局面下退居二线。这其中的问题主要来自两个方面：制度建设和人才管理。依照当今的公司管理原则和相关规定来看，张元济时代的制度建设是滞后的。这在很大程度上受制于当时的社会环境和市场经济发展状况，但制度建设滞后是事实。从张元济日记中我们不难发现，他在人才选用及待遇标准实行上的随意性，甚至在公司一些重大事项的决定上，亦存在不少个人独断的痕迹。相比较之下，王云五更善于运用制度进行管理。虽然他的"科学管理计划"并没有试行成功，但是，正如他所说，暗地里已经对人、财、物陆续推行科学管理。从现在可查阅到的资料来看，商务印书馆所出台的大量制度，诸如《总管理处职员暂行待遇规则》《上海工厂职工暂行待遇规则》《分厂职工暂行待遇规则》《同人奖励金分配暂行规则》《同人奖励金派发暂行规则》《因公外出津贴规则》《同人疾病补助办法》《同人人寿保险暂行规则》《女同人生产假津贴薪工暂行规则》《同人子女教育补助暂行规则》等等，大都是在王云五时代制定和完善的。这些制度在很大程度上明确了公司对职工的管理，有效增强了商务同人对企业的归属感和责任意识。

在企业发展的硬件上，要保证资本周转的灵活性和技术设备的先进性。商务印书馆能够从最初的小作坊发展成为具有世界影响的大型企业，在很大程度上离不开外来资金的注入。张元济、印有模的入股是商务印书馆资本变化的开始，与日本企业的合作是商务印书馆资本变化的重大契机，商务同人以及相关业务往来的个人的股权认购是商务资本变化的创新性尝试。

可以说，在商务印书馆发展过程中，资本周转、变化、流动的灵活性，极大地保证了商务在市场竞争中的有利地位。正是因为有了资本的有力保障，商务印书馆在技术设备上才能始终领先于同行业，当然这也离不开张元济、王云五对技术设备问题的重视。可以说正是因为民营企业的参与和民间资本的注入，中国近代图书事业才在曲折中完成了现代化的转型。

在企业的经营上，要善于学习先进经营模式，创新营销方式。商务印书馆身处华洋共存、多方杂处的中国经济前沿，直面西方资本主义经营模式的冲击。在张元济、王云五的带领下，商务人突破了中国传统的家族合伙制模式，采用股权分配和激励的办法组建股份制企业，逐渐按照市场经济的经营模式和管理规则推行图书事业的科学化、规范化经营，有力推动了中国传统文化事业的产业化进程。在营销方式上，无论是张元济还是王云五都在适时地利用多种形式开展营销，拓展市场渠道，扩大销售份额，最终实现企业赢利的终极目的。由此可见，企业在经营上应务必保持创新，只有不断突破，在市场竞争允许的前提下，才能不断打破常规，保持核心竞争力。

四、平衡义利　精准定位——推动事业发展的途径

在市场经济环境下，平衡义利关系，实现在文化事业中的精准定位，是提升事业发展的途径，值得认真思考和反思。张元济、王云五在商务印书馆的事业历程给了我们很好的参考。

商务印书馆因张元济的加入开始发生变化，这是因为张元济将晚清维新运动的潮流及思想注入旧式企业的母体，诞生出弘扬民族文化精髓、保存中华文化文明、开启民智、救亡图存的企业文化理念。正是以张元济为代表的商务群体强烈的民族情怀和文化使命感，造就了商务印书馆在图书事业领域的步步领先，从而实现了文化责任与商业利益的结合与双赢。王云五虽然在文化和商业之间更加倾向于商业利益，但是在很大程度上秉承

了商务印书馆自张元济时代形成的图书事业理念及发展方针，牢牢抓住教育出版、学术研究和文化推广三大方面，最终也实现了企业的发展壮大。但是，无论是当时的商务同人还是现代学者，多数在张元济、王云五对待义利问题上的评价是褒张抑王的。晚清民初的商务同人及上海出版界、文化界人士尊称张元济为"菊老"，而称王云五为"王老板"；现代有学者在研究张元济、王云五的经营管理实践及思想后，把张元济称为"儒商"，把王云五定义为"商儒"，言辞之间的双重意味跃然欲出。我们诚然知晓文化责任与商业利益是永恒的矛盾统一体，但是在把握二者关系的时候总是需要去权衡拿捏的。出版家张静庐在《在出版界二十年》中提到的一句话更符合本研究的观点表达："钱是一切商业行为的总目标，然而，出版商人似乎还有比钱更重要的意义在上面。"可见出版人在文化责任和商业利益之间仍是要牺牲一些商业利益，而更注重"文化责任"。商务印书馆曾经出的一则图书广告深刻揭示了商务人对义利的认识，更加清晰地展现了商务印书馆的商业定位："我们提倡这样的出版态度：我们是文化建设者，而不仅仅是商人；我们提倡实事求是，而不是夸张和误导；我们提倡社会责任，而不是攫取社会财富；我们提倡首创精神，而不是盗取他人成果；我们培育名牌，而不是捕捉猎物。我们提倡做有良知的出版人。"

小 结

随着文化产业和科学技术的进步，更多样化的文化保存、传播手段逐渐普及和被广泛应用，以物质形态的图书和印刷品为主要传播手段的局面已经发生根本性的转变。尤其是当代网络技术革命和数字化时代的来临，更是让众多图书事业的从业者感到恐慌。不可否认，新式的多媒体较传统图书而言具有"全方位"的优势，但是，我们往往更多考虑的是市场因素和短期利益回报，从而忽视了图书事业更加长远的文化功能和社会价值。图书作为最传统和最经典的文化承载媒介和传播主体，是始终具有生命力和影响力的。它的生命力在于本身文化功能的强化和商业价值的弱化，它的影响力在于对民族的、大众的文化需求的满足和引领。张元济、王云五的事业历程告诉我们，始终担负有文化普及、指导、引领功能的图书事业，仍然会对社会、对全人类产生深远而持久的影响。我们至今缺乏的就是引领图书事业发展的人，一个真正以"文化精神"办文化事业的知识分子群体。

参考文献

（一）图书类

［1］商务印书馆. 商务印书馆规则汇编［G］. 影印本. 上海：商务印书馆，1935.

［2］张静庐. 中国近代出版史料初编［G］. 北京：中华书局，1954.

［3］张静庐. 中国近代出版史料二编［G］. 北京：中华书局，1957.

［4］张静庐. 中国现代出版史料甲编［G］. 北京：中华书局，1954.

［5］张静庐. 中国现代出版史料乙编［G］. 北京：中华书局，1957.

［6］张静庐. 中国现代出版史料丙编［G］. 北京：中华书局，1956.

［7］张静庐. 中国现代出版史料丁编［G］. 北京：中华书局，1959.

［8］王鸣盛. 十七史商榷：卷一［M］. 北京：商务印书馆，1959.

［9］舒新城. 中国近代教育史资料：中册［G］. 2 版. 北京：人民教育出版社，1981.

［10］汪敬虞. 中国近代工业史资料：全二册［M］. 北京：中华书局，1962.

［11］姚贤镐. 中国近代对外贸易史资料（1840—1895）［M］. 北京：中华书局，1962

［12］斌椿. 乘槎笔记：外一种［M］. 长沙：湖南人民出版社，1981.

［13］李希泌，张椒华. 中国古代藏书与近代图书馆史料：春秋至五四前后［G］. 北京：中华书局，1982.

［14］中国社科院近代史研究所. 中华民国史资料丛稿 人物传记：第 21 辑
［G］. 北京：中华书局，1986.

［15］陈元晖. 中国近代教育史资料汇编·学制演变 ［G］. 上海：上海教
育出版社，1991.

［16］彭泽益. 中国工商行会史料集：全二册 ［G］. 北京：中华书
局，1995.

［17］全国政协文史资料委员会. 中华文史资料文库：第 16 卷 ［G］. 北京：
中国文史出版社，1996.

［18］陈元晖. 中国近代教育史资料汇编·教育思想 ［G］. 上海：上海教
育出版社，1997.

［19］宋原放. 中国出版史料·近代部分：第 3 卷 ［G］. 武汉：湖北教育出
版社，2004.

［20］张人凤. 张元济与中国近现代图书馆事业 ［M］. 上海：上海科学技
术文献出版社，2014.

［21］王云五. 新目录学的一角落 ［M］. 上海：商务印书馆，1946.

［22］顾廷龙. 涉园序跋集录 ［G］. 上海：古典文学出版社，1957.

［23］罗光. 天主教在华传教史集 ［G］. 台北：征祥出版社，1967.

［24］王云五. 商务印书馆与新教育年谱：上中下 ［M］. 台北：台湾商务
印书馆，1973.

［25］胡颂平. 胡适之先生年谱长编初稿：第 1 册 ［M］. 台北：联经出版
事业公司，1980.

［26］缪荃孙. 艺风堂友朋书札：上、下 ［M］. 上海：上海古籍出版
社，1980.

［27］张元济. 张元济书札 ［M］. 北京：商务印书馆，1981.

［28］张元济. 张元济傅增湘论书尺牍 ［M］. 北京：商务印书馆，1983.

［29］刘国钧. 刘国钧图书馆学论文选集 ［G］. 北京：书目文献出版
社，1983.

［30］胡适. 胡适的日记［M］. 香港：中华书局，1985.

［31］中国社会科学院近代史研究所，中华民国史研究室. 胡适的日记［G］. 北京：中华书局，1985.

［32］张元济. 张元济诗文［M］. 北京：商务印书馆，1986.

［33］王寿南. 王云五先生年谱初稿：1－4［M］. 台北：台湾商务印书馆，1987.

［34］钱亚新，钱亮，钱唐. 杜定友先生遗稿文选［G］. 南京：江苏图书馆学会，1987.

［35］商务印书馆. 1897—1987 商务印书馆九十年：我和商务印书馆［G］. 北京：商务印书馆，1987.

［36］邹华享，施金炎. 中国近现代图书馆事业大事记［M］. 长沙：湖南人民出版社，1988.

［37］海盐县政协文史资料委员会. 海盐文史资料［G］. 海盐：海盐县政协文史资料委员会编印，1987.

［38］胡愈之. 我的回忆［M］. 南京：江苏人民出版社，1990.

［39］海盐县政协文史资料委员会. 张元济轶事专辑［G］. 海盐：海盐县政协文史资料委员会编印，1990.

［40］张树年. 张元济年谱［M］. 北京：商务印书馆，1991.

［41］丁道凡. 中国图书馆界先驱沈祖荣先生文集［G］. 杭州：杭州大学出版社，1991.

［42］商务印书馆. 1897—1992 商务印书馆九十五年：我和商务印书馆［G］. 北京：商务印书馆，1992.

［43］商务印书馆. 商务印书馆历年大事纪要：1897—1962［M］. 北京：商务印书馆，1992.

［44］耿云志. 胡适遗稿及秘藏书信：第 24 卷［M］. 合肥：黄山书社，1994.

［45］程焕文. 中国图书论集［G］. 北京：商务印书馆，1994.

［46］张人凤. 张菊生先生年谱［M］. 台北：台湾商务印书馆，1995.

［47］陈原. 陈原出版文集［M］. 北京：中国书籍出版社，1995.

［48］耿云志，欧阳哲生. 胡适书信集：上［M］. 北京：北京大学出版社，1996.

［49］台湾商务印书馆. 商务印书馆 100 周年/在台 50 周年［G］. 台北：台湾商务印书馆，1997.

［50］顾廷龙. 吕思勉遗文集：上［G］. 上海：华东师范大学出版社，1997.

［51］陈平原，郑勇. 追忆蔡元培［G］. 北京：中国广播电视出版社，1997.

［52］商务印书馆. 商务印书馆一百年［G］. 北京：商务印书馆，1998.

［53］张元济. 校史随笔［M］. 上海：上海古籍出版社，1998.

［54］王云五. 旧学新探：王云五论学文选［G］. 上海：学林出版社，1997.

［55］蔡元培. 蔡元培全集 第八卷：1935—1940［M］. 杭州：浙江教育出版社，1998.

［56］梁启超. 梁启超全集［M］. 北京：北京出版社，1999.

［57］王绍曾. 目录版本校勘学论集［G］. 上海：上海古籍出版社，2005.

［58］张元济. 张元济全集：第 2 卷 书信［G］. 北京：商务印书馆，2007.

［59］张元济. 张元济全集：第 5 卷 诗文［G］. 北京：商务印书馆，2008.

［60］张元济. 张元济全集：第 3 卷 书信［G］. 北京：商务印书馆，2007.

［61］王云五. 岫庐八十自述［M］. 台北：台湾商务印书馆，1967.

［62］王云五. 十年苦斗记［M］. 台北：台湾商务印书馆，1969.

［63］王寿南. 王云五先生哀思录［M］. 台北：台湾商务印书馆，1970.

［64］包天笑. 钏影楼回忆录［M］. 香港：大华出版社，1971.

［65］杨亮功，等. 我所认识的王云五先生［G］. 台北：台湾商务印书馆，1976.

［66］商务印书馆目录：1897—1949［M］. 北京：商务印书馆，1981.

［67］商务印书馆. 商务印书馆目录：1949—1980［M］. 北京：商务印书馆，1981.

［68］茅盾. 我走过的道路［M］. 北京：人民文学出版社，1981.

［69］汪原放. 回忆亚东图书馆［M］. 上海：学林出版社，1983.

［70］胡适. 四十自述［M］. 影印版. 上海：上海书店，1987.

［71］叶德辉. 书林清话 附书林余话［M］. 刘发，王申，王之江，校点. 沈阳：辽宁教育出版社，1998.

［72］杨扬，陈引驰，傅杰. 学人自述［G］. 杭州：杭州大学出版社，1998.

［73］张之洞. 劝学篇［M］. 上海：上海书店出版社，2002.

［74］崔志海. 蔡元培自述［M］. 郑州：河南人民出版社，2004.

［75］王学哲. 岫庐八十自述：节录本［M］. 上海：上海人民出版社，2007.

［76］王云五. 王云五回忆录［M］. 北京：九州出版社，2012.

［77］裴化行. 天主教十六世纪在华传教志［M］. 萧濬华，译. 上海：商务印书馆，1936.

［78］刘国钧. 图书馆学要旨［M］. 上海：上海书店出版社，1989.

［79］戈公振. 中国报学史［M］. 上海：三联书店，1955.

［80］王鸣盛. 十七史商榷：卷一［M］. 北京：商务印书馆，1959.

［81］邹依仁. 旧上海人口变迁的研究［M］. 上海：上海人民出版社，1980.

［82］张舜徽. 中国文献学［M］. 郑州：中州书画社，1982.

［83］朱蔚伯. 文化史料丛刊：第 8 辑［G］. 北京：文史资料出版社，1984.

［84］费正清，刘广京. 剑桥中国晚清史 1800—1911 年：上卷［M］. 北京：中国社会科学出版社，1985.

[85] 汪家熔. 大变动时代的建设者：张元济传 [M]. 成都：四川人民出版社，1985.

[86] 余英时. 士与中国文化 [M]. 上海：上海人民出版社，1987.

[87] 蒋复璁，等. 王云五先生与近代中国 [M]. 台北：台湾商务印书馆，1987.

[88] 许涤新. 中国企业家列传：第二册 [M]. 北京：经济日报出版社，1988.

[89] 张秀民. 中国印刷史 [M]. 上海：上海人民出版社，1989.

[90] 梁漱溟. 东西文化及其哲学 [M]. 济南：山东人民出版社，1989.

[91] 史全生. 中华民国文化史：中 [M]. 长春：吉林文史出版社，1990.

[92] 张仲礼. 近代上海城市研究 [M]. 上海：上海人民出版社，1990.

[93] 宋原放，李白坚. 中国出版史 [M]. 北京：中国书籍出版社，1991.

[94] 吉少甫. 中国出版简史 [M]. 上海：学林出版社，1991.

[95] 王知伊. 开明书店纪实 [M]. 太原：书海出版社，1991.

[96] 叶宋曼瑛. 从翰林到出版家：张元济的生平与事业 [M]. 张人凤，邹振环，译. 香港：商务印书馆，1992.

[97] 王英. 一代名人张元济 [M]. 济南：济南出版社，1992.

[98] 李孝悌. 清末的下层社会启蒙运动：1901—1911 [M]. 台北：台湾研究院近代史研究所，1993.

[99] 熊月之. 西学东渐与晚清社会 [M]. 上海：上海人民出版社，1994.

[100] 吴方. 仁智的山水：张元济传 [M]. 上海：上海文艺出版社，1994.

[101] 陈建民. 智民之梦：张元济传 [M]. 成都：四川人民出版社，1995.

[102] 王绍曾. 近代出版家张元济 [M]. 增订本. 北京：商务印书馆，1995.

[103] 艾尔曼. 从理学到朴学：中华帝国晚期思想与社会变化面面观 [M]. 赵刚，译. 南京：江苏人民出版社，1995.

[104] 松见弘道. 中国图书与图书馆 [M]. 黄宗忠，等译. 北京：书目文

献出版社，1995.

[105] 方厚枢. 中国出版史话 [M]. 北京：东方出版社，1996.

[106] 柳和城. 张元济传 [M]. 南京：南京大学出版社，1996.

[107] 戴仁. 上海商务印书馆：1897—1949 [M]. 李桐实，译. 北京：商务印书馆，2000.

[108] 周策纵. 五四运动：现代中国的思想革命 [M]. 周子平，等译. 南京：江苏人民出版社，1996.

[109] 张树年. 我的父亲张元济 [M]. 上海：东方出版中心，1997.

[110] 张荣华. 张元济评传 [M]. 南昌：百花洲文艺出版社，1997.

[111] 李东兴. 民国教育史 [M]. 上海：上海教育出版社，1997.

[112] 李西宁. 人淡如菊：张元济 [M]. 济南：山东画报出版社，1998.

[113] 季羡林，彭斐章. 中外图书交流史 [M]. 湖南：湖南教育出版社，1998.

[114] 张秀民，韩琦. 中国活字印刷史 [M]. 北京：中国书籍出版社，1998.

[115] 汪家熔. 商务印书馆史及其他：汪家熔出版史研究文集 [G]. 北京：中国书籍出版社，1998.

[116] 张人凤. 智民之师：张元济 [M]. 济南：山东画报出版社，1998.

[117] 郭汾阳，丁东. 书局旧踪 [M]. 南昌：江西教育出版社，1999.

[118] 李雪梅. 中国近代藏书文化 [M]. 北京：现代出版社，1999.

[119] 久宣. 商务印书馆：求新应变的轨迹 [M]. 成都：西南财经大学出版社，2002.

[120] 哈贝马斯. 公共领域的结构转型 [M]. 曹卫东，译. 上海：学林出版社，1999.

[121] 吴相. 从印刷作坊到出版重镇 [M]. 南宁：广西教育出版社，1999.

[122] 周武. 张元济：书卷人生 [M]. 上海：上海教育出版社，1999.

[123] 郭太风. 王云五评传 [M]. 上海：上海书店出版社，1999.

［124］沈祖炜. 近代中国企业：制度和发展［M］. 上海：上海人民出版社，2014.

［125］葛兰西. 狱中札记［M］. 曹雷雨，姜丽，张跣，译. 郑州：河南大学出版社，2016.

［126］王建辉. 文化的商务：王云五专题研究［M］. 北京：商务印书馆，2000.

［127］来新夏，等. 中国近代图书事业史［M］. 上海：上海人民出版社，2000.

［128］杨扬. 商务印书馆：民间出版业的兴衰［M］. 上海：上海教育出版社，2000.

［129］牛国良. 现代企业制度［M］. 北京：北京大学出版社，2002.

［130］陈大康. 中国近代小说编年［M］. 上海：华东师范大学出版社，2002.

［131］汪家熔. 近代出版人的文化追求［M］. 南宁：广西教育出版社，2003.

［132］王尔敏. 中国近代思想史论［M］. 北京：社会科学文献出版社，2003.

［133］徐有守. 出版家王云五［M］. 台北：台湾商务印书馆，2004.

［134］张志强. 20 世纪中国的出版研究［M］. 南宁：广西教育出版社，2004.

［135］张静庐. 在出版界二十年［M］. 南京：江苏教育出版社，2005.

［136］李家驹. 商务印书馆与近代知识文化的传播［M］. 北京：商务印书馆，2005.

［137］汪耀华. 民国书业经营规章［M］. 上海：上海书店出版社，2006.

［138］海盐县政协文史资料委员会，张元济图书馆. 出版大家张元济：张元济研究论文集［G］. 上海：学林出版社，2006.

［139］史春风. 商务印书馆与中国近代文化［M］. 北京：北京大学出版

社，2006.

[140] 张树华，张久珍. 20 世纪以来的中国图书馆事业 [M]. 北京：北京大学出版社，2008.

[141] 吴永贵. 中国出版史 [M]. 长沙：湖南大学出版社，2008.

[142] 贺国庆. 教育史研究：观念、视野与方法：中国教育学会教育史分会第十一届学术年会论文集 [G]. 保定：河北大学出版社，2009.

[143] 范凡. 民国时期图书馆学著作出版与学术传承 [M]. 北京：国家图书馆出版社，2011.

[144] 汪家熔. 张元济 [M]. 上海：上海辞书出版社，2012.

[145] 范军，何国梅. 商务印书馆企业制度研究 [M]. 武汉：华中师范大学出版社，2014.

（二）报刊类

[1]《出版史料》第 1-32 期(不全)

[2]《申报》有关年份

[3]《大公报》有关年份

[4]《东方杂志》第 1-32 卷(部分)

[5]《图书馆学季刊》相关部分

[6]《国立北平图书馆馆刊》相关部分

[7]《中华图书馆协会会报》相关部分

[8]《文华图书馆学专科学校季刊》相关部分

[9]《良友》相关部分

（三）论文类

[1] 刘曾兆. 清末民初的商务印书馆：以编译所为中心之研究(1902—1932) [D]. 台北：政治大学，1997.

[2] 杨春兰. 编辑学与出版学的关系 [D]. 开封：河南大学，2005.

［3］贺平涛. 王云五：一个需要重新认识的出版家［D］. 苏州：苏州大学，2003.

［4］吴芹芳. 张元济图书事业研究［D］. 武汉：华中师范大学，2004.

［5］黄林. 晚清新政时期出版业研究［D］. 长沙：湖南师范大学，2004.

［6］郭海鹰."以扶助教育为己任"：张元济教育实践及教育主张探析［D］. 南昌：江西师范大学，2005.

［7］荣远. 张元济教科书编辑与出版经营思想研究［D］. 开封：河南大学，2005.

［8］林君. 论商务印书馆早期的文化产业运作（1902—1932）［D］. 武汉：华中师范大学，2006.

［9］乔秀云.《大学丛书》译著研究初探［D］. 上海：东华大学，2006.

［10］常明麒. 王云五研究［D］. 石家庄：河北师范大学，2006.

［11］张立程. 西学东渐与晚清新式学堂教师群体研究［D］. 北京：中国人民大学，2006.

［12］黄宝忠. 近代中国民营出版业研究：以商务印书馆和中华书局为考察对象［D］. 杭州：浙江大学，2007.

［13］庄金. 王云五与台湾商务印书馆（1964—1979）［D］. 上海：东华大学，2007.

［14］郑峰. 多歧之路：商务印书馆编译所知识分子研究（1902—1932）［D］. 上海：复旦大学，2008.

［15］刘媛. 论现代出版家王云五［D］. 长沙：湖南师范大学，2009.

［16］代常健. 王云五管理思想及其根源［D］. 汕头：汕头大学，2009.

［17］匡导球. 二十世纪中国出版技术变迁研究［D］. 南京：南京农业大学，2009.

［18］王伟. 商务印书馆与中华书局的竞争与合作（1912—1949）［D］. 长春：东北师范大学，2009.

［19］陈晓曼. 王云五出版活动贡献探究：以《万有文库》为例［D］. 天

津：南开大学，2010.

［20］潘燕. 张元济文献学成就研究［D］. 保定：河北大学，2008.

［21］张会芳. 论张元济的文献整理成就［D］. 郑州：郑州大学，2011.

［22］魏云江. 王云五的出版经营实践探析［D］. 长沙：湖南师范大学，2014.

［23］陈燕青. 王云五教育思想及实践探究［D］. 上海：华东师范大学，2015.

［24］熊月之. 晚清西学东渐史概论［J］. 上海社会科学院学术季刊，1995（1）：154-163.

［25］王建辉. 出版与中国近代文明［J］. 华中理工大学学报（社会科学版），1999（3）：97-104.

［26］李艳. 张元济的编辑思想［J］. 出版科学，2002（1）：64-66.

［27］刘应芳. 王云五：中国现代图书馆的奠基人［J］. 图书与情报，2005（2）：89-92.

［28］李辉. 从张元济到王云五：以教育为己任：商务印书馆早期出版选题普及教育内涵初探［J］. 中国出版，1998（9）：51-53.

［29］邓文池. 民国出版界与图书馆界的互动及影响：以出版人张元济的图书馆事业为中心考察［J］. 高校图书馆工作，2018（3）：84-90.

［30］邓文池. 民国出版界与图书馆界的互动及影响：以出版人王云五的图书馆事业为中心考察［J］. 图书馆，2017（3）：56-62.